『중용(中庸)』 속에서 놀다

가톨릭 신부가 만난 진리의 놀이터

미래사목총서 별권 1

『중용(中庸)』 속에서 놀다
가톨릭 신부가 만난 진리의 놀이터

2010년 3월 2일 1판 1쇄 발행
2010년 9월 2일 1판 3쇄 발행

글 신대원

펴낸이 백인순
펴낸곳 위즈앤비즈
주소 서울시 마포구 합정동 364-11
전화 02-324-5677
출판등록 2005년 4월 12일 제 313-2005-000070호

ISBN 978-89-92825-45-0 94100
　　　978-89-92825-11-5 (세트)
값 15,000원

ⓒ신대원, 2010
· 이 책은 저작권법에 의해 한국 내에서 독점적인 권리를 갖는 저작물이므로
　무단전재와 무단복제를 금합니다.
· 잘못된 책은 바꾸어 드립니다.

『중용(中庸)』 속에서 놀다
가톨릭 신부가 만난 진리의 놀이터

신대원 글

추천의 글

쉽지 않은 『중용(中庸)』의 말씀을 번역하고 풀이하여 독자들이 쉽게 그 속에서 자유롭게 사색하고 명상하고 묵상하며 뛰놀 수 있도록 자리를 마련해 주신 신대원 신부님에게 먼저 감사드리고 싶습니다. 신 신부님은 진정으로 중용(中庸)을 사는 사람들이 많지 않음을 안타까워 하면서 신부님이 평소에 존경하며 사랑하는 지인(知人)들에게 편지 쓰는 형식을 취하여 독자들을 『중용(中庸)』 속으로 초대하고 있습니다. 신부님의 일상을 곁들여 쓴 일기 형식의 글은 『중용(中庸)』의 말씀이 우리 일상에서 실천되지 않으면 아무 소용이 없다는 소신을 간접적으로 강변하는 것처럼 느껴집니다. 너무나 솔직하고 꾸밈없는 신부님의 생각과 자기 삶에 대한 소신의 피력은 독자들에게 '나도 『중용(中庸)』 속에서 놀 수 있다'는 자신감을 심어주기도 하는 것 같습니다.

추천의 글을 쓰고 있는 지금 저에게도 같은 충동을 느끼게 하고 있습니다. 그래서 '『중용(中庸)』 속에서 함께 놀았으면 좋겠다!'는 신 신부님의 간절한 초대를 기꺼이 받아들여, 『중용(中庸)』의 다음 말씀 속으로 들어가 함께 놀아볼까 합니다.

《공자께서 말씀하시길, "도가 행해지지 못하니, 내가 그 까닭을 알겠다. 지식인은 주제넘고, 어리석은 자는 미치지 못하기 때문이다.

도가 밝아지지 못하니, 내가 그 까닭을 알겠구나. 현명하다는 자는 주제넘고, 못난 자는 미치지 못하기 때문이다. 사람은 마시고 먹지 않은 이가 없지만, 능히 맛을 알 수 있는 이는 별로 없구나"라고 하셨다(子曰 道之不行也 我知之矣 知者過之 愚者不及也 道之不明也 我知之矣 賢者過之 不肖者不及也 人莫不飮食也 鮮能知味也).》

먼저 신대원 신부님의 도움을 받아 '중용'의 놀이터로 들어가려 합니다. 친구(仁兄)에게 건네는 신 신부님의 대화에 귀 기울이며 '중용'이 저에게 무엇을 말하는지 들어보려 합니다. 그리하여 제가 행하지 못한 '도'와 밝히지 못한 '도'가 저의 앞길을 밝혀주면 좋겠습니다.

'도'는 하늘의 명령, 곧 천명으로서 이미 사람 속으로 들어와서 머물러 자리를 잡고 있지 않습니까? '도'가 이미 사람 속으로 들어왔으니, 사람과 하나가 되었지요. 그런데도 사람들은 그 '도'를 밖에서 찾으려고 합니다. 그것이 문제입니다. 안에 머물러서 자신과 하나 되어 있는 '도'를 자꾸만 자기가 아닌 다른 사물이나 헛된 것에서 찾으려 하니, '도'가 제대로 행해지겠습니까? 공자께서는 행해지지 못하는 까닭을 알겠다는 것입니다. 헛다리를 짚어대는 사람들이 걱정스럽다는 것이지요. 사람이 '행해야 할 도'는 바로 '하늘의 뜻'이고, '중화'

이며, '중용'입니다. 복음사가 요한도 "말씀이 사람이 되시어 우리 가운데 사셨다"(요한 1,14)고 하였습니다. 그런데도 "세상은 그분을 알아보지 못하였다. 그분께서 땅에 오셨지만 그분의 백성은 그분을 맞아들이지 않았다"라고 하였습니다. … 공자께서는 "사람은 마시고 먹지 않음이 없건마는 능히 맛을 알 수 있는 이가 드물구나"라고 하셨는데, 지당하신 말씀이라고 봅니다. 사실 우리는 날마다 새로운 삶을 살고 있지요. 그런데도 그것이 새로운 삶이란 걸 모르고 지냅니다. 그 새로운 삶은 곧 '하느님(하늘)'께서 마련해 주신 것인데도 우리는 그 사실마저 모르거나 인정하지 않고, 그저 똑같은 날이라 여기며 무미건조하게 살아가거나 감사할 줄도 모르고 지내거나 혹은 자신의 욕심만 챙기기에 급급하면서 살아가지요. 그러니 새로운 삶이 곧 은혜로운 축복이란 걸 알 턱이나 있나요? 그러한 진실을 알 턱이 없으니, 삶에 대한 '참 맛'을 모를 수밖에 없을 거라고 생각합니다. … '도'는 이미 우리에게 와 있는데, 우리가 아둔하여 도를 알아보지 못하고 또 알아보더라도 행동으로 보여 주거나 옮기지 못하고 있기 때문에 못내 안타까울 따름입니다.

신 신부님, 고맙습니다. "말씀이 사람이 되시어 우리 가운데 사셨다"(요한 1,14)는 말씀은 저의 가장 중요한 신앙고백이며 삶인데, 마치 멀리 있는 말씀처럼 여기고 제 말만 챙기기에 급급하였으니 제 삶의 '참 맛'을 알 수가 있겠어요? '중용'의 말씀 속에서 놀다 보니 제가 믿고 따르는 "말씀", 그분이 어떤 분인지 좀 더 분명하게 다가오네요! 이를 두고 '이유보천'(以儒補天), 곧 '유교를 가지고 천주교를 보충한다'고 말할 수는 없겠는지요? 공자님의 말씀으로 '복음말씀'이 더 밝게 빛나는 것 같은 느낌을 받으니까요! 신부님은 방금 들은 중용의 말씀을 보다 더 알아듣기 쉽게 하려고 이렇게 풀이해 주셨습니다. "『중용』에서 나오는 '도'는 한편으로 '천명'이고 다른 한편으로는 '사람의 마음'입니다. '도'가 사람 속으로 들어왔기 때문에 더 이상 사람과 동떨어진 '천명'이 아니라 이제는 사람과 하나가 되어 있는 바로 사람의 '그 마음'이지요." '도'를 제가 믿고 따르는 "말씀"으로 알아들을 수 있다면, '사람이 되시어 우리 가운데 사신 그 말씀'(요한 1,14 참조)이 바로 저의 마음이 되지요. 다시 말해서 그 "말씀"이 제 속으로 들어오셨기 때문에 이제 그분은 더 이상 저와 동떨어지신 분이 아니라 바로 저와 하나가 되신 분이라고 말할 수 있겠지요. 그렇게 되어 저도 사도 바오로와 함께 그분께 대한 큰 믿음을 고백할 수 있다면 얼마나 좋겠습니까? "이제는 내가 사는 것이 아니라 그리스도께서 내 안에 사시는 것입니다"(갈라 2,20).

그래서 신부님의 대화를 다시 귀담아 들으며 '주제넘고, 어리석고,

못난' 자신을 되돌아보며 반성해 봅니다. "'도'는 하늘의 명령, 곧 천명으로서 이미 사람 속으로 들어와서 머물러 자리를 잡고 있지 않습니까? '도'가 이미 사람 속으로 들어왔으니, 사람과 하나가 되었지요. 그런데도 사람들은 그 '도'를 밖에서 찾으려고 합니다. 그것이 문제입니다. 안에 머물러서 자신과 하나 되어 있는 '도'를 자꾸만 자기가 아닌 다른 사물이나 헛된 것에서 찾으려 하니, '도'가 제대로 행해지겠습니까?" 그렇습니다. "말씀"이 우리 가운데 오셔서 저에게 오셨는데도, '세상이 그분을 알아보지 못하고 맞아들이지 않았듯이' 저도 자주 그분을 알아보지 못했고 기꺼이 맞아들이지 못한 적이 많습니다.

공자께서는 "사람은 마시고 먹지 않은 이가 없지만, 능히 맛을 알 수 있는 이는 별로 없구나"라고 하시면서 중용의 덕을 일상적으로 실천하며 사는 성인군자가 많지 않음을 참으로 안타까워했습니다. 예수님은 "사람은 빵만으로 살지 않고 하느님의 입에서 나오는 말씀으로 산다"(마태 4,4)고 하셨습니다. 이 말씀 속에는 '우리가 매일 빵을 먹고 살듯이 말씀을 먹고 살아야 한다'는 강한 메시지가 담겨 있습니다. 아우구스티누스 성인도 이 말씀을 "사람이 매일 빵을 먹듯 낮에는 물론, 밤에도 복음을 먹어야 한다"는 뜻으로 받아들이고 있습니다. 그래야 "말씀"(道)의 참 맛을 누리며 살 수 있을 것이라는 중용의 말씀이 저를 새롭게 일깨웁니다.

진정한 대화와 만남은 우리의 일상을 더욱 풍요롭게 하고 참 삶의 맛을 누리며 살게 합니다. 특히 종교 간의 대화와 만남이 그렇습니다. 이 책을 쓴 신대원 신부님은 전에도 그랬듯이(丁夏祥의 『上宰相書』연구), 어제도 오늘도 이러한 노력을 아끼지 않고 있습니다. 『중용(中庸) 속에서 놀다』라는 이번 책은 보다 더 구체적인 방법으로 독자들을 이러한 대화와 만남에 초대하고 있습니다. 이러한 의미에서 더욱 더 『중용(中庸) 속에서 놀다』라는 책 출판을 진심으로 함께 기뻐하며 그동안의 신부님의 노고에 감사와 격려의 마음을 전하고 싶습니다. 아울러 '『중용(中庸)』 속에서 함께 놀았으면 좋겠다!'는 신대원 신부님의 초대에 보다 많은 사람들이 동참해서 '중용'으로 한 단계 더 심도 있고 높아진 참 삶의 맛을 누릴 수 있기를 간절히 바라며 고대합니다.

2010년 2월 1일
천주교 안동교구장 권혁주 주교

서문

〈『중용(中庸)』 속에서 놀다〉에 부쳐

얼른 와 닿는 단어가 '놀다'이다. 어릴 적부터 우리는 노는 것을 얼마나 좋아했는가! 그래서였는지, 자동적으로 입에서 물음인지 감탄인지 모를 소리가 튀어 나왔다.

"놀다?!"

곰곰 헤아려 보니 '놀이삼아 즐긴다'는 뜻으로 쓰였음직한 이 단어는 일단 신대원 신부님의 겸허한 마음을 반영하고 있는 듯하다. 전문가연하지 않고 그저 아마추어로서 자신이 할 수 있을 만큼 스스로가 중용(中庸)의 향취 언저리를 거닐며 노닐어보겠다는 취지로 읽히는 것이다. 그리하여 이 한 단어로 자칫 딱딱하고 진지할 성 싶은 '중용'의 어감이 한결 친근하게 다가오게 된다.

"그렇다면 한번 가벼운 마음으로 신 신부님의 안내를 따라 〈중용〉의 동산을 휘- 둘러나 볼까. 본격적으로 독파하는 것은 어려워도 구경쯤이야 할 만하지."

이런 마음으로 읽기 시작했다. 헌데 웬걸, 신 신부님이 안내하는 산책로는 '휘-' 둘러보는 코스가 아니었다. 때로는 아기자기하여 오래 머물고 싶어지고, 때로는 막혔던 전망이 확 트여 가슴이 후련해지고,

때로는 너무 가팔라서 숨이 헉헉거리게 되고, 때로는 안개가 걷히면서 드러나는 비경으로 인해 탄성이 절로 나오는, 그야말로 흥미진진한 여정이었다.

뒤로 갈수록 첫 대면에 떠올렸던 그 '놀다'의 뜻이 아니었구나 라는 생각으로 기울게 되었다. 설사 저자인 신 신부님은 사양지심(辭讓之心)에서 '놀다'라는 단어를 선택하였다 해도, 실제로 그는 그 어려운 〈중용〉을 '가지고 놀고' 있지 않나 하는 느낌이 점점 짙어졌던 것이다. 물론, 이런 표현은 저자 자신도 좋아하지 않을 터이고, 좀 과장된 표현일 수도 있다. 하지만, 적어도 여기 한 독자는 저자의 '신선놀음'에 같이 어깨춤을 추었던 것이 사실이다.

"이 양반, 참 자유롭게 놀고 있네! 나도 함께 놀고 싶어지는 걸……."

저자는 그냥 놀지 않는다. 저자는 동양의 고전 속에서 복음을 읽으며 놀고, 복음 속에서 동양의 고전을 읽으며 논다. 그 노는 모습이 그렇게도 천진하게 보이고, 동시에 평화롭게 보인다. 동서양을 잇는 구름다리(?)로 제격이 아닐까 싶다.

저자는 노는 형식도 자유롭다. 편지, 일기, 묵상……, 그때 그때 발 가는 대로 형식을 취하고 있다. 그래서 부담이 덜어지고 마냥 휩쓸리고 싶어지는 것이다.

저자가 이 노니는 작업을 봉쇄수녀원에서 칩거하며 진행한 것으로 알고 있다. 그래서 그 노님이 더 자연 내음에 더하여 영성의 향기마저 그윽하게 풍기는 것은 아닐까.

놀면서 성찰하며 깨닫는 법을 가르쳐 준 신 신부님이 고맙다.

무엇보다도 먼저 본당 신부님들께 권한다. 복음을 동양적 사고의 깊이로 해석하여 강론하는 데 풍요로운 신(新)발상을 제공할 것이다.
신학생들에게도 필독서로 권한다. 쉽고도 깊은 동양철학의 입문서로서 일정한 역할을 할 것이다.
신자들에게도 영성서적으로 권한다. 영성의 중압감을 떨치고 가벼운 날개를 얻게 될 것이다.
물론, 구분 없이 모두에게 권한다. 인격도야의 친절한 안내를 받게 될 것이다.

천등 고개 연구소에서
차동엽 신부

차 례

추천의 글 _ 5
서문 _ 11

하나	하늘이 목숨을 내리지요(天命)	_ 17
둘	모든 것은 때가 있지요(時中)	_ 36
셋	'중용'을 행할 이 누가 있을까요(鮮能)	_ 43
넷	행실로 옮기면 밝게 되겠지요(行明)	_ 50
다섯	어째서 행실로 옮기지 못하는 걸까?(不行)	_ 58
여섯	지혜를 크게 하라(大知)	_ 64
일곱	나는 얼마나 지혜로운가?(予知)	_ 69
여덟	가슴에 새겨 두어라(服膺)	_ 76
아홉	고르게는 할 수 있어도(可均)	_ 84
열	굳셈이란 무엇인가(問强)	_ 89
열하나	까닭 없이 숨어 지내지 마라(素隱)	_ 96
열둘	두루 하면서도 은밀하게(費隱)	_ 103
열셋	멀리하지 마라(不遠)	_ 109
열넷	처지대로 살지요(素位)	_ 116
열다섯	먼 곳에 가렵니까(行遠)	_ 123
열여섯	귀신에 대하여(鬼神)	_ 129

열일곱	효성스러움을 크게 키워라(大孝) _ 145
열여덟	걱정을 없애라(無憂) _ 154
열아홉	효성(孝誠)이 그리운 시대 _ 163
스물	정치란 무엇인가(問政) _ 179
스물하나	정성스러우면 밝아지겠지요(誠明) _ 189
스물둘	본성을 모조리 다 발휘하라(盡性) _ 195
스물셋	못난 곳까지도 나아가라(致曲) _ 201
스물넷	미리 깨달아야겠지요(前知) _ 208
스물다섯	주체적으로 이루어 나가야지요(自成) _ 214
스물여섯	쉼이 없으신 분은 누구실까(無息) _ 220
스물일곱	위대한 사람은 누구일까(大哉) _ 233
스물여덟	주체적으로 사용하지요(自用) _ 242
스물아홉	세 가지 중요한 것(三重) _ 249
서른	선조로 고백하다(祖述) _ 261
서른하나	성인에 이르러야겠지요?(至聖) _ 266
서른둘	경륜(經綸) _ 272
서른셋	홑옷을 걸쳐 입지요(尚絅) _ 279

| 후기 | 『중용』에 대한 단상(斷想) _ 298 |

하나

하늘이 목숨을 내리지요(天命)

하늘의 명령을 본성이라 하고, 본성을 따르는 것을 길이라 하며, 그 길을 닦아 나가는 것을 가르침이라 합니다(天命之謂性 率性之謂道 脩道_之謂敎).

서신 뵙고 싶은 선배님, 잘 계시지요? 뜻하지 않게 잠시 밖으로만 나돌아 다니다가 안으로 들어와서 수개월이 흐른 뒤에야 이렇게 소식을 전하게 되어 송구스럽습니다. 제가 있는 이곳은 뒤로 산들이 병풍처럼 둘러 있고 앞으로는 실개천이 흐르는 아주 고즈넉한 상주의 가르멜 여자수도원입니다. 확실히 여기는 조용하고 아늑한 것이 이놈의 마음에 쏙 듭니다. 사람들은 이런 저를 보고 "젊은 놈이 거기에 그렇게 사는 것이 선배들에게 미안하지도 않나?"라고 농담 섞인 말을 하곤 합니다. 그럴 때면 아닌 게 아니라 미안한 감마저 들긴 합니다.

여전히 농사를 짓고 계시겠지요? 도와드리지 못하면서, 가끔씩 선배님의 야윈 어깨를 생각하면 늘 마음만 짠해 옵니다. 선배께 죄송한 마음 반, 뵙고 싶은 마음 반을 담아서 편지를 적어 봅니다. 그리고 이왕이면 옛 성현들이 읽고 마음을 수양하였다는 『중용(中庸)』이라는 책을 번역하고 그 밑에다 이놈이 읽다가 생각나는 것들을 두서없이 적어서 보내드려 봅니다. 별 재미도 없고 또 교만하고 거만하기까지 한 소리로 제멋대로 적어서 담아 보냈다고 나무라셔도 좋습니다. 그저 못난 후배에게 보내는 특별한 애정의 말씀이라 여기고 달게 받으렵니다.

예부터 동아시아 전통에서는 "하늘을 따르는 자는 살게 되고, 하늘을 거스르는 자는 없어지게 된다"(順天者存 逆天者亡)[1]는 말이 있어 왔지요. 이 말은 짧은 인생살이에서 결코 무시해버릴 수 없는 명언이 아닐까 생각합니다. 이때 하늘은 중국 송대의 정주학(程朱學)이나 도가(道家)사상에서 말하는 자연적이고 물질적인 어떤 것이 아닐 것입니다. 하늘은 세상에 존재하는 온갖 것들을 창조하고, 생명을 나누어 주고, 주재(主宰)하는 바로 그 '위격적인 하늘'이라 여겨집니다. 하늘은 온갖 것들을 창조하였고 또 계속해서 그 창조사업을 멈추지 않습니다. 하늘은 생명 있는 것들이든 없는 것들이든 온갖 것들 그리고 자연적인 하늘(蒼蒼之天)마저 창조하였기에 창조의 주인이십니다. 게다가 만들어낸 모든 것들을 도로 거두어 갈 수도 있고, 살릴 수도 죽일 수도

---

[1] 『맹자·이루상(孟子·離婁上)』

있기 때문에 실제로 세상의 온갖 것들을 통치하는 통치자, 곧 인격적인 주재자(主宰者)라 할 수 있습니다. 그 하늘이 한 처음에 하늘과 땅을 창조하였고(창세 1,1 참조), 본래부터 있지 않았던 것들을 명령으로 있게 하였으며(창세 1,3-27 참조), 마침내 그와 닮은 사람을 만들었다(창세 1,26 참조)고 기록되어 있습니다.

이왕에 창조에 관한 이야기가 나왔으니 드리는 말씀입니다만, 유가와 도가에서도 천지창조설(天地倉造說)이 있습니다. 물론 가톨릭과는 그 양상이 조금은 다르지만, 구조적 측면에서 놓고 보면, 그 기본적 의미들은 엇비슷하게 서로 이해될 수도 있어 보입니다. 먼저 유가에서의 창조는 글자 그대로 "생"(生)과 깊은 관련이 있어 보입니다. 이때 "생"은 엄밀히 말해서 "창조하다"라는 의미보다는 "낳다", "발출하다" 또는 "생기다"의 뜻으로 받아들여야 할 것 같습니다. 그래서 유가사상에서도 낳거나 발출하는 주체인 근원 혹은 시작을 의미하는 개념이 반드시 가지고 있게 되는 것입니다. 그래야만 비로소 "있는 것"들이 생겨나게 되기 때문입니다.

유가의 오래된 경서 가운데 『역경·계사상(易經·繫辭上)』이라는 책이 있습니다. 이 책에서는 세상의 온갖 것들에 대한 발출을 다음과 같이 설명하고 있지요. "이러므로 역에는 태극이 있으니, 이것이 양의를 낳고, 양의는 사상을 낳으며, 사상은 팔괘를 낳는다. 팔괘는 길흉을 정하며, 길흉은 대업을 낳는다"(是故易有太極 是生兩儀 兩儀生四象 四象生八卦 八卦定吉凶 吉凶生大業)라고 말입니다. 여기에서 역(易)은 현상이 끊임없이 역동적으로 변화하며, 그 변화 속에는 태극(太極)

이라는 무한한 에너지의 원천이 존재하고, 거기에서 모든 것이 생겨나게 됩니다. 마치 『신약성경』 속에 "한 처음에 말씀이 계셨다. 말씀은 하느님과 함께 계셨는데, 말씀은 하느님이셨다. [⋯] 모든 것이 그분을 통하여 생겨났고 그분 없이 생겨난 것은 하나도 없다. 그분 안에 생명이 있었으니 그 생명은 사람들의 빛이었다"(요한 1,1-4)는 말씀을 떠올리게 합니다.

또 도가사상에서도 노자의 『도덕경(道德經)』 가운데 창조설(創造說) 내지는 만물발출설(萬物發出說)에 관한 사상들을 볼 수 있습니다. 그 가운데 대표적인 사례 하나만 들겠습니다. "도는 하나를 낳고, 하나가 둘을 낳으며, 둘은 셋을 낳고, 셋이 만물을 낳으며, 만물은 음을 짊어지고 양을 끌어안는다"(道生一 一生二 二生三 三生萬物 萬物負陰而抱陽)(42장). 그렇지만 노자가 말하는 '도'는 그 개념적 의미가 분명하지가 않아 보입니다. 마치 유가에서의 '태극'이라는 개념이 분명하지 않은 것처럼 말입니다. 노자는 "도"를 인간의 언어로는 표현해낼 수 없는 형이상학적인 최고 관념(道可道 非常道 名可名 非常名)(1장)으로 규정하면서, "하늘"보다 더 위에 있는 존재로 여기는 듯이 보입니다. 도가사상에 있어서 '하늘'은 대체로 창조된 하나의 '물질적인 하늘'을 가리키기 때문이지요. 노자는 말합니다. "사람은 땅을 본받고, 땅은 하늘을 본받으며, 하늘은 도를 본받고, 도는 자연(스스로 그러함)을 본받는다"(人法地 地法天 天法道 道法自然)(25장)라고요. 이는 유가사상에서의 "태극"과 그 기능적인 측면에서는 매우 유사하지만, 시제에 있어서는 유가의 "하늘"(天)과 다른 의미를 가진다고 볼 수 있습니다.

유가에서의 "하늘"은 인격적 측면이 부여되고 있지만, 도가에서의 "도"는 배제되어 존재하는 "그 무엇" 혹은 "물질적인 어떤 것"으로 비춰집니다. 그렇다고 노자가 말하는 '도'의 의미가 완전히 '물질적인 것'으로만 이해되어서는 안 된다는 생각을 해 봅니다. 『도덕경』에서의 '도'는 어떤 의미에서 유가보다도 더 인격적이고 위격적인 존재로 다가오는 경우도 있기 때문입니다. 따라서 유가의 도든 도가의 도든 그 궁극적인 의미는 "창조하다"라는 역동적이면서도 근원적인 존재로 모아지고 있다는 생각이 듭니다. 이런 점에서, 저는 이 "도"가 그리스도교의 "말씀"(요한 1,1)과 무척 관련성이 깊다고 여겨집니다.

 또 어떻게 보면, 『역경』과 『도덕경』에서의 "생겨남"(生)은 모두 "창조하다"라는 의미보다는 "발출하다"라는 의미로 해석해 보는 것이 오히려 더 낫지 않을까도 생각합니다. "태극"과 "도"에서 모든 것이 흘러나오기 때문입니다. 어쩌면 유출설(流出說)이라 불러도 좋을 듯합니다. 『중용』에서 말하는 "하늘의 명령"(天命)의 "하늘"(天)과 의미상에서 비교해 볼 때, 하늘의 "원천적인 작용"이나 "시원적인 움직임" 정도로밖에 이해할 다른 방도가 없을 듯합니다. 결국 원천적 작용이나 시원적 움직임이 원천이나 시원의 주체 혹은 그 자체를 의미하는 것은 아닐 수 있지만, 분명한 것은 그러한 작용이나 움직임이 결과적으로는 주재자에 의한 것이라는 데는 이론의 여지가 없을 듯합니다. 거기에는 그러한 작용이나 움직임의 주체인 하늘이 명한 것, 명령하여 생겨난 모든 것들 속에는 그의 명령이 들어가 있어야 하기 때문입니다. 그리고 그의 명령은 그의 정신, 혼, 얼 자체이며, 그것이 사물 속에 들어왔을 때는 곧 "성"(性)이 되는데, 이 성이 바로 '하늘'입니다.

하늘이 만들어낸 것들 속에는 기본적으로 그 하늘과 닮은 것이 깃들어 있습니다. 그래서 창조된 모든 것들은 원래부터 아름답고, 선하며, 보기에도 좋기 때문에 그 자체로 존중받아야 마땅할 것입니다. 거기에는 천성(天性), 천명(天命)이 살아서 존재하고 있기 때문입니다. 공자님은 사물 안에 들어가서 사물과 하나가 된 그 성을 "인"(仁)이라 하고, 맹자는 "양지"(良知), "양능"(良能)이라 하였으며, 주희는 "천리"(天理)라 보았습니다. 그리고 가톨릭에서는 그것을 "하느님의 얼" 혹은 "양심"(良心)이라 이름하고 있지요. 『중용』에서는 이러한 성을 따르는 것을 "도"(道)라고 보았습니다.

그렇다면 도는 결국 하늘의 분신, 하늘의 작용, 하늘의 싹(萌芽)이 됩니다. 사람이라는 구체적인 존재 속에 뿌려진 하늘의 씨앗인 도를 제대로 싹 틔우고 길러나가야만 하늘이 명한 모든 것에 충실한 사람(聖人, 君子)이 됩니다. 그것이 제대로 길러진 것인지 아닌지는 그 사람의 됨됨이를 보면 알게 됩니다. "나무가 좋으면 그 열매도 좋고 나무가 나쁘면 그 열매도 나쁘다. 나무는 그 열매를 보면 안다"(마태 12,33). 특히 나무가 좋으냐 아니냐는 그 사람의 마음 밭의 상태에 따라서 결정(마태 12,13 참조)됩니다. 하늘이 명령한 것을 잘 받아들이고 제대로 길러나가는 행위를 "가르침"(敎)이라 하였습니다. 이때의 "교"는 "하늘의 가르침"이라고 볼 수도 있고, "도"를 받아들인 사람이 다른 사람에게 그것을 "전하는 일"일 수도 있고, 또 "전해 받은 가르침"일 수도 있습니다. 이렇게 볼 때, "도를 닦는다는 것"(修德)은 곧 "종교적 행위"(敎) 혹은 "종교" 그 자체라고 말할 수 있을 것입니다.

이렇게 본다면, 세상에 존재하는 모든 종교는 곧 천명(天命)을 받아들이고, 천명을 받들어 살며, 그 천명의 존재를 세상 사람들에게 충실히 가르쳐 주어야 할 사명을 가지는 것입니다. 천명은 땅으로 내려와서 인간의 본성이 되고, 인간의 본성을 따라서 살아가는 것이 도이며, 그 도를 사람들과의 관계 안에서 널리 실천해 보이는 것이 곧 종교가 해야 할 일입니다. 예수께서도 "하늘에 계신 내 아버지의 뜻을 실행하는 사람이 내 형제요 누이요 어머니다"(마태 12,50)라고 하셨지요. 말하자면 "천명" 혹은 "도"는 곧 "기쁜 소식", "복된 소리", "거룩한 복음"이 되는 셈입니다. 『성경』에서도 "한 처음에 말씀이 계셨다. 말씀은 하느님과 함께 계셨는데 말씀은 하느님이셨다. 그분께서는 한 처음에 하느님과 함께 계셨다. 모든 것이 그분을 통하여 생겨났고 그분 없이 생겨난 것은 하나도 없다. 그분 안에 생명이 있었으니 그 생명은 사람들의 빛이었다. 그 빛이 어둠 속에서 비치고 있지만 어둠은 그를 깨닫지 못하였다"(요한 1,1-5)라고 말씀하시고 계시지요. 이렇게 보면 도(道)가 곧 말씀이고 말씀이 곧 도라는 생각이 들 때도 많습니다. 둘은 서로 어느 정도 관련성이 있어 보이기 때문이지요.

선배님, 너무 무리하지 마시고 가끔씩 쉬기도 하셨으면 좋겠습니다. 이제 본격적으로 가을이 온 모양입니다. 내려다보이는 마을 주변엔 제법 누런 황금빛이 감돕니다. 그리고 오늘따라 유난히도 하늘빛이 푸르게 다가옵니다. 저도 텃밭에 나가 익은 고추를 하나 둘씩 골라 따보렵니다. 언제나 건강하시고 또 소식 올리겠습니다. (2007년 9월 중순에)

길이란, 잠시라도 벗어날 수 없지요. 떠날 수 있으면 길이 아닙니다. 이래서 군자는 그 보이지 않는 곳에서도 삼가 조심하고, 들리지 않는 곳에서도 두려워해야 합니다. 은밀한 곳보다 더 잘 드러나는 것이 없고, 미세한 곳보다 더 잘 나타나는 것이 없습니다. 그래서 군자는 자기가 홀로 있을 때 삼가야 하지요(道也者 不可須臾離也 可離 非道也 是故君子 戒愼乎其所不睹 恐懼乎其所不聞 莫見乎隱 幕顯乎微 故君子 愼其獨也).

산책1   길을 나섰다. 오늘 따라 날씨가 제법 쌀쌀한 것이 가을의 한복판을 넘어서 곧 겨울이 멀지 않았구나 하는 느낌이 든다. 사람이 계절에 맞추어 씨를 뿌리고 가꾸고 거두는 일이 결코 쉬운 것만은 아닐 것이다. 아니 그것보다도 사람이 자연의 일부분으로 태어나 자연과 더불어 할 수 있는 일은 없을까? 있다면 무엇이 있을까? 걸으면서 가끔씩 푸른 하늘을 바라다보며 상념에 잠겨보기도 한다.

  도(道)란 무엇인가? 사람들은 '도'라는 단어 앞에서는 대체로 기가 꺾이는 편이다. 아마도 '도'라는 것이 자기 현실과는 거리가 먼, 혹은 인간의 일상적인 삶을 뛰어넘는, 그래서 상식적인 것과는 다른 초월적인 어떤 것이라 생각하고 있기 때문이 아닐까? 실제로 우리나라의 역사 속에서 이 "도"라는 글자는 사람들에게 상당히 친숙한 언어이면서도 동시에 딱히 무엇이라 규정할 수 없는 초월적 개념으로 자리 잡고 있다. 그래서 다른 사람들에 앞서서 그것을 "도"라고 먼저 읽어내는 사람들에 의해 만들어진 일종의 자기 최면의 한 방법으로 활용되기도 하였을 것이다. 실제로 어떤 학자는, 그들이 도인(道人), 기인(奇人), 진인(眞人), 성인(聖人) 등등의 호칭을 사용하여 온 세상을 그 최면에 물들게 하였다고 주장하기도 한다. 그러므로 어찌 보면 일반 평범한 사람들이 '도'의 삶을 살아가고 있지 못하다는 자괴감 때문에, '도'에 충실하게 살아가려고 애쓰는 사람들을 존중하다 보니까 결과적으로 '도'라는 단어가 현실을 뛰어넘는 그 무엇으로 자리매김 되었을 가능성도 있어 보인다. 그러나 어찌 되었든 동아시아 사람들의 관념에서의 '도'는 인간의 이성을 뛰어넘어 논의의 대상이 될 수 없는 초월적 범주에 속한다는 것만은 틀림없다.

중요한 것은, 『중용』에서의 도는 "그대로 하늘이 사람들 속에 녹아 있어서, 사람들이 그 하늘을 따라 사는 바로 그것"에 다름이 아니라는 데 있다. 사람이 사람으로서 가장 기본적인 삶에 충실하였을 때, 바로 그 순간이 "도"이다. 순간이 모여서 시(時)가 되고, 시간이 모여서 달(月)이 되고 해(年)가 되며, 인생(人生)이 되는 것이 아닐까? 그렇다면 도는 가장 평범하고 지극히 상식적인 삶이며, 그러한 삶을 살고자 노력하는 마음, 곧 '평상심'(平常心)이라 할 수 있으리라.

성인(聖人)과 군자(君子)는 태어날 때부터 미리 정해져서 태어난 것이 아닐 것이다. 성인과 군자는 보통의 사람들과 다른 씨를 받아서 이 땅에 온 별종의 인간이 아니라는 얘기이다. 군자는 그 사람이 평소에 '도'와 떨어져 사느냐 아니면 '도'와 하나가 되어 사느냐에 달려 있지 않을까? 이 "도"는 곧 "하늘의 명령"(天命)이다. 하늘이 땅에서 살아가는 모든 생명체에게 하사하신 바로 그 목숨이다. 따라서 사람도 역시 하늘이 주신 목숨을 가지고 살아간다. 그렇기 때문에 그 사람이 하늘의 뜻에 따라 사느냐 그렇지 않느냐에 따라서 성인(군자)이 되느냐 아니면 패륜아(悖倫兒)로 떨어지느냐가 판가름 나게 된다. 그래서 도는 곧 하늘이 사람에게 내리신 '지혜'라고도 볼 수 있겠다. 『성경』에서도 "만물의 주님께서는 누구 앞에서도 움츠러들지 않으시고 누가 위대하다고 하여 어려워하지도 않으신다. 작거나 크거나 다 그분께서 만드셨고 모두 똑같이 생각해 주신다"(지혜 6,7)고 하지 않았던가! "지혜는 바래지 않고 늘 빛이 나서 그를 사랑하는 이들은 쉽게 알아보고 그를 찾는 이들은 쉽게 발견할 수 있다. 지혜는 자기를 갈망하는 이들에게 미리 다가가 자기를 알아보게 해 준다"(지혜 6,12-13)는 것, 바로 그것이 '도'라고 말해 보면 어떨까?

"도"는 하늘의 명령, 하늘의 뜻이기 때문에 잠시라도 떨쳐버릴 수 없다. "도"에 따라서 삶을 사는 사람이 성인이요 군자이다. 그렇다면 어떻게 사는 삶이 "도"에 순종하면서 그와 가까이에서 사는 삶일까? 『중용』에서는 "그 보이지 않는 곳에서도 삼가 조심하고, 그 들리지 않는 곳에서도 두려워한다"라고 말한다. 이를테면, 아무도 없는 곳에서 혼자 있어도 몸가짐과 마음가짐이 "도"에 어긋나지 않도록 조심스럽게 신중에 신중을 기하라(愼其獨)는 뜻일 것이다. 『성경』에서도 "주님을 경외함은 지식의 근원이다. 그러나 미련한 자들은 지혜와 교훈을 업신여긴다"(잠언 1,7)고 하였다. 따라서 인간에게 말씀으로 다가오시는 하느님께서는 언제 어디서든지 사람의 행동을 굽어보시고 그의 말을 경청하신다. 결과적으로 "내가 불렀건만 너희는 들으려 하지 않고 손을 내밀었건만 아무도 아랑곳하지 않았기에 나의 모든 충고를 저버리고 나의 훈계를 원하지 않았기에 나도 너희가 불행할 때 웃고 파멸을 당할 때 비웃으리라. 파멸이 너희에게 폭풍처럼 닥치고 곤경과 재앙이 너희 위로 닥칠 때 나는 그렇게 하리라. 그때 그들이 나를 불러도 대답하지 않으리라. 그들이 나를 찾아도 찾아내지 못하리라"(잠언 1,24-28)는 말씀을 듣는다면, 자신의 행위에 대해 후회하게 될 것이다.

"도"를 글자 그대로 풀이해 보면, "말씀", "방법", "길", "지혜"이다. 하느님께로부터 온 것이기 때문에 "도"는 다시 하느님께로 되돌아갈 수 있는 유일한 "길"이 되는 셈이다. 그 길을 버리고, 그 말씀을 업신여기고, 그 방법을 내치고, 그 지혜를 가볍게 여긴다면, 결국 그는 성인(군자)의 반열에 들지 못하게 될 것이다. 그 "도를 닦는 것"(修德)이 결코 허망한 것이거나, 상식의 범위를 벗어나거나, 일상적인 삶과 거리가 먼 행위가 아니라, 진솔하게 그리고 소박하게 이웃과 더불어 살아가면 그것이 곧 "도의 삶"을 사는 사람의 태도에 서 있다고 말할 수 있을 것이다. "네 마음을 다하여 주님을 신뢰하고 너의 예지에는 의지하지 마라. 어떠한 길을 걷든 그분을 알아 모셔라. 그분께서 네 앞길을 곧게 해 주시리라. 스스로 지혜롭다 여기지 말고 주님을 경외하며 악을 멀리하여라. 그것이 네 몸에 약이 되고 네 뼈에 활력소가 되리라"(잠언 3,5-8)는 말씀 속에 "도의 삶"에 대한 구체적인 방법이 제시되어 있다.

결국 "도"의 행위는 사람들에게 요란하게 자신을 드러내거나 자랑하고 명예를 드높이려는 자세와는 거리가 멀다. 자신을 겸손하게 낮추고 숨길 때에 보다 분명하게 드러나는 것이다. 예수님 말씀에 따르면, "너희 가운데 첫째가 되려는 이는 너희의 종이 되어야 한다. 사람의 아들도 섬김을 받으러 온 것이 아니라 섬기러 왔고, 또 많은 이들의 몸값으로 자기 목숨을 바치러 왔다"(마태 20,27-28)고 하였다. 그렇기 때문에 은밀한 곳에서 '도'에 어긋나는 짓을 한다거나 혹은 아주 작은 일이라도 불의한 짓을 저지른다면, 그가 하는 짓거리는 오히려 하늘에서 더 크게 부각되어 마치 그에게는 돌이킬 수 없는 불행으로 되돌아오고 말 것이라 여겨진다. 예수님은 또 "너희는 사람들에게 보이려고 그들 앞에서 의로운 일을 하지 않도록 조심하여라"(마태 6,1), "네가 자선을 베풀 때에는 오른손이 하는 일을 왼손이 모르게 하여라. 그렇게 하여 네 자선을 숨겨 두어라. 그러면 숨은 일도 보시는 네 아버지께서 너에게 갚아 주실 것이다"(마태 6,3-4)라고 하셨다.

  결과적으로 '도'는 '천명' 혹은 '천리'이며, '하늘'(天) 자체라고 볼 수 있다. 그 '하늘'이 땅으로 내려와 그가 창조한 땅에 있는 온갖 사물에 깃들어 존재한다. 아니 사물자체가 온전히 그의 것이며, 그의 초상(肖像)이다. 이와 반대로 불초(不肖)는 하늘이 내려주신 그 목숨의 의미를 생각하여 따르지 않고 자기 멋대로 사는 것이다. 「요한복음서」 저자는 "모든 사람을 비추는 참빛이 세상에 왔다. 그분께서 세상에 계셨고 세상이 그분을 통하여 생겨났지만 세상은 그분을 알아보지 못하였다. 그분께서 당신 땅에 오셨지만 그분의 백성은 그분을 맞아들이지 않았다"(요한 1,9-11)고 하였다.

길을 걷고 있는데 마치 가을이 내게 다가오는 것처럼 느껴진다. 지금 가을하늘은 눈이 시리도록 파랗다. 그러나 계절이 바뀌는 길목이기 때문일까? 아침과 저녁나절의 날씨는 서늘하고 불어오는 바람도 제법 차다.(2007년 10월 초순에)

기뻐하고 성을 내며 슬퍼하고 즐거워하는 것이 아직 드러나지 않는 상태를 '중'이라 합니다. 발출해서 모두 마디마디에 딱 들어맞는 것을 '화'라고 하지요. 중이란, 하늘 아래의 '큰 바탕'이고, '화'란, 하늘 아래가 두루 소통되는 '길'이랍니다. '중'과 '화'를 넓혀 나가면, 하늘과 땅이 자리를 잡게 되고 만물이 거기에서 길러지게 됩니다(喜怒哀樂之未發 謂之中 發而皆中節 謂之和 中也者 天下之大本也 和也者 天下之達道也 致中和 天地位焉 萬物育焉).

산책2 몸속으로 찬바람이 스며드는 것이 벌써 겨울이 온 것 같다. 아직 계절은 시월 하순 밖에 되지 않았는데, 텔레비전 뉴스에서는 남쪽 어디어디에 단풍이 절정이라는 소식도 있는데, 내가 사는 이곳은 날씨가 꽤나 추워졌다.

나는 동식물의 생태에 대해서는 아는 것이 별로 없다. 보통 기쁠 때 기뻐하고, 성을 내고 싶을 때는 성을 내며, 슬퍼질 때에는 슬퍼하고, 즐거울 때는 즐거워할 줄 아는 생명체는 오직 사람뿐일 것이라고만 알고 있다. 기쁠 때 성을 낸다거나, 성을 내야 할 대목에 가서 즐거워

한다든지, 혹은 즐거워할 때 성을 내는 상당히 이해하기 힘든 역설적 경우가 사람들 사이에 더러 있기는 하다. 그렇다면 이쯤해서 나는 인간의 가장 소박한 모습이 무엇일까를 생각해 본다. 그것은 당연히 기쁠 때 기뻐하고, 슬플 때 슬퍼하는 감정을 가지고 있는 것이 가장 인간다운 모습이 아니겠는가?

보통사람의 정감(情感)[2]은 그가 처한 상황에 따라서 다양하게 표출되기 마련이다. 그래서 사람은 그가 처한 환경에 영향을 받는 동물이라고 말하기도 하지 않던가? 그러나 말이나 행동이 표출되기 이전에는 아직 사람의 마음 안에 고요하게 머물러 있다. 이러한 상태는 돌아보아 한 점 부끄러움이 없고, 티끌도 없는 '도'의 상태이고, '하늘' 상태이기도 하다. 또한 어느 한쪽으로도 치우치지 않으며, 정확하게 과녁을 꿰뚫는 행위가 있기 전의 침묵의 상태이다. 말하자면 십자가의 성(聖) 요한이 노래한 '무'(無)의 상태이며, '고요한 나의 집'이 된다. 또 "땅은 아직 꼴을 갖추지 못하고 비어 있었는데, 어둠이 심연을 덮고 하느님의 영이 그 물 위를 감돌고 있었"(창세 1,2)던 바로 그 상태이기도 하다. 그래서 어쩌면 이러한 '중'(中)의 상태는 거룩한 상태일지도 모르겠다.

그 거룩한 상태가 일단 움직여 드러나게(발출) 되면 곧 '보시니 좋은' 그것도 '참으로 좋은'(창세 1,31 참조) 모습이다. 이는 어느 모로 보나 발출하기 전의 상태, 즉 '천명에 딱 들어맞는'(中節) 모습으로 드러

---

[2] 감정(感情)보다는 정감(情感)이라는 말이 '마음'의 상태를 표현하는 데 더 적절하다고 생각되어 '정감'이라는 용어를 사용하였다.

난다. 이것이 이른바 '화'(和)의 상태이다. '화'의 상태는 조화로움, 어울림, 사랑과 평화, 믿음과 일치, 화해와 용서, 정의와 평등의 모습은 조금도 어그러지는 바가 없는 '공동체'(共同體)의 모습이다. '중'이 피어나서 '화'하게 되면, 마치 "정의가 그의 허리를 두르는 띠가 되고 신의가 그의 몸을 두르는 띠가 되리라. 늑대가 새끼 양과 함께 살고 표범이 새끼 염소와 함께 지내리라. 송아지가 새끼 사자와 더불어 살쪄 가고 어린아이가 그들을 몰고 다니리라. 암소와 곰이 나란히 풀을 뜯고 사자가 소처럼 여물을 먹고 젖먹이가 독사 굴 위에서 장난하며 젖 떨어진 아이가 살무사 굴에 손을 디밀리라"(이사 11,5-8)고 한 그러한 '대동의 사회'(大同社會)와 같을 것이다.

이 사회는 오로지 '중'의 상태가 '화' 모습으로 피어날 때만이 가능해진다. 바로 하느님과 인간, 인간과 인간, 인간과 자연이 모두 '하나 되어' 어울리는 세상이다. 다시 말해 '하늘과 땅과 사람이 하나 되는'(天地人合一)의 세상이다. 예수께서는 아주 적절하게 "내가 너희에게 한 것처럼 너희도 그렇게 하라고, 내가 본을 보여 준 것이다"(요한 13,15) 그러니 "서로 사랑하여라. 너희가 서로 사랑하면, 모든 사람이 그것을 보고 너희가 내 제자라는 것을 알게 될 것이다"(요한 13,34-35)라고 중화상태의 진수를 말씀해 주신다.

그렇기 때문에 '중'이란 하늘 아래에 살아가는 온갖 생명 있는 것들의 '큰 바탕'(大本)이 될 수 있다. 이 바탕은 '모든 것의 모든 것이 되게 하는' 원천이며 근원이 된다. 이 바탕 없이는, 이 바탕을 따르지 않고는 자연은 물론이고 사람마저도 살아남기 어려울 것이다. 아니 자연은 오히려 이 바탕에 제대로 순응하면서 살기에 별 문제가 없겠지만, 틈만 나면 자기 욕심을 채우려는 우리네 사람이 문제가 될 것이다. 사람들은 갖가지 욕심과 탐욕에 빠져들어서 마침내 자기 목숨마저 위태롭게 만들어가고자 온갖 애를 다 쓴다. 예수님은 제자들을 향하여, "내 안에 머물러라. 나도 너희 안에 머무르겠다. 가지가 포도나무에 붙어 있지 않으면 스스로 열매를 맺을 수 없는 것처럼, 너희도 내 안에 머무르지 않으면 열매를 맺지 못한다. 나는 포도나무요 너희는 가지다. 〔…〕 내 안에 머무르지 않으면 잘린 가지처럼 밖에 던져져 말라 버린다"(요한 15,4-6)고 하셨다.

사람의 정감은 그 마음에서부터 비롯한다. 마음속에는 '하늘의 명령'(天命)이 자리하고 있으며, 그 명령은 곧 사람이 사람으로서 사람노릇을 제대로 해나갈 수 있는 길(道), 방편, 해법이다. 그 길을 아직 걸어가지 않고 머물러 있는 상태가 곧 '중'이다. 어떤 사람이 길을 떠날 때는 뚜렷한 목적, 방향을 설정해야 할 것이며, 그 방향과 목적이 선한 것인지 악한 것인지를 따져봐야 할 것 아니겠는가? 목적과 방향설정은 길을 떠나기 전에 분명히 해두어야 할 대전제이다. 만약 그런 것들이 설정되지 않았거나 혹은 설정되었다 하더라도 잘못 설정되어졌다면, 걸음을 시작하기 전에 충분히 올바르게 고쳐야만 한다. 일단 걸음을 걷기 시작하면 곧 '화'(和)가 된다.

'화'는 상대방(타자)과의 '어울림'의 모습이다. 왜냐하면 '화'는 '나' 아닌 다른 존재 즉 '너'와의 관계를 어떠한 방식으로든지 맺어가는 것이기 때문이다. '중'의 단계에서 목적이나 방향설정을 제대로 하였다면, '화'의 단계 또한 건강한 결과를 가져오게 될 것이고, 그렇지 않다면, 그 결과는 다시는 돌이킬 수 없는 나락으로 빠져들고 말지도 모를 일이다. 게다가 이미 걸음을 걷기 시작하였더라도 '중'의 단계가 잘못되었다고 판단되면, 바로 그 순간 가던 걸음을 멈추고 재빨리 방향을 수정해야 옳다. 또 반대로 '중'의 단계는 제대로 되었는데, '화'의 단계에서 제대로 '화'를 발휘하지 못한다면, 이 또한 재빨리 '중'의 상태로 돌아와서 다시금 가다듬어 새로운 걸음을 시작해야 할 것이다.

결과적으로 '중'과 '화'는 앞과 뒤, 안과 밖을 시간적으로 분리할 수 없으며, 공간적으로도 갈라놓을 수 없는 동시적인 상태라고 말할 수 있다. 어느 것 하나라도 소홀히 여기거나 따로 구분하여 다룬다면, 그는 더 이상 천명(도)을 수행하는 사람이라 볼 수 없기 때문이다. 그는 하늘과 거리를 두며 자꾸만 멀어져 간다. 예수께서는 "그러므로 하늘의 너희 아버지께서 완전하신 것처럼 너희도 완전한 사람이 되어야 한다"(마태 5,48)고 하시고, 또 "'네 마음을 다하고 네 목숨을 다하고 네 힘을 다하고 네 정신을 다하여 주 너의 하느님을 사랑하고' '네 이웃을 너 자신처럼 사랑해야 한다'"(루카 10,27)고 말씀하셨는데, 이것이 바로 『중용』에서 말하는 '치중화'(致中和)이다.

'치중화'는 '하늘의 명령을 간직하면서, 그 명령을 세상 속에 수행해 나가는 것'을 말한다. 마치 "하느님의 백성인 교회가 그리스도의 몸이기에 마땅히 그리스도를 따라 삶의 자리, 역사의 현장에서 참해방자이신 예수 그리스도의 삶을 몸소 사는 공동체"[3]인 것과 같다.

이렇게 하느님의 뜻을 받들어 사는 세상이라면, 그 세상은 하늘과 땅이 제자리를 잡고 있는 세상이 분명하다. 그러나 지금 우리들이 사는 세상의 현실은 어떠한가? 제자리를 잡고 있는 하늘과 땅마저 다시금 혼돈의 상태로 접어 들어가도록 인간이 종용하고 있는 상황이다. 사람들의 못된 욕심, 하늘의 뜻을 받들기보다는 오히려 하늘의 뜻을 거역하면서 자신들의 부른 배를 더 채워가려는 이기심이 결국 태초에 아름답고 좋게 만든 온갖 것들을 여지없이 파괴시켜 무너뜨리고 다시는 일어서지 못하게 만들고 있다. 그럼에도 사람들은 그러한 자신들의 행태가 옳은 것인지 그릇된 것인지를 알지 못하고 있는 듯하다. "도덕적 해이 혹은 불감증"은 갈 데까지 간 것처럼 보인다. 숨이 탁 막히는 시대가 되고 만 느낌이다. 사실상 하늘과 땅은 어제나 오늘이나 한결같이 제자리에 서 있는데, 다만 사람들의 마음이 헷갈려 가고 있을 뿐이다. 사람들의 마음이 헷갈려 있기 때문에 하늘과 땅마저 있는 그대로 볼 수 없게 되는 것이다. 이런 상황 속에서 만물이 제대로 화육(化育)하고 생육(生育)될 일은 만무하지 않겠는가?

'중화의 삶'은 '더불어 사는 일'이고, '남도 살리고 자기도 사는 몸짓'이다. 『성경』에도 "보라, 얼마나 좋고 얼마나 즐거운가, 형제들이 함께 사는 것이! 머리 위의 좋은 기름 같아라. 수염 위로, 아론의 수염 위로 흘러내리는, 그의 옷깃 위에 흘러내리는 기름 같아라. 시온의 산들 위에 흘러내리는 헤르몬의 이슬 같아라. 주님께서 그곳에서 복을

---

3 정호경, 『해방하시는 하느님』, 분도출판사, 1987년, 113쪽.

내리시니 영원한 생명이어라"(시편 133,1-3)고 외치는 시편작가는 중화의 상태를 노래하고 있는 듯이 보인다. '중'은 우리네 인생에 있어서 뿌리이며, 토양이고, 토대라고 여겨진다. 여기에서부터 싹이 트고, 나무가 자라며, 잎과 가지가 무성하고, 꽃이 피며, 열매가 풍성하게 맺힌다. 그렇지만 결과적으로 뿌리와 나무는 한 몸이다. 어느 것 하나라도 자기역할을 제대로 수행하지 못한다면 그 나무는 곧 죽어 말라 버리고 말 것이다.

　나는 지금 텃밭을 내려다보고 있다. 배추와 무는 찬바람을 맞아야 잘 큰다는 말을 어른들에게서 종종 들은 기억이 떠오른다. 고추는 밭고랑에 물 빠짐이 잘되지 않아 일부는 역병이 찾아와 주저앉아 버렸다. 딱하다는 생각을 해 보지만 내 재주로는 어찌 해 볼 도리가 없다. 어느덧 이곳 가르멜 기슭에도 단풍이 곱게 물이 들었다. 오늘은 지인들을 불러놓고 둘러 앉아 함께 된장에다 배춧잎, 풋고추로 차린 조촐한 안주에다 막걸리 한잔 기울이고 싶은 날이다.(2007년 10월 하순)

둘
모든 것은 때가 있지요(時中)

공자는 "군자는 중용을 살고, 소인은 중용을 거스른다. 군자가 중용을 사는 것은, 군자이면서 때에 딱 들어맞게 하기 때문이고, 소인이 중용을 사는 것은 소인이면서도 아무런 거리낌이 없이 제멋대로 하기 때문이다"라고 말씀하셨지요(仲尼曰 君子中庸 小人反中庸 君子之中庸也 君子而時中 小人之中庸也 小人而無忌憚也).

농부들은 어쩌면 저렇게 때를 잘 맞추는지 모르겠다. 시월에 접어들면서부터 벼를 베기 시작하더니, 벼 베기가 끝나자 어느새 감을 따서 깎아 매달기 시작한다. 상주는 예부터 감나무로 유명하다. 그래서 이 고을에서도 곶감을 팔아 억대부자가 되었다는 사람들의 이야기가 심심찮게 들려온다. 농부들은 지난 2월부터 시작하여 끊임없이 논밭을 갈고 거름을 내고 씨앗을 뿌리고 돋아난 곡식들을 정성스럽게 가꾸었다. 그러더니 이제는 땀 흘려 가꾸어낸 온갖 농작물을 수확하는 데 온 정성을 다 기울인다. 만일 농부가 농사지을 때를 제대로 알지 못하면, 그 해 농사는 수확을 할 것도 없이 낭패를 보고 말 것이다. 그네들은 언제 씨를 뿌릴지, 어느 때 김을 매야할지, 그리고 어느 순간에 쉬어야 할지를 잘 알고 있다. 그 때를 잘 아는 농사꾼이 결국 힘들이지 않고, 수확 때에 풍작의 기쁨을 누리게 될 것이다.

'중용'(中庸)이란 무엇인가? 중용은 '중'(中)과 '화'(和)가 평범한 일상생활 속에서 어디에도 치우침이 없이 균형을 이루도록 하고, 그것이 끊임없이 지속적으로 이루어지게 하는 덕행, 곧 천명의 도를 일상생활 안에서 자신은 물론이고 타인에게 이르기까지 제대로 소통하는 공동체적인 삶의 태도를 말하는 것이리라. 그렇다면 중용은 공자가 말씀하신 "지나침은 모자라는 것만 못하다"(過猶不及)(『논어・선진(先進)』)에서 '과불급'(過不及)이 없는 중정(中正)과 잘 어울리는 말이다. 천주교를 '가톨릭'(Catholic)이라 하는데, 본래 가톨릭이란 말은 어느 한 쪽에도 치우치지 않고(中) 모든 것을 아우른다는 뜻이다. 그렇다면 중용(中庸)과 과불급(過不及), 그리고 가톨릭이란 말은 어쩌면 서로의 의미들이 잘 통하는 개념일지도 모르겠다는 생각된다.

"가톨릭"은 모든 지역, 모든 민족, 모든 이데올로기를 두루 아우를 수 있을 만큼 포용력이 있다는 말이다. 그래서 '보편적'(普遍的) 혹은 '보편'(普遍)이라고 번역하기도 한다. 천주교회가 스스로 '보편되다 라'고 말할 수 있는 근거는 예수께서 '모든 사람', '모든 백성'에게

교회를 파견하였다는 사실에 근거한다. "너희는 가서 이 세상 모든 사람들을 내 제자로 삼아라"(마태 28,19 참조) 이러한 주님의 말씀에 근거해 볼 때, 유가에서의 "과유불급"(중용)과 천주교에서의 "보편"(가톨릭)이 참으로 자연스럽게 잘 어울리는구나 싶은 생각이 든다. 내친 김에 '가톨릭'이라는 개념에 대해서 좀 더 생각해 보고 싶다. 예루살렘의 주교 성 치릴로(315-387)는 말씀하시기를, "교회는 온 세계를 두루 아우르기 때문에 '가톨릭'이라 불린다. [⋯] 교회가 보편적으로 가르치되 모든 도리(道理)를 하나도 빠짐없이 가르치기 때문에 [⋯] 교회가 통치자나 백성들이나, 배운 사람이나 배우지 못한 사람이나 구별 없이 모든 계층의 사람들을 참된 신앙의 품으로 데려오기 때문에 그리고 교회가 어떤 죄악이라도 모두 돌보고 치유해 주기 때문에 [⋯] 그리고 교회가 온갖 덕목을 두루 갖추고 있기 때문에 '가톨릭'이라 불린다"[4]라고 하였다. 이렇게 보자면, '가톨릭'이란 말은 그 의미상의 '보편성'에다 '중용적' 의미를 덧붙일 때 비로소 참 뜻이 드러나리라 본다.

유가의 '중용'은 일상생활에서 모든 것을 '두루 싸잡아주는' 하늘의 명령 곧 천명을 실천하는 행위이다. 이렇게 천명의 도(天命之道)를 삶으로 실천하는 사람이 성인군자이다. 성인군자는 공동체와 더불어 공동체 안에서 하늘의 뜻을 제대로 발휘하는 사람이며, 하늘의 뜻을 거역하고 자기 이익만을 탐하는 사람, 곧 소인배는 이웃사람들과 함께

---

[4] 차동엽, 『밭에 묻힌 보물』, 에우안젤리온, 2005년, 300쪽.

할 줄 모르고, 함께하는 것처럼 보여도 실상은 자신의 안위만을 걱정하고 챙기는 반(反) 공동체적인 사람이라 할 수 있을 것이다. 『성경』에서도 "의인들의 행복에 마을이 즐거워하고 악인들의 멸망에 환성이 터진다. 성읍은 의인들의 축복으로 일어서고 악인들의 입으로 허물어진다. 지각없는 자는 이웃을 비웃지만 슬기로운 사람은 침묵을 지킨다. 중상하고 다니는 자는 비밀을 누설하지만 마음이 신실한 이는 말을 덮어 둔다"(잠언 11,10-13)라고 하였다. 일상생활에서 중용을 잘 이루는 것은 무엇보다도 중화의 때를 잘 알아서 맞추는 일이다. 때를 잘 맞추는 일을 '시중'(時中)이라고 한다.

'시중'은 '때에 딱 들어맞게 하다' 혹은 '때가 적절히 들어맞게 하다'라는 뜻이다. '시'(時) 곧 '때'는 물론 하늘이 스스로 운행하는 때이며, 하늘이 천지만물에게 부여하는 때이고, 하늘(天)과 땅(地)과 사람(人)이 서로 소통하여 관계를 맺는 때이다. 그렇다하더라도 그 '때'를 제공해 주는 주체는 어디까지나 하늘이다. 하늘이 때를 마련해 주지 않으면 세상의 천지만물은 모두 자기 갈 바를 알지 못하고 헤매게 된다. 때를 만들어 내는 주체가 하늘이라면 땅과 인간은 그 '때'를 적절하게 맞추어 살아가는 주체가 된다. 모두가 주체로 작용할 뿐 객체는 존재하지 않는다. 하늘은 때를 마련해 주는 주체이고, 사람은 그 때를 잘 활용하는 주체이니, 주체적으로 산다는 것은 곧 하늘의 뜻에 따라 잘 맞추어 살아간다는 말이다. 그렇다면 그 '때'에 무엇을 어떻게 적절하게 맞추어야 할까? 그것을 잘 살피는 것이 바로 '중'(中)의 상태이다. 앞에서 몇 번이고 이야기한 바로 그 '중'이다.

'중'은 '화'(和)를 이루기 직전단계이다. 그러나 엄밀히 말해서 중과 화는 구분할 수도 없고 혼동할 수도 없고, 분리할 수도 없는 그 무엇이다. 그래서 사람들은 '중즉화'(中卽和), 곧 "중이 화에 즉해 있다"라고 말하기도 한다. 우리가 지금 서로 구분해서 억지로 말한다면 중은 곧 '하늘의 명령' 혹은 '하늘의 뜻'이라 할 수 있을 것이다. 하늘의 뜻에 기대어 세상 살아가는 데에 필요한 것들을 적재적소에서 제대로 사용할 줄 아는 사람이 군자요 성인이라는 것이 공자의 가르침이다. 반대로 하늘의 뜻이나 명령을 제 때에 알지 못하거나 알더라도 거역하는 사람이 있다면, 바로 그가 소인배에 해당한다고 볼 수 있다. 소인배는 자신의 안위와 욕심에 가려서 하늘과 등을 지고 점점 멀어져 가려고 애를 쓸 뿐만 아니라, 그러한 사실을 알고도 아무런 거리낌도 없이(無忌憚) 자기 멋대로 행동하며 살아가는 사람을 두고 하는 말이다. 소인배는 공동체 안에 큰 어려움이 닥치면 누구보다도 자신의 안위를 걱정하여 달아나버리는 사람이다. 구약의 「코헬렛」의 저자는 '때'에 관해 매우 흥미로운 노래를 부른다.

"하늘 아래 모든 것에는 시기가 있고

모든 일에는 때가 있다.

태어날 때가 있고 죽을 때가 있으며

심을 때가 있고 심긴 것을 뽑을 때가 있다.

죽일 때가 있고 고칠 때가 있으며

부술 때가 있고 지을 때가 있다.

울 때가 있고 웃을 때가 있으며

슬퍼할 때가 있고 기뻐 뛸 때가 있다.
돌을 던질 때가 있고 돌을 모을 때가 있으며
껴안을 때가 있고 떨어질 때가 있다.
찾을 때가 있고 잃을 때가 있으며
간직할 때가 있고 던져 버릴 때가 있다.
찢을 때가 있고 꿰맬 때가 있으며
침묵할 때가 있고 말할 때가 있다.
사랑할 때가 있고 미워할 때가 있으며
전쟁의 때가 있고 평화의 때가 있다.
그러니 일하는 사람에게 그 애쓴 보람이 무엇이겠는가?"(코헬 3,1-9)

『성경』에 따르면, 하느님께서는 모든 것을 제때에 아름답도록 만드셨다. 또한 그들 삶 속에 시간에 관한 의식도 심어주셨다. 그러나 하느님께서 '시작에서부터 종말까지' 하시는 일을 사람들은 깨닫지 못하였다(코헬 3,11 참조). 거기에는 더 보탤 것도 없고 더 뺄 것도 없다. 하느님께서 그렇게 하시니 그분을 경외(敬畏)할 수밖에 없다는 말씀이다. 있는 것은 이미 있었고 있을 것도 이미 있었다. 뿐만 아니라 하느님께서는 사라진 것들을 철저히 찾아내시기도 하신다(코헬 3,14-15 참조). 그러므로 '시중'은 처음부터 하느님의 것이었기에 마지막에도 그분께로 돌아갈 수밖에 없다. 그러니 다만 인간이 그분께서 하사하신 방식대로(천명 혹은 도) 제때에 자기에게 주어진 삶을 살되, 자기가 아닌 타자(他者)와 더불어 언제나 타자에게 열린 자세로 살아야 할 것이다.

그렇게 사는 삶이야말로 참으로 군자다운 삶이다. 군자는 공동체가 어려우면 자신의 목숨을 버리고서라도 공동체를 사지에서 구해내려고 애쓰거나 실제로 구해내는 사람이다. 그렇지만 소인의 삶은 천명을 무시하고, 천시(天時)를 무시하고 살기 때문에 결국 자신은 스스로를 속이고 남도 속이는 삶(自欺欺人)을 살 수밖에 없다. 이것이 곧 소인의 삶이며, '반(反)시중적' 삶이고, '반(反)중용적' 삶이며, 반(反) 공동체적 삶이고, 끝에 가서는 반(反) 하느님적인 삶이 되는 것이다.

달력은 벌써 11월 초로 들어갔지만, 날씨는 오히려 10월 하순보다 더 따뜻하게 느껴진다. 겨울가뭄의 조짐이 보인다. 오랫동안 비가 내리지 않아서 여간 걱정이 아닐 수 없다. 그래도 농부들은 들판에서 막바지 수확에 온 힘을 기울인다. 이러한 백성들의 처지를 아는지 모르는지 정치인들은 다가올 대통령선거에 목숨을 거는 것처럼 보인다. 저마다 입에 거품을 물고 '우리가 국민을 섬길 최고의 지도자다'라고 고래고래 고함을 친다. 그런 외침이 나에게는 '중용'을 거스르는 소인배들의 외침으로 들린다. 밖으로만 돌아다니던 내게 언젠가 선배 한 분이 '다른 데에 정신 팔지 말고 할 일이나 열심히 하라'고 충고했던 기억이 난다. 나에게 맡겨진 일을 제때에 해낼 수 있도록 늘 깨어 노력하며 살아야겠다. 부디 이 나라에 하늘을 섬기고 땅을 섬기고 백성들을 섬기는 지도자를 뽑아 주시기를 두 손 모아 기도해 본다.(2007년 11월 초순에)

셋

'중용'을 행할 이 누가 있을까요(鮮能)

공자께서는 "중용, 그 지극함이여, 백성들이 능히 행할 이가 드문지 오래되었구나"라고 말씀하셨습니다(子曰 中庸 其至矣乎 民鮮能 久矣).

이제 2007년의 달력도 한 장밖에, 아니 몇 개의 숫자밖에 남지 않았다. 그동안 심어 놓은 배추랑 무를 수확하고, 또 감도 따서 깎아 매달고 나니, 한결 마음이 풍요롭다. 그리고 대림절을 맞았다. 대림절은 세상을 창조하신 분이 이제는 세상을 구원하시러 땅에 오심을 기다리는 시기이다. 며칠 전부터 상주지구 신부님들의 요청으로 이곳저곳의 성당에 판공성사(判功聖事)를 주러 다니고 있다. 좀 바쁜 척 하며 살다 보니, 지인들에게 성탄엽서 한 장 제대로 보내지 못해 미안한 마음이다.

나라의 최고 지도자를 뽑는 선거 때문에 나라가 온통 시끌벅적했는데, 이제는 그것도 끝이 났다. '백성의 마음은 곧 하늘의 마음이다'(民心則天心), '백성이 곧 하늘이고 하늘이 곧 백성이다'(民則天天則民)라는 옛말이 있다. 나라의 지도자가 되려는 사람은 백성을 하늘이라 여겨 떠받들고 섬기라는 뜻이 담긴 말이다. 사람들은 예로부터 하늘은 사람을 내고, 모든 사람들의 윤리적, 도덕적 기준이 되며, 공명정대하다고 생각하였으리라! 실제로 사람들에게 있어서 하늘은 사람들의 생각과 말과 행위에 있어서 모든 것의 모든 것이었다. 그 하늘이 땅으로 내려와 백성들의 마음 안에 자리 잡게 됨으로써 이제는 백성이 곧 하늘이 되는 셈이다. 그렇지만 21세기를 살아가는 오늘, 우리의 현실을 되돌아봤을 때, 하늘의 마음은 백성의 마음이 될 수 있지만, 백성의 마음이 과연 하늘의 마음이라고 말해도 될까? 참고로, 대통령을 뽑는 이번 선거에서 국민들은 도덕이니 윤리니 하는 것보다는 '경제'를 강조하는 사람을 선택하였다. 이같은 일을 두고 볼 때, '과연 민심천심설(民心天心說)이 오늘날에도 여전히 유효하기는 한 걸까?' 나 스스로에게 의문을 던져 본다.

따지고 보면, 지금의 우리나라는 다른 어느 나라 국민들보다도 경제적으로 앞서 있기에 잘 사는 것만은 분명하다. 물론 빈부격차가 심한 것은 사실이지만, 그것은 서로가 서로에게 나누지 못한 결과일 뿐이지, 실제로는 경제적으로 상당히 풍부한 나라에 속하는 것만은 사실이다. 그런데도 국민들은 도덕보다는 경제를 선택하였다는 것이 참으로 의아스럽다. 이유는 있을 것이다. 지금의 현실에 염증을 가지고 있다든지, 도덕이나 윤리적 불감증에 걸려 있다든지, 아니면 나눌 것에 대해서는 나누지 않은 채 오로지 자신의 배만을 채우려 달려드는 만연된 이기주의의 결과일지도 모를 일이다. 하지만 어찌하랴? 다수의 국민들이 도덕보다는 경제를 선택한 것을!

'중용'은 일상생활에서 하늘의 뜻을 실천하는 덕행이라고 하였다. 일상생활은 먹고 마시고 일하고 쉬고 잠자고 다른 사람들을 만나고 하는 지극히 평범한 매일의 삶을 말한다. 그러한 매일의 삶 속에서 '중'이 품고 있는 그것을 사람들에게 드러내 보이는 것이 바로 '화'이다. '중화의 삶'은 곧 '중용의 삶'이다. '중용의 삶'은 보통사람들이 하루하루를 살아가는 바로 그러한 '삶'이다. 공자께서는 그러한 '삶'이 지극해야 한다고 하신다. 그러나 살다가 보면 중용의 삶이 지극하지 못할 경우가 있지 않을까? 거기에 대해서 일찍이 중국 송나라의 대학자 주희(朱熹)는 '지나치면 중을 잃고 미치지 못하면 지극하지 못하다'(過則失中 不及則未至)고 하였다. 백성들은 대체로 너무 '지나치거나 아니면 미치지 못한 채' 자신의 삶을 꾸려나가기 일쑤이다.

얼마 전에 정호경 신부님이 『말씀을 새긴다』는 한 권의 책을 출간하였다. 이 책은 요즘 시대에 보기 힘든, 하지만 꼭 필요한 보물 같은 책으로 여겨진다. 그 책에서 저자는 백성, 국민, 대중(군중)에 대하여 다음과 같은 말을 하고 있다.

"대중은 위대하다는 말도 있으나, 이건 대체로 좋게 든 나쁘게 든 대중을 이용하려는 이들의 주장이다. 실상 대중은 어리석다. 흔히 교활한 기득권자들의 농간에 놀아나 누워서 침 뱉거나 일을 망치는 경우도 있다. 잔인한 독재가 가능한 것도 대중의 지지(!)가 있기 때문이다. 떳떳이 홀로서기보다는, 부당한 힘에 빌붙는 게 더 편하기 때문이다. 예수님의 등장으로 불안에 쫓긴 기득권자들이 대중을 선동했고, 그래서 대중은 하나같이 바락바락 악을 쓰며, 예수님을 '십자가에 못 박으라'(마태 27,22)고 했다."[5]

정 신부님의 이 말을 다시 한 번 되새겨 보면, 결국 공자가 말씀하신, "백성들은 일상생활 속에서 중용(혹은 중화)의 삶을 유지하면서 사는 것이 몹시 힘들다"라고 한 것과 어느 정도 의미가 상통한다고도 볼 수 있겠다. 사람이 사람답게 사는 것이란 '별천지'에서 그야말로 일반사람들과 다른 '도인'(道人)이나 '진인'(眞人)처럼 살아야만 가능한 것이 아니라, 매일 숨 쉬고, 움직이고, 밥 먹고, 똥 싸고, 일 하고, 또 다른 사람들에게도 그 마음을 넉넉하게 나누어 주면서 살 때만이 가능한 것이겠지? 그것이 중용의 삶이요 중화의 삶이며, 그것이 성인의 삶이요 군자의 삶인 것이다. 인간의 기본적인 삶의 태도와 방식, 그리고 대인관계마저 단절시키거나 거부하면서 산다면 그것은 결국 자신의 인생을 망치면서 동시에 남도 못살게 하는 것이다. 예수께서도 "눈먼 이가 눈먼 이를 인도할 수야 없지 않느냐? 둘 다 구덩이에 빠지지 않겠느냐?"(루카 6,39)[6]고 하셨다. 지금의 나라 사정이 꼭 예수님의 이 말씀과 닮아 있다고 생각하니, 한탄스럽기 그지없다.

---

[5] 정호경, 『말씀을 새긴다』, 햇빛출판사, 2007년, 155쪽.
[6] 2007년 12월, 한 해를 마무리하면서 〈교수신문〉에서는 그해 한국인들의 전반적인 삶의 모습을 '자기기인'(自欺欺人)이라는 한마디로 요약하기도 했다.

'천명'을 사는 삶이 '중용의 덕'을 실천하는 것이라면, '천명'은 모든 사람들을 죄와 죽음에서 해방시켜주는 '기쁜 소식'(복음)이어야 한다. 누구나 이러한 천명을 땅에서 실천해나간다면, 그는 중용적인 삶을 사는 것이고, 그렇기 때문에 이 삶은 곧 복음을 살고 복음을 사람들에게 선포하는 구체적인 행위가 되는 것이다. 사도 바오로는 말씀하시길, "누가 여러분이 받은 것과 다른 복음을 전한다면, 그는 저주를 받아 마땅합니다. 내가 지금 사람들의 지지를 얻으려고 하는 것입니까? 하느님의 지지를 얻으려고 하는 것입니까? 아니면, 사람들의 비위를 맞추려고 하는 것입니까? 내가 아직도 사람들의 비위를 맞추려고 하는 것이라면, 나는 더 이상 그리스도의 종이 아닐 것입니다"(갈라 1,9-10) 하였고, 이어서 또 말씀하시길, "내가 전한 복음은 사람에게서 비롯된 것이 아닙니다. 그 복음은 내가 어떤 사람에게서 받은 것도 아니고 배운 것도 아닙니다. 오직 예수 그리스도의 계시를 통하여 받은 것입니다"(갈라 1,11-12)라고 하셨다. 그러나 불행하게도 사도 바오로가 전한 복음을 사람들은 듣고도 행하거나 다른 사람에게 전하려고 하지 않았다. 오히려 복음을 전하는 사람들에게 손가락질을 해대거나 관아에 고발하려고 하였다. 그러면 그럴수록 사도 바오로는 "나는 복음을 부끄러워하지 않습니다. 복음은 먼저 유다인에게 그리고 그리스인에게까지, 믿는 사람이면 누구에게나 구원을 가져다주는 하느님의 힘이기 때문입니다"(로마 1,16)라고 하면서, "주님께서는 복음을 전하는 이들에게 복음으로 생활하라고 지시하셨습니다. 그러나 나는 그러한 권리를 하나도 행사하지 않았습니다. 또 나에게 그렇게 해 달라고 이런 말을 쓴 것도 아닙니다. 그러느니 차라리 죽는 편이 낫습니다. 아무도 나의 자랑거리를 헛되게 하지 못할 것입니다. 사실은 내가 복음을 선포한다고 해서 그것이 나에게 자랑거리가 되지는 않습니다. 나로서는 어찌할 수 없는 의무이기 때문입니다. 내가 복음을 선포하지 않는다면 나는 참으로 불행할 것입니다"(1코린 9,14-16)라고 적고 있다. 그렇다. 복음은 들어야 살 수 있고, 전하는 이가 있어야 들을 수 있다. 그러나 이미 그 복음은 우리 생활 안에 깊숙이 들어왔으며, 우리와 함께 하나가 되어 있는데, 불행하게도 우리가 그것을 알지 못하고 있는 것이 문제이다.

'복음화' 문제를 생각하다 보니, 공자께서 말씀하신, "중용, 그 지극함이여, 백성들이 능히 행할 이가 드문지 오래 되었구나"라는 구절이 저절로 이해가 된다. 백성들이 능히 '도'의 삶을 살지 못한 것은 비단 백성들만의 문제가 아니라, 그 '도'를 가르치는 사람들의 삶의 태도 또한 문제가 된다. 그들은 '도'의 삶을 가르친다고 하면서 '올바른 도'를 가르치고 실천하기보다는 정작 자신의 명예만을 부각시키고 있기 때문이다. 오늘날 많은 경우에 있어서 지도자들은 일반국민들에게 솔직하지 못하고 사기를 치는 것을 주저하지 않고 있으며, 일반국민들도 이에 편승하여 자신들의 이익만 챙기는 데 급급하고 있다. 그런 현실이 참으로 안타깝다.

지금 시대에 중용을 제대로 행할 수 있는 사람이 과연 몇이나 있을까? 이른바 지도자로 자처하는 사람이나 수많은 익명의 군중들 가운데 과연 중용적 삶을 사는 사람이 얼마나 될까? 아마도 그 수는 드물지 않을까? 그렇다면 마찬가지로 복음적 삶을 사는 사람 또한 그럴 것이 아니겠는가? 마치 구약 「창세기」에서 하느님과 아브라함이 소돔의 멸망을 앞두고 줄다리기를 하는 장면이 생각난다. 거기에서 하느님은 아브라함에게 "소돔 성읍 안에서 내가 의인 쉰 명을 찾을 수만 있다면 그들을 보아서 그곳 전체를 용서해 주겠다"(창세 18,16-33 참조)고 말씀하신다. 이 시대도 그러한 주님의 말씀을 들을까봐 두려워진다.

한 해가 서서히 저물어간다. 다가올 내년에는 좀 더 희망이 보이는, 어려운 사람들에게 희망의 빛을 비춰 주는 새해가 되기를 간절히 염원해 본다. 어지러운 세상을 깨끗하게 하시고자 하느님께서 사람으로 오신 성탄절을 모든 이들과 함께 기뻐하며 축하하고 싶다. 그리고 다가오는 새해, 모두가 건강과 웃음을 잃지 않는 한 해가 되기를 기원하며. (2007년 12월 하순에)

넷
행실로 옮기면 밝게 되겠지요(行明)

공자께서 말씀하시길, "도가 행해지지 못하니, 내가 그 까닭을 알겠다. 지식인은 주제넘고, 어리석은 자는 미치지 못하기 때문이다. 도가 밝아지지 못하니, 내가 그 까닭을 알겠구나. 현명하다는 자는 주제넘고, 못난 자는 미치지 못하기 때문이다. 사람은 마시고 먹지 않은 이가 없지만, 능히 맛을 알 수 있는 이는 별로 없구나"라고 하셨다(子曰 道之不行也 我知之矣 知者過之 愚者不及也 道之不明也 我知之矣 賢者過之 不肖者不及也 人莫不飲食也 鮮能知味也).

仁兄, 내년에 뵙고 인사를 드린다는 말을 취소해야겠습니다. 어떻게 하다 보니 다시 연필을 들게 되었고, 연필을 드니 또 형이 보고 싶어져서 편지를 쓰지 않을 수가 없었습니다. 한 해가 저물어가니 손에 다른 것들이 잡히질 않습니다. 지난번에 편지를 드리고 나서 그저 멍하니 앉아 천장만 바라보고 있다가 다시 용기를 내어 인사를 드립니다.

'도'는 하늘의 명령, 즉 천명으로서 이미 사람 속으로 들어와 머물며 자리를 잡고 있지 않습니까? '도'가 이미 사람 속으로 들어왔으니, 사람과 하나가 되었지요. 그런데도 사람들은 그 '도'를 밖에서 찾으려고 합니다. 그것이 문제입니다. 안에 머물러서 자신과 하나 되어 있는 '도'를 자꾸만 자기가 아닌 다른 사물이나 헛된 것에서 찾으려 하니, '도'가 제대로 행해지겠습니까? 공자는 이 점을 잘 알고 있는 듯이 보입니다. 헛다리를 짚어대는 사람들이 걱정스럽다는 것이지요. 사람이 '행해야 할 도'는 바로 '하늘의 뜻'이고, '중화'이며, '중용'입니다. 복음사가 요한도 "말씀이 사람이 되시어 우리 가운데 사셨다"(요한 1,14)고 하였습니다. 그런데도 "세상은 그분을 알아보지 못하였다. 그분께서 땅에 오셨지만 그분의 백성은 그분을 맞아들이지 않았다"라고 하였습니다. 심지어는 "그분께서는 당신을 받아들이는 이들, 당신의 이름을 믿는 모든 이에게 하느님의 자녀가 되는 권한을 주셨다"고까지 하였습니다. '도'는 도를 행하는 모든 사람들에게 자신을 송두리째 내어놓았다는 이야기입니다. 그러나 지식인(지성인), 어리석은 이, 못난이, 현명한 자를 가릴 것 없이 모두 그 '도'를 제대로 행하지 못했지요.

어떻게 '도'가 더 이상 세상에 행하여지지 못할까요? 공자는 "똑똑하다는 사람들은 그것을 분수에 넘치게 사용하고, 어리석은 사람들은 인간이 살아야 할 기본에도 미치지 못하기 때문"이라고 보았습니다.

나름대로 똑똑하다는 사람들이 세상을 망쳐놓은 사례들을 역사 안에서 봅니다. 똑똑하다는 사람들은 마치 '도'를 자기들만의 것으로 생각하여 함부로 남용하거나 오용(誤用)해왔습니다. 그리고 자기보다 못한 처지에 놓인 사람들이나 덜 똑똑한 사람들을 얕게 보며, 그 위에 군림하려 하였지요. 그 결과 자기 자신은 물론이고 남들마저 망하게 만들었습니다. 패가망신에다 더하여 온 세상을 하늘의 뜻과 멀어지도록 조장하였습니다. 그들은 입만 열면 '도'를 외쳐대면서도 실제로는 '도'와 거리가 먼 생활을 계속하였기 때문에 마침내 그 '도'를 잃어버리게 되었지요. 이러한 일은 오늘날에도 되풀이되고 있다는 느낌을 지울 수가 없고, 그래서 참으로 씁쓸하고 또 슬프기까지 합니다. 예수께서도 기도하실 때, "아버지, 하늘과 땅의 주님, 지혜롭다는 자들과 슬기롭다는 자들에게는 이것을 감추시고 철부지들에게는 드러내 보이시니, 아버지께 감사를 드립니다. 그렇습니다, 아버지! 아버지의 선하신 뜻이 이렇게 이루어졌습니다"(루카 10,21)라고 말씀하셨지요. 여기에서 말씀하신 '철부지'는 '어리석은 사람'과 같을 수도 있고 다를 수도 있습니다. 그야말로 아무런 지식도 지니지 못한 어린이나 무지렁이를 뜻하기도 하지만, 자기 분수도 모르면서 제 잘난 맛에 살아가는 '짐짓 똑똑한 체 하는 자들'을 말하기도 하기 때문입니다.

　형께서도 아시다시피 '도'가 세상에서 제대로 행해지려면 우선 '도'가 무엇인지부터 알아야만 합니다. 그러나 사람들은 '도'에 관해서 '이것이다' 혹은 '저것이다'라고 많은 말들을 해왔지만, 아직까지도 '도'의 실체를 정확하게 파악하지 못하고 있는 듯합니다. 그러한 까닭은 어디에서 기인될까요? 공자께서는 '현명한 자는 그 도를 너무 과도하게 남용하고 있고, 못난 자는 그 도가 무엇인지조차 모르고 있고, 설령 알고 있다하더라도 거기에 미치지 못하기 때문'이라고 말씀하고 계시지요. 공자께서 말씀하신 '도'는 평범한 일상생활 속에서 하늘의 뜻을 저버리지 않으며 최선을 다해서 자신의 삶을 살아나가는 것 아니겠습니까? 예수께서도 "어린이들이 나에게 오는 것을 막지 말고 그냥 놓아두어라. 사실 하느님의 나라는 이 어린이들과 같은 사람들의 것이다. 내가 진실로 말한다. 어린이와 같이 하느님의 나라를 받아들이지 않는 자는 결코 그곳에 들어가지 못한다"(루카 18,16-17)라고 말씀하셨습니다. 이 말씀은 곧 어린이처럼 순수한 마음을 가지면서 슬플 때 울고, 기쁠 때 웃으면서 살라는 말씀이 아닐까요?

『중용』에서 나오는 '도'는 한편으로 '천명'이고 다른 한편으로는 '사람의 마음'입니다. '도'가 사람 속으로 들어왔기 때문에 더 이상 사람과 동떨어진 '천명'이 아니라 이제는 사람과 하나가 되어 있는 바로 사람의 '그 마음'이지요. 사람은 자기의 마음을 어떻게 움직이는가에 따라서 하늘의 뜻을 실천할 수도 있고 거역할 수도 있습니다. 이 마음은 우리가 일상생활 안에서 언제든지 펼칠 수 있는 그 마음입니다. 따라서 사람은 마음먹기에 따라서 '도'를 밝힐 수도 있고, 행할 수도 있습니다. '도'를 밝히고 행한다는 것이 바로 '중용' 혹은 '중화'의 덕을 실천하는 것이며, 그것이 곧 모두가 한데 어울려 사는 공동체요 대동사회인 것입니다.

봉화 산골에서 농사를 지으시는 어떤 노(老) 사제께서는 그의 저서에서 말하기를, "하느님의 백성인 교회는 예수 그리스도의 몸입니다. 그리스도의 몸인 교회의 참 모습은 밖의 박해 때문이든 안의 부패 때문이든 '한 지체가 고통을 당하면 다른 모든 지체도 함께 아파하고 한 지체가 영광스럽게 되면 다른 모든 지체도 함께 기뻐하는'(1코린 12,26 참조) 하나의 생명체입니다. 실상, 공동체와 무관한 성인도 죄인도 있을 수 없음을 확인합니다. 하느님의 백성인 교회는 그리스도의 몸이기에 마땅히 그리스도를 따라 삶의 자리, 역사의 현장에서 참 해방자 예수 그리스도의 삶을 몸소 사는 공동체입니다"[7]라고 힘주어 말하고 있지요. 제가 보기에는, 이 노(老) 사제의 말씀은 바로 '도'를 행하고 밝히는 자의 태도를 제대로 언급한 것이 아닐까 여겨집니다.

    가만히 생각해 보면, '도'의 실천이라는 것은 사실상 인간의 생활과 동떨어진 별 것이 아니라고 생각합니다. 먹고, 자고, 쉬고, 일하고, 함께 나누고, 서로 사랑하고, 이해할 것이 있으면 이해하고, 용서할 것이 있으면 용서하고, 용서받을 일이 있으면 용서를 청하면서 그렇게 살면 될 것이라 봅니다. 더 바란다면 다른 이들에게 기쁨과 희망과 용기를 선물하며 살아야겠지요. 하지만 이 간단한 생각 또한 행동으로 옮기기가 쉽지 않다는 데 문제가 있습니다. 공자의 시대나 『중용』이 쓰여져서 본격적으로 활용되던 전국(戰國)시대나 혹은 주희(朱熹, 1130-1200)의 시대에도 오늘날과 마찬가지로 수많은 사람들이 '도'를 찾아 나서고, '도'에 관하여 이렇게 혹은 저렇게 말하면서 살아갔겠지

---

7 정호경, 『해방하시는 하느님』, 같은 책, 112-113쪽.

요? 그러나 모두들 변죽만 울리고 말았을 거라고 여겨집니다. 왜냐하면 '도'는 바로 자기 주변 가까운 곳에, 아니 자기 마음속에 들어 있으면서 언제든지 이웃과 더불어 함께하길 이제나 저제나 때를 기다리고 있었을 테니까요. 그런데도 모두들 다른 곳(方外)에서 '도'를 찾았거든요. 맹자께서 말하기를, "도는 가까운 곳에 있는데 먼 데서 찾고, 할 일은 쉬운 데에 있는데 어려운 데서 찾는구나"(道在爾而求諸遠 事在爾而求諸難)[8]라고 한탄했다고 합니다. 예수께서도 사람들이 제대로 살지 못하여 재난이 올 것이라고 말씀하시는 가운데, "너희는 속는 일이 없도록 조심하여라. 많은 사람이 내 이름으로 와서 '내가 그리스도다' 또는 '때가 가까웠다' 하고 말할 것이다. 그 뒤를 따라 가지마라"(루카 21,8)고 하셨는데, 공자의 말씀은 바로 예수님의 말씀과 통하는 데가 있다고 여겨집니다. 그러니 한 번 밖에 주어지지 않는 우리네 인생을 어떻게 살아야 '도'에 충실한 삶이 될까요?

　형께서는 일찍부터 '도'에 관심이 많으셨으니, 저의 물음의 의미를 알고 계시리라 믿습니다. 일상을 살지 않는 이가 어디 있겠느냐고 누가 물을지도 모르지만, 매일을 산다고 하여 모두 '도'를 실천하며 산다는 뜻은 아닐 겁니다. 공자께서는 "사람은 마시고 먹지 않음이 없건마는 능히 맛을 알 수 있는 이가 드물구나"라고 하셨는데, 지당하신 말씀이라고 봅니다. 사실 우리는 날마다 새로운 삶을 살고 있지요. 그런데도 그것이 새로운 삶이란 걸 모르고 지냅니다. 그 새로운 삶은

---

8 『맹자(孟子)・이루상(離婁上)』

'하느님(하늘)'께서 마련해 주신 것인데도 우리는 사실을 모르고 또 인정하지 않지요. 그래서 감사할 줄도 모르고 돌처럼 무미건조한 차가운 마음으로 살아갑니다. 그러니 새로운 삶이 바로 은혜로운 축복이란 걸 알 턱이나 있나요? 그러한 진실을 모르니, 삶에 대한 '참 맛'을 모를 수밖에 없을 거라고 생각합니다.

예수께서도 하늘의 뜻도 제대로 알지 못하면서 살아가는 이 세대 사람들에게 이사야 예언자의 말을 빌려서 말씀하시길, "너희는 듣고 또 들어도 깨닫지 못하고 보고 또 보아도 알아보지 못하리라. 저 백성이 마음은 무디고 귀로는 제대로 듣지 못하며 눈은 감았기 때문이다"(마태 13,14-15)라고 하셨는데, 곧 참된 삶의 맛을 제대로 느낄 줄, 맛볼 줄 모르는 우리들에게 하신 걱정스런 말씀이 아니겠는지요?

또 「야고보서간」에서는 말하기를 "나의 형제 여러분, 누가 믿음이 있다고 말하면서 실천이 없으면 무슨 소용이 있겠습니까? 그러한 믿음이 그 사람을 구원할 수 있겠습니까? 어떤 형제나 자매가 헐벗고 그날 먹을 양식조차 없는데, 여러분 가운데 누가 그들의 몸에 필요한 것은 주지 않으면서, '평안히 가서 몸을 따뜻이 녹이고 배불리 먹으시오' 하고 말한다면, 무슨 소용이 있겠습니까? 이와 마찬가지로 믿음에 실천이 없으면 그러한 믿음은 죽은 것입니다. […] '그대에게는 믿음이 있고 나에게는 실천이 있소.' 나에게 실천 없는 그대의 믿음을 보여 주십시오. 나는 실천으로 나의 믿음을 보여 주겠습니다"(야고 2,14-18) 하였습니다. 그러니 '도'는 이미 우리에게 와 있는데, 우리가 아둔하여 도를 알아보지 못하고 또 행동으로도 제대로 옮기지 못하니 못내 안타까울 따름입니다. 仁兄, 이제 진짜로 인사를 드립니다. 한 해 잘 마무리하시고 기분 좋게 새해를 맞이하시길 기도합니다. 그럼 새해에 기분 좋은 모습으로 인사 올리겠습니다.(2007년 12월 한 해가 저물어 가는 시간에)

다섯

어째서 행실로 옮기지 못하는 걸까?(不行)

공자께서 말씀하시길, "길, 그 나아가지 못함이여!" 하셨습니다(子曰 道其不行 矣夫).

오늘은 2008년 1월 12일 토요일이다. 세월은 화살과도 같이 참 빠르다는 생각을 해 본다. 그러나 세월이 빠른 것이 아니라 사람의 마음이 자기 생각보다 앞서 서두르는 것이 아닐까? 사람의 마음이 그렇게 대책 없이 바쁘게 서두르다 보니, 자신들의 정체성, 삶의 목적과 의미 등을 모두 잊어버리고 하늘의 뜻에 따라 한 치의 어김도 없이 돌아가는 세월을 탓하게 된 것일 게다. 언제였던가? 아마도 요 몇 년 전의 일로 기억되는데, "여러분 부자 되세요"라는 광고문구가 유행한 적이 있었다. 이 경쾌하고 짧은 한마디는 텔레비전과 신문, 그리고 담벼락과 백화점 유리창, 지하철 등등에서 기분좋은 인사를 대신하고 있었다.

　가만히 살펴보면, 세상에는 부자의 종류도 꽤 많다. 우선 땅부자, 자식부자, 아들부자, 딸부자, 돈부자, 책부자 등등. 그 가운데서도 마음부자가 제일 마음에 든다. 마음이 넉넉해서 다른 사람들에게 자기의 마음을 나누어 주는 부자들이 산다면 세상도 비교적 넉넉해지겠지. 그러나 '부자 되세요'라고 외치는 저 광고문구 안에 과연 '마음의 부자'도 과연 포함되어 있을까 생각해 본다. 아마 대부분은 '물질적인' 부자를 떠 올리며 이 덕담(?)을 주고 받은 것이다. '배고픈 소크라테스'보다 '배부른 돼지가 더 행복할 것'이라는 자본주의 속성이 불러온 기막힌 상술(商術)이요, 인간의 탐욕을 행복이라는 상자로 포장하여 최면을 거는 집단적 이기주의의 또 다른 모습이 아닐까?

　자본주의가 언제부터 인간생활에 끼어들었는지는 잘 알 수 없다. 그러나 이 자본주의 덕분(?)으로 인간은 점점 하느님께서 창조하신 본래의 순수성을 잃어가고 있는 것만은 틀림없어 보인다. "부자 되세요"라는 광고문구가 내게는 "사람들이 서로 짓누르고 싸워서 이겨라. 그러면 그것이 모두가 빨리 패망하는 지름길이 될지니"라는 말로 들린다. 경제(밥)가 중요하긴 하지만, 사람이 살아가는 데 전부는 아니지 않은가? 그런데 백성들을 이끌어가는 지도자들, 지식인들, 정치인들은 자꾸만 인간을 경제적 동물로 만들어가려 하고 있다. 이제 와서는 백성들마저 하늘의 뜻을 저버리고 먹는 데 그 정신을 빼앗겨버려 무엇이 옳고 그른 것인지 조차 식별해내지 못할 지경에 처해 있는 듯하다.

예로부터 백성(대중)은 하늘과 닮아 있으며, 백성들의 마음이 하늘의 마음이라는 주장에 대하여 나 역시 동감을 하지 못하는 바는 아니다. 모든 지식인, 정치인은 무지렁이 백성들을 편안하게 살도록 이끌어 주고 지켜주어야 한다는 것에 대해서, 특별히 가난한 사람들을 도와주고, 가난한 이들을 우선적으로 선택하여 함께 살아야 한다는 것에 대하여 나 역시 너무나 잘 알고 있다. 그럼에도 불구하고 사실상 일반 백성들은 어떻게 생각하면, 염치도 없고, 싸가지도 없으며, 변덕이 죽 끓는 듯해 보이지만, 지구 역사상 그들만큼 생명력이 강한 사람들은 없을 것이다. 지구상에서 어떠한 권력과 왕조, '내로라' 하는 고관대작들과 영웅호걸들이 난세를 주름잡아도 결국 그들은 장구한 역사 속에서 속절없이 하나 둘씩 사라져 갔지만, 백성들은 살아남아서 언제나 새로운 내일을 꿈꾸고 희망하면서 오늘을 견디어 나아왔다. 그 때문에 사람들은 백성들은 '민초'(民草)라고 부르는지도 모르겠다.

공자께서는 당신의 '도'를 '인지도'(仁之道)[9]라고 하였다. '도는 인자로운 삶의 길'이라는 뜻이다. 공자께서는 말씀하시길, "사는 곳이 어질면 아름답다. 가려서 인자로움에 머물러 살지 않는다면, 어찌 지혜롭다고 할 수 있겠는가?", "인자롭지 못한 사람은 곤궁 속에 오래

---

9 『논어 · 이인(里仁)』

머물지 못하고, 즐거움 속에서도 오래 머물 수 없다. 인자로운 사람은 어짊에 편안해지고, 지혜로운 자는 인자로움을 이롭게 여긴다", "오로지 인자로운 사람만이 다른 사람을 좋아할 수도 있고, 싫어할 수도 있다", "진실로 인자로움에 뜻을 품으면, 악한 짓을 할 수가 없다"(子曰 里仁爲美 擇不處仁 焉得知 子曰 不仁者不可以久處約 不可以長處樂 仁者安仁 知者利仁 子曰 唯仁者能好人 能惡人 子曰 苟志於仁矣 無惡也)[10]라고 하였다. 여기에서 '인자로움, 어짊(仁), 너그러움'은 곧 사람의 마음속에 거처하고 있는 '천명'이다. 따라서 '하늘은 본래 인자롭다'는 것이며, 하늘이 인자로우니, 하늘이 내신 온갖 것들, 그 가운데서도 특히 사람은 반드시 인자로워야 한다는 등식이 성립되는 셈이다.

　공자께서 말씀하신 '인'이란 인격자가 잠시라도 떠날 수 없는 궁극적인 모범이요 마지막 목표이다. 부유나 빈곤, 명예나 빈천보다도 뛰어난 최고의 가치로서 '도의 내용'을 말하고 있는 것이다. '인'이란 모든 덕의 완성으로서 '인'을 이룬 사람은 더 이상 바랄 것이 없는 최고의 인격을 완성한 인물이 된다[11]. 이와 비슷한 의미를 지닌 용어를 가톨릭에서도 살펴볼 수 있다. 바로 '거룩함'(聖)이다. 그런데 '인'은 '거룩함'을 지닌 사람이 실생활에서 드러내는 다양한 삶의 태도 가운데 하나로 보아야 할 것이다. 그러므로 '거룩함'이라는 영역 안에 '인'을 포함시켜야 한다. 또한 '인'은 '사랑'이라는 개념과 서로 잘 소통하는 측면이 있다.

10　상동.
11　김승혜, 『논어의 그리스도교적 이해』, 도서출판 영성생활, 2002년, 57쪽.

유가사상을 깊이 생각해 보면, 유가에서의 '인'은 결국 가톨릭에서의 '거룩함'과 유사한 개념적 의미를 지니고 있음을 발견하게 된다. 유가에서 최고의 가치, 최고의 덕목, 최종목표 혹은 완성으로서의 개념이 '인'이라면, 가톨릭에서는 바로 '거룩함'이라 할 수 있다. 『구약성경』에서는 "나는 주 너희 하느님이다. 내가 거룩하니 너희도 자신을 거룩하게 하여 거룩한 사람이 되어야 한다"(레위 11,44)라는 말씀이 있다. 또 예수께서도 사람들을 향하여 "거룩한 것을 개들에게 주지 말고, 너희의 진주를 돼지들 앞에 던지지 마라. 그것들이 발로 그것을 짓밟고 돌아서서 너희를 물어뜯을지도 모른다"(마태 7,6)라고 말씀하신 적이 있는데, 오늘날 많은 사람들이 '거룩하게' 살지 못하고, 심지어는 자신이 '거룩한 존재'인지조차 알지 못하기 때문에 점점 더 '더러운 곳'으로 빠져들고 있다. 그래서 '도'가 행해지지 못하고, '거룩함'이 파묻혀버리게 되는 것이다. 그러한 부적절한 행위는 결국 인류 자신을 파멸의 길로 나아가게 할 것이다.

도를 행하면 군자가 되고 행하지 못하면 소인배가 된다. 그렇다면 지금 시대의 사람들은 과연 저마다 자신의 자리에서 얼마나 참된 도를 행하고 있을까? '도'라고 하는 것은 결국 천명 곧 하늘의 뜻이니, 하늘의 뜻은 거룩한 것이 아니겠는가? 그 거룩함을 세상살이에서 얼마나 행하느냐 그렇지 않느냐에 따라 세상은 판이하게 달라질 것이다. 세상은 시시각각으로 변화하면서 진보하고 있는데, 그러한 변화 속에 '도'가 품어져 있느냐 없느냐에 대해서는 잘 모르겠다. '유도'(有道)와 '무도'(無道)는 종이 한 장 차이지만, 그 결과가 하늘이냐 땅이냐,

새로움이냐 구태냐, 그리고 천당이냐 지옥이냐를 판가름한다고 생각하니, 갑자기 산다는 것이 두렵고 떨린다. 주어진 삶은 더욱 신중하게 살아야겠다는 생각이 절실하다.

  우리는 이제 새로운 한 해를 막 시작했다. 올 새해에는 모두들 하늘이 내려주신 도를 품고서 살아가는 한 해가 되었으면 하는 간절한 기도를 드려본다. 모두들 해맑은 웃음과 건강한 몸짓으로 한 해를 시작하셨으면 좋겠다.(2008년 1월 12일)

여섯

지혜를 크게 하라(大知)

공자께서 말씀하시길, "순 임금은 그 지혜가 크신 분이로다. 순 임금은 묻기를 좋아하시고 친근한 말이라도 살피기를 좋아하시고, 악함을 숨겨두며 선함을 드러내신다. 두 극단을 붙잡으시고, 백성들에게는 그 가운데를 쓰시니, 바로 이것이 순 임금인 된 까닭이라네"라고 하셨습니다(子曰 舜其大知也與 舜好問而好察邇言 隱惡而揚善 執其兩端 用其中於民 其斯以 爲舜乎).

오늘은 아침부터 싸락비가 싸락싸락 내린다. 비 오는 산의 풍경은 마치 그 옛날 완당(阮堂)선생께서 제주도로 유배된 뒤 적적한 생활 중에 그렸다는 저 유명한 "세한도"(歲寒圖)를 보는 듯 착각에 빠지게 한다.

지금 나는, '지혜를 크게 하라'(大知) 혹은 '앎을 크게 하라' 혹은

'큰 지혜' 혹은 '큰 앎'이라는 가르침에 대해 생각해 보려 한다. '대지'의 소유자로 여기에서는 순 임금이 등장한다. 중국의 유명한 전설 속에는 다섯 황제(五帝)가 존재한다. 다섯 황제라 하면 황제(皇帝), 고양(高陽)이라고 일컫는 전욱(顓頊), 고신(高辛)이라고 하는 제곡(帝嚳), 그리고 요(堯)와 순(舜)이 바로 그들이다. 『주역(周易)・계사(繫辭)』에서는 복희(伏羲), 신농(神農), 황제(皇帝), 그리고 요(堯)와 순(舜)을 차례로 나열해 놓기도 한다. 어찌되었든 순 임금은 중국 전설 속의 다섯 황제 중 한 사람이며, 서열상으로도 맨 끝자리를 차지하고 있다. 이미 공자께서는, 세상에는 더 이상 도가 행해질 수 없다는 비극적인 견해를 내놓은 바 있다. 그러나 위의 말씀에서 '도'를 제대로 실천한 사람으로 전설 속의 제왕인 순 임금을 거론한다.

『사기(史記)』에 따르면, 순 임금은 요 임금을 승계한 제왕이다. 요 임금으로 말하자면, "하늘처럼 인자하고 신처럼 지혜로웠으며, 사람들은 마치 태양에 의지하는 것처럼 그에게 가까이 다가갔고, 만물을 촉촉이 적셔주는 비구름을 보듯이 그를 우러러보았다. 그는 부유하였으나 교만하지 않았고, 존귀했으나 거드름 피거나 오만하지 않았으며, 황색의 모자를 쓰고 검은 색의 옷을 입고서 흰 말이 이끄는 붉은 마차를 탔다. 그는 큰 덕을 밝히어 구족(九族)을 친하게 하였다. 백관이 공명정대하니 모든 제후국이 화합하였다"[12]고 한다. 이러한 그가 만년에 이르러 "누가 내 정사를 계승할 수 있을꼬?"라고 하면서 문무

---

12 사마천(司馬遷), 『사기(史記)・본기(本紀)』, 정범진 외 옮김, 도서출판 까치, 1999년, 12쪽.

백관들에게 묻자, 마침내 문무백관들은 순(舜)을 천거하면서, "아비는 도덕이란 전혀 모르는 자이고, 어미는 남을 잘 헐뜯는 자이며, 동생은 교만하지만, 그는 효성을 다함으로써 그들과 화목하게 지내고, 그들을 점점 착해지게 하여 나쁜 일을 하지 않도록 만들었습니다"[13]라고 하였다. 물론 요 임금은 순에게 왕위를 승계해 주기에 앞서 여러 가지 방법으로 그를 시험해 보았다. 아마도 그가 자기의 대업을 승계할 만한 인물인가 아닌가를 따져보아야 하지 않았겠는가? 요 임금이 제시한 여러 가지 시험에도 불구하고, 순의 일상생활은 여전히 한결같았다고 한다. 그는 중국의 기주(冀州, 지금의 산서성)사람으로서 역산(歷山)에서 농사를 지었고, 뇌택(雷澤)에서 고기를 잡았으며, 하빈(河濱)에서 도자기를 만들고, 또한 수구(壽丘)에서는 일용기구를 만들었으며, 틈이 나면 부하(負夏)로 내려가서 장사를 하였다[14]고 한다. 이 이야기는 어찌 보면 그가 매우 부지런하고 성실한 사람이었다는 것을 대변해 주고 있을 것이다. 또 "순은 스물에 효성이 지극하다고 소문이 났고, 서른 살 때에는 요가 등용할 만한 사람이 있느냐고 묻자 사악(四嶽)이 입을 모아 우와 순(虞舜)을 추천하자 요가 좋다고 승낙했다"[15]고 한다.

    순 임금은 그의 부모에게 효성이 지극했나보다. 순 임금은 부모가 부모의 노릇을 제대로 하지 못했는데도 그는 부모를 탓하지 않고

---

13 같은 책, 13쪽.
14 같은 책, 19쪽.
15 같은 책, 같은 곳.

오히려 자신의 효성으로 부모의 마음을 돌려놓았다고 하여 사람들은 그를 대효(大孝)라고 불렀다. 뿐만 아니라 선대 요 임금의 사업을 이어받아 치수(治水)사업을 계속하였는데, 이 사업은 후에 우(禹) 임금에 이르러 완성되었다. 그는 무엇보다도 사람들을 잘 선별하고 발탁하여 적재적소에 앉혔다고 한다. 공자님이 말씀한 지혜는 바로 이 점을 두고 하신 말씀이리라. 즉 순 임금은 사사로이는 부모님께 효도하고, 공적에 나아가서는 백성의 행복을 위해 신하들을 주의 깊게 발탁하였으며, 살펴보고 발탁하되, 오로지 중용적 지혜로써 자신의 정사(政事)를 '도'에 따라 올바르게 펼쳤다.

 확실히 순 임금은 오늘날 정치지도자들의 본보기가 될 인물임에는 틀림이 없어 보인다. 요즘의 나라의 지도자들이라고 하는 자들을 보면, 백성들의 안위와 행복을 위하기는커녕 오히려 자신들의 행복과 안위에 더욱 큰 관심을 기울이고 있는 듯하다. 국민들 모르게 재벌들과 짜고 세금으로 내야 할 이익금들을 자기들끼리 봐주면서 나누어 먹어 치우며, 그 결과에 대해서는 국민들을 위하였노라고 거짓말을 서슴지 않는다. 게다가 선거철만 돌아오면 '국민은 어버이십니다'라고 하면서, 온갖 감언이설로 국민의 귀와 눈을 현혹한다. 그리고 선거가 끝나게 되면, 곧바로 '국민은 등신들일 뿐이올시다'라고 하면서 목에 힘을 주고 나다니데, 그 꼬락서니를 보고 있노라면 참으로 가관이다. 이렇게 겉과 속이 다른 그들의 행태를 보고 있자니, 억장이 다 무너지는 같다. 그래도 어찌하랴? 그들은 국민의 다수(?)가 좋다고 뽑아버린 대표(?)들인 것을.

예수께서는 이 세대를 보시고 말씀하시길, "악하고 절개 없는 세대가 표징을 요구하는구나! 그러나 요나 예언자의 표징밖에는 어떠한 표징도 받지 못할 것이다"(마태 12,39)라고 하셨다. 그리고 또 "내 나라는 이 세상에 속하지 않는다. 내 나라가 이 세상에 속한다면, 내 신하들이 싸워서 내가 유다인들에게 넘어가지 않게 하였을 것이다"(요한 18,36)라고 하시면서, 당신 자신의 사명에 대하여 말씀하시길, "나는 진리를 증언하려고 세상에 태어났으며, 진리를 증언하려고 세상에 왔다. 진리에 속한 사람은 누구나 내 목소리를 듣는다"(요한 18,37)라고 하셨다.

　따지고 보면, 요 임금이나 순 임금도 '진리' 곧 '하늘의 뜻'(천명)을 몸소 실천하고자 이 땅에 온 사람들이 아닐까? 그렇기 때문에 그들 역시 '진리에 속한 사람들'일 것이다. '진리'란 곧 '도'이고, '도'는 '예수 그리스도' 바로 그분이시니, 진리에 속한 사람들은 바로 예수께 속한 사람들이 아니고 무엇이겠는가? 이들은 진리의 끈, 즉 도의 끈으로 연결되어 있기 때문에 '인자로운 마음'으로 다른 사람들(백성)의 눈물을 닦아 주고, 절망을 희망으로 바꾸어 주며, 사랑으로 자기 백성들을 껴안아 주지 않았겠는가? 공자님은 요즘 세대가 그러한 '중용의 덕'을 보여 주지 못하기 때문에 깊이 탄식하며 순 임금님을 본보기로 우리들에게 제시한 것이 아닐까?(2008년 1월 하순에)

일곱

나는 얼마나 지혜로운가?(予知)

공자께서 말씀하시길, "사람들은 모두 '내가 지혜(지식)롭다'고 말하지만, 그물과 확과 함정 속으로 몰아넣어 들어가게 하여도 나는 피할 줄을 알지 못한다. 사람들은 모두 '내가 지혜롭다'고 말하지만, 중용을 골라잡았으면서도 한 달도 채 지켜낼 수가 없었다"고 하셨습니다(子曰 人皆曰予知 驅而納諸罟擭陷阱之中而莫之知辟也 人皆曰予知 擇乎中庸而不能期月守也).

이제 며칠만 더 지나면 이달도 다 지나가버려 2월이 된다. 날씨는 여전히 차갑다. 며칠 더 있으면 곧 입춘인데 말이다. 입춘이면 냇가에 버들강아지들 망울 부퍼 오르고 고요하던 나무들은 밑둥치부터 물오르기 시작하겠지. 하늘이 주는 때(天時)를 제일 잘 알아서 처신하는 놈들이 자연 속의 미물들이라고 볼 때, 인간이란 참으로 그들에 비하면 하잘 것 없는 존재라는 걸 새삼 뼈저리게 느끼곤 한다.

사람이 세상에 태어나서 지식(지혜)을 쌓는다면 얼마나 쌓을 것이고, 천하를 호령할 부(富)와 권력을 가진대도 그 또한 얼마나 갈 것인가? 그런데도 사람들은 천년만년 살 것처럼 행세를 하고 거드름을 피워댄다. 따지고 보면, 사람은 제 분수하나 알지 못하고, 제 몸 하나 챙기지 못하는 가련한 중생일 뿐이다. 하늘의 뜻은 고사하고 길거리에서 뛰어노는 어린아이의 마음 하나도 읽어내지 못하는 미약한 존재로 살다가 떠나는 존재이다. 신약성경 「야고보서」의 저자는 "여러분의 생명은 무엇입니까? 여러분은 잠깐 나타났다가 사라져 버리는 한 줄기 연기일 따름입니다"(야고 1,14)라고 하였고, 구약성경 「코헬렛」에서도 인간 존재의 어리석음과 미약함을 다음과 같이 깊이 탄식하고 있다.

"허무로다, 허무! 코헬렛이 말한다.

허무로다, 허무! 모든 것이 허무로다!

태양 아래에서 애쓰는 모든 노고가 사람에게 무슨 보람이 있으랴?

한 세대가 가고 또 한 세대가 오지만 땅은 영원히 그대로다.

태양은 뜨고 지지만 떠올랐던 그곳으로 서둘러 간다.

남쪽으로 불다 북쪽으로 도는 바람은 돌고 돌며 가지만 제자리로 되돌아온다"(코헬 1,2-6).

[…]

"온갖 말로 애써 말하지만 아무도 다 말하지 못한다.

눈은 보아도 만족하지 못하고 귀는 들어도 가득 차지 못한다.

있던 것은 다시 있을 것이고 이루어진 것은 다시 이루어질 것이니

태양 아래 새로운 것이란 없다. 〔…〕

'이걸 보아라, 새로운 것이다.' 사람들이 이렇게 말하는 것이 있더라도

그것은 이미 우리 이전 옛 시대에 이미 있던 것이다"(코헬 1,8-10).

이렇게 보면, 공자는 확실히 겸손한 사람인 것처럼 여겨진다. 사람들이 그에 관하여, '박식하다, 지혜롭다, 위대하다, 인자하다, 훌륭하다' 등등의 많은 찬사를 아끼지 않았지만, 오히려 그는 자기가 그물과 확과(?) 함정에 빠지는 걸 알면서도 피할 줄도 몰랐다고 하였으며, 중용의 덕을 실천하겠다는 맹세를 한 달도 채 지키지 못하는 바보천치에 불과하다고 고백하고 있으니 말이다. 자신의 부족한 면을 돌아보며 스스로를 낮추고 더욱 정진하는 인간적인 학자의 모습에서 공자의 위대함은 더욱 빛을 발하고 있다 할 것이다. 실제로 공자님은 『논어』에서 "기술만 하고 짓지는 않았으며, 옛것을 믿으면서 좋아하였고, 나는 몰래 노팽과 견주었다. 말하지 않으면서도 그것을 알아냈고, 배우면서도 싫어하지 않았으며, 다른 사람을 가르치는 데 게으르지 않았으니, 무엇이 나에게 남아 있겠는가? 덕은 닦여지지 않았고, 배움은 익혀지지 않았으며, 의로움을 듣고서도 실행에 옮기지 못하였고, 선하지 못하고 고칠 수도 없다. 이것이 나의 근심거리이다"(子曰 述而不作 信而好古 竊比於我老彭 子曰 黙而識之 學而不厭 誨人不倦 何有於我哉 子曰 德之不脩 學之不講 聞義不能徙 不善不能改 是吾憂也)[16] 하셨다.

이 말씀은 그가 살아오면서 닦은 학문과 삶의 태도는 모두 선조들로부터 물려받은 것이지, 공자 자신이 창작한 것은 아무것도 없다는 뜻이며, 더욱이 배울 때도 결코 싫은 내색을 한 적이 없었고, 일단 배웠다면 다른 사람들을 위해서 모조리 다 내어놓았으니, 그에게 남은 것이라곤 단 한 가지도 없다는 말이리라. 뿐만 아니라 그는 선조들로부터 물려받은 훌륭한 유산을 삶에서 제대로 드러내지 못하고, 또 그러한 악습을 고치려하나 완전히 고치지 못하는 것이 그의 최대 걱정거리라고 고백하고 있다. 공자의 고백을 듣고 있자니, 이같이 겸손한 처세(處世)는 오늘날의 지도자들에게 꼭 필요한 삶의 자세가 아닐까 한다.

공자께서는 자신이 '중용의 덕'을 삶의 중심으로 삼았으며, 그 덕이 무엇을 의미하는지 알았다고 하였다. 그러나 이를 자신의 삶 속에서 꾸준히 지켜나갈 수 없었다고 술회한다. 하지만 이는 사실이 아닐 것이다. 공자께서는 평소에 제자들에게 말하기를, "무릇 어진 사람은 자기가 나서고 싶어 하면 다른 사람을 나서게 해야 하고, 자기가 달성하고 싶으면 다른 사람을 달성하게 해야 한다"(己欲立而立人 己欲達而達人)[17]고 하였다. 이 말씀은 자신의 존재에 대해 한 올의 터럭만큼도 내세우지 않으려는 공자의 겸손을 엿볼 수 있다. 동시에 다른 사람들과의 관계에 있어서도 원만하게 가졌음(修己治人)을 알 수 있다. 더구나 스스로 겸손함을 갖추면서 자신을 꾸준히 닦고 가꾸고자 노력

16 『논어 · 술이(述而)』
17 『논어 · 옹야(雍也)』

했는데, "나는 태어나면서 저절로 알았던 것이 아니라 옛것을 좋아하고 부지런히 찾아 배워서 알게 된 것이다"(子曰 我非生而知之者 好古敏以求之者也)[18]라고 하였다. 이러한 자세는 공자의 삶 전체를 아우르고 있다. 그는 "나는 열다섯 먹어서 배움에 뜻을 품었고, 서른에는 당당히 뜻을 세웠으며, 마흔에는 어떠한 것에 대해서도 미혹되지 않았고, 쉰에는 천명을 깨달았으며, 예순에는 들을 귀가 유순해졌고, 칠순에는 마음먹은 대로 해도 하늘의 규범에 전혀 거리낌이 없었다"(子曰 吾十有五而志于學 三十而立 四十而不惑 五十而知天命 六十而耳順 七十而從心所欲 不踰矩)[19]라고 하였다

이 밖에도 『논어』 속에서 여러 측면에서 그가 겸양의 덕목을 갖추고 중용의 삶을 펼쳤던 흔적들이 발견되고 있다. 하늘이 내려 주신 매일의 삶을 사람들은 어떠한 태도로 살아야 하는지 공자께서 잘 말씀해 주시고 계신다.

『성경』에 따르면, 세례자 요한은 자신이 기다리던 메시아(待天命)를 만나자, "보라, 세상의 죄를 없애시는 하느님의 어린양이시다. 저분은, '내 뒤에 한 분이 오시는데, 내가 나기 전부터 계셨기에 나보다 앞서신 분이시다' 하고 내가 전에 말한 분이시다"(요한 1,29-30)라고 하면서 또 "나보다 더 큰 능력을 지니신 분이 내 뒤에 오신다. 나는 몸을 굽혀 그분의 신발 끈을 풀어 드릴 자격조차 없다"(마르 1,7)고 말한다.

---

18 『논어 · 술이』
19 『논어 · 위정(爲政)』

이 말씀은 곧 세례자 요한이 스스로 자신이 누구인지 그리고 하늘의 뜻으로 오시는 분이 어떠한 분이신지를 분별하고 있었으며 또한 자신이 있어야 할 자리가 어디인지, 해야 할 일이 무엇인지를 똑똑히 알고 있었음을 보여 준다. 이러한 처신은 하늘의 뜻을 살펴서 자신을 낮추고 사는 사람이 아니면 참으로 힘들었을 것이다.

'천명', '도', '중용의 삶'은 이미 태초부터 하느님께서 사람들에게 주신 것이 아니겠는가? 하느님께서 사람들에게 주셨다면, 그것은 이미 사람들 가운데 그리고 개별적인 사람들의 마음속에 들어와서 자리 잡고 있는 것이다. 그것은 다른 무엇이 아니라 바로 '하느님'과 똑같으신 분이시고 '하느님 당신 자신'이시다. 그렇다면 하느님과 함께 살게 된 인간은 하느님의 뜻에 맞추어 자신의 삶을 어떻게 살아나가야 하는지가 가장 중요한 문제로 남는다. 쉽게 잘 변하는 것은 결국 우리들이다. 참 하느님이시면서 참 사람으로 오신 예수께서는 사람이 어떻게 살아야 제대로 사는 길인가를 당신의 말씀과 행동, 즉 당신의 삶으로 직접 우리들에게 보여 주신다. 그리고 제자들에게 말씀하시기를, "두 사람이나 세 사람이라도 내 이름으로 모인 곳에는 나도 함께 있기 때문이다"(마태 18,20), 또 "내가 너희에게 명령한 모든 것을 가르쳐 지키게 하여라. 보라, 내가 세상 끝 날까지 언제나 너희와 함께 있겠다"(마태 28,20)라고 하셨다. 그렇지만 중요한 것은, 예수님이나 공자님은 모두 자신들에게 닥쳐올 불이익(禍)이나 함정, 그리고 올가미를 뻔히 알면서도 그것이 다른 사람들을 살리는 일이라면 피하지 않으셨다. 불행한 일을 반드시 피하는 것만이 지혜로운 삶, 중용의 삶을 사는 것은 아니다. 하늘의 뜻이라면 싫든 좋든 받아들이고, 하늘의 뜻이 아니라면 과감하게 내칠 줄을 알 때, 비로소 중용의 덕을 실천하며 산다고 말할 수 있지 않을까?

  2월이 오면 한껏 기지개를 켜 볼 작정이다. 기나긴 겨울의 터널을 벗어나는 희망의 시간 그런 2월을 기다리며…….(2008년 1월 26일에)

여덟

가슴에 새겨 두어라(服膺)

공자께서 말씀하시길, "안회는 사람이 되었다. 중용을 골라내어 잡고, 한 가지 선함을 얻어내면 마음속에 간직하여 충성스럽게 지키면서 그것을 잃어버리지 않았지"라고 하셨습니다(子曰 回之爲人也 擇乎中庸 得一善則拳拳服膺而弗失之矣).

벌써 며칠째 눈이 내리고 있다. 내리는 저 눈발이 때로는 사람들을 푸근하게 만들지만, 더러는 가슴을 도려낼 정도로 슬프게도 만든다. 눈발처럼 푸근하기도 슬프기도 했던 한 사람에 대해 오늘 공자께서는 말씀하신다. 안회(BC 521-490)라는 사람이 바로 그다.

안회는 안연(顔淵) 혹은 그냥 '회'(回)라고 부르기도 한다. 공자가 운데 특별히 총애했던 제자들 중의 한 명이었다. 공자께서는 단지 안회를 제자로서만이 아니라 친구처럼 때로는 스승처럼 여기기도 하였다. 공자께서 말씀하시길, "내가 안회와 함께 종일토록 말을 나누어도 한마디라도 어그러뜨려지게 하는 법이 없으니 마치 어리석은 이처럼 보이는구나. 물러 나와서 그 개인적인 삶을 살펴보니, 역시 나의 말을 충실히 실천하는구나. 안회는 어리석지 않도다. 그가 그렇게 한 까닭을 보고, 그 말미암은 바를 살피며, 그 편안하게 여기는 바를 보는데, 다른 사람들이 어찌 덮어둘 수가 있겠느냐? 옛것을 굳게 지키면서 새로운 것을 알아내니, 스승이라 할 만하구나"(子曰 吾與回言終日 不違如愚 退而省其私 亦足以發 回也不愚 子曰 視其所以 觀其所由 察其所安 人焉廋哉 人焉廋哉 子曰 溫故而知新 可以爲師矣)[20]라고 안회를 침이 마르도록 칭찬하였다. 이 칭찬은 예수께서 나타나엘을 당신의 제자로 부르실 때, "보라, 저 사람이야말로 참으로 이스라엘 사람이다. 저 사람은 거짓이 없다"(요한 1,47)라고 하신 말씀을 연상시킨다.

안회에 대한 스승 공자의 칭찬은 『논어』의 여러 곳에서 드러난다. 안회의 인물 됨됨이를 소개하는 『논어』의 몇 구절을 살펴보자.

예문1) 애공이 묻기를, "제자들 가운데 누가 배우기를 좋아합니까?" 하자, 공자께서 대답하시길, "안회라는 자가 배우기를 좋아하고, 노여움을 다른 사람에게 옮기지 않으며, 과실을 두 번은 범하지 않았다. 그런데 불행하게도 목숨이 짧아서 죽었고, 지금은 없으니,

---

20 『논어 · 위정』

아직까지 배우기를 좋아하는 자를 들어 본적이 없다"라고 하였습니다(哀公問 弟子孰爲好學 孔子對曰 有顔回者好學 不遷怒 不貳過 不幸短命死矣 今也則亡 未聞好學者也)[21].

예문2) 공자께서 말씀하시길, "안회는 마음이 석 달을 두고도 어짊을 어그러뜨리지 않는데, 그 나머지 사람들은 하루나 달포 만에 한 번씩 이를 따름이더구나"라고 하였습니다(子曰 回也 其心三月不違仁 其餘則日月至焉而已矣)[22].

예문3) 안연이 어짊에 관하여 묻자, 공자께서 말씀하시기를, "자기의 사사로운 욕망을 이겨내고 예를 회복하는 것이 어짊이다. 하루만이라도 자기의 사사로움을 이겨내고 예를 회복하면, 천하가 어짊에로 돌아온다. 어질게 됨은 자기로 말미암지 다른 사람으로 말미암겠는가?"라고 하였습니다(顔淵問仁 子曰 克己復禮爲仁 一日克己復禮 天下歸仁焉 爲仁由己 而由人乎哉)[23].

예문4) 안연이 말하기를, "청컨대 그 세목에 대하여 묻겠습니다"라고 하자, 공자께서 말씀하시기를, "예가 아니면 보지를 말고, 예가 아니면 듣지를 말며, 예가 아니면 말을 하지 말고, 예가 아니면 움직이지를

---

21 『논어 · 옹야』
22 상동
23 『논어 · 안연(顔淵)』

말라"고 하였다. 안연이 말하기를, "제가 비록 불민하지만, 청컨대 이 말씀을 실천하겠습니다"라고 하였습니다(顔淵曰 請問其目 子曰 非禮勿視 非禮勿聽 非禮勿言 非禮勿動 顔淵曰 回雖不敏 請事斯語矣)[24].

예문5) 계강자가 묻기를, "제자들 가운데 누가 배우기를 좋아합니까?" 하자, 공자께서 대답하시기를, "안회란 자가 배우기를 좋아하였는데, 불행하게도 목숨이 짧아서 죽고, 지금은 없구나"라고 하였습니다(季康子問 弟子孰爲好學 孔子對曰 有顔回者好學 不幸短命死矣 今也則亡)[25].

예문6) 안연이 죽자, 안로가 공자의 수레로 바깥 널로 삼자고 청하자, 공자께서 말씀하시길, "재주 있는 자나 재주가 없는 자나 똑같이 그 자식에 대하여 언급한다. 리(鯉)가 죽었을 때, 널은 있었지만 바깥 널은 없었다. 나는 옮겨 다님으로써 바깥 널로 삼지 못한 것이다. 이로써 내가 대부로 종사한 다음에야 옮겨 다닐 수 없었다"라고 하였습니다(顔淵死 顔路請子之車以爲之槨 子曰 才不才 亦各言其子也 鯉也死 有棺而無槨 吾不徒行以爲之槨 以吾從大夫之後 不可徒行也)[26].

---

24 상동
25 『논어·선진(先進)』
26 『논어·선지』

예문7) 안연이 죽자, 공자께서 말씀하시길, "슬프도다! 하늘이 나를 버리시는구나! 하늘이 나를 장사 지내시는구나!" 하셨지요. 안연이 죽자, 공자께서 곡하시다가 통곡하셨는데, 따르는 자가 말하기를, "공자께서 통곡하십니다"라고 하자, 공자께서 말씀하시기를, "통곡하고 있었는가? 무릇 사람을 위하여 통곡하지 않고 누구를 위하여 통곡하겠는가?" 하셨습니다. 안연이 죽자, 문인들이 후하게 그를 장사 지내주려고 하자, 공자께서 말씀하시길, "옳지 못하다" 하셨으며, 문인들이 그를 후하게 장사지내주자, 공자께서 말씀하시길, "안회는 나를 보기를 마치 아비처럼 하였는데, 내가 그를 자식처럼 해 주지 못하였으니, 그것은 나 때문이 아니라, 무릇 자네들 때문이라네"라고 하였습니다(顔淵死 子曰 噫 天喪予 天喪予 顔淵死 子哭之慟 從者曰 子慟矣 曰 有慟乎 非夫人之爲慟而誰爲 顔淵死 門人欲厚葬之 子曰 不可 門人厚葬之 子曰 回也視予猶父也 予不得視猶子也 非我也 夫二三子也).

위 일곱 가지 예문들을 살펴보면, 공자와 제자 안회 사이에 연결된 그 두터운 인간적 정감이 어떠했는지 쉽게 짐작할 수 있을 것이다. 그들의 인간적 관계에는 스승과 아끼는 제자 사이 이상의 그 무엇이 존재하고 있었다. 거기에는 그 두 사람만이 공유할 수 있었던 바로 '중용의 덕'을 실천하며 살았다는 삶의 교감이 있었다. 공자의 제자 안연은 확실히 도가적인 성품을 지닌 인물이었다. 그는 가난하게 사는 삶에 편안함을 느끼고 도와 함께 거닐기를 즐겼는데(安貧樂道), 이러한 삶은 아마도 스승인 공자에게서 배웠으리라 여겨진다. 공자께서도 말씀하시기를, "마음에 따라 행동해도 하늘의 법도에 전혀 어긋남이 없더라"(從心所慾不踰矩)²⁷ 하신 것을 보면 말이다. 장자(莊子, BC 369-289) 역시 안연에 대하여 상당히 우호적인 평가를 내렸다고 한다.

장자라는 인물은 중국의 전국시대(戰國時代), 전쟁과 살육, 권모와 술수가 난무했던 불안과 절망의 시대에 살았던 사람이다. 그러한 극한적인 상황 속에서 그는 흙투성이의 현실과 고투(苦鬪)하면서 인간의 자유를 필사적으로 추구했으며, 철학이나 관념적 사고를 통하여 인간을 대상적(對象的)으로 파악하는 일체의 시도를 두고 한낱 추상의 무지개에 지나지 않는다고 생각했던 사람이었다. 뿐만 아니라 생명을 무엇보다도 소중히 여겼기에, 생명을 해치는 어떠한 행위도 용납하지 않았으며, 생명 없는 질서보다도 생명 있는 무질서의 존중을 주장한 인물²⁸이었다. 그러한 그가 안회에 대하여 좋게 평가를 한다는 것은 너무나 당연한 결과일 것이다.

장자는 안회에 대하여 다음의 일화를 추억하고 있다. 어느 날 안회가 공자를 만나서 여행을 떠나겠다고 하자, 공자께서는 안회에게 "어디로?", 그리고 "무엇 하려고?"라는 두 가지 질문을 던졌다. 이때 안회는 "위나라로 가렵니다" "듣건대, 위나라의 군주는 나이가 젊고 제멋대로 행동한답니다. 경솔하게 그 나라를 운용하고서도 자기 허물을 보지 못하며, 함부로 백성을 죽음으로 몰아넣고, 죽은 자가 너무 많아 못에 견주어 헤아려 보면 그 속에 무성한 잡초와 같습니다. 백성들이

---

27 『논어 · 위정』
28 『장자』, 안동림 역주, "장자사상의 현대적 이해", 현암사, 1999년, 11-22쪽 참조.

어찌할 바를 모른다고 합니다. 저는 일찍이 선생님으로부터 '제대로 다스려지고 있는 나라에서는 떠나가고, 어지러운 나라로 들어가라. 의원의 집에는 치료받으려는 자들이 많다'라고 들은 적이 있습니다. 원컨대 들은 바대로 그 방법을 생각해 보면, 거의 그 나라가 치료되지 않겠습니까?"(顏回見仲尼 請行 曰 奚之 曰 將之衛 曰 奚爲焉 曰 回聞衛君 其年壯 其行獨 輕用其國 而不見其過 輕用民死 死者以(國)量乎澤 若蕉 民其 無如矣 回嘗聞之夫子曰 治國去之 亂國就之 醫門多疾 願以所聞 思其所行 則 庶幾其國有瘳乎)[29]라고 대답하였다. 자신이 깨달은 중용의 삶을 그대로 실천하려는 안회의 됨됨이가 단적으로 드러나는 장면이다. 이 일화와 더불어 장자의 『인간세』에는 안회의 인물됨을 칭송하는 여러 이야기가 담겨 있다. 한편 '의원의 집에는 치료받으려는 자들이 많다'라고 한 안회의 말에서 예수님의 모습을 떠올릴 수 있다. 예수께서도 "건강한 이들에게는 의사가 필요하지 않으나 병든 이들에게는 필요하다. 나는 의인이 아니라 죄인을 불러 회개시키러 왔다"(루카 5,31-32)라고 말씀하셨다.

돌이켜 생각하면, 사람이 이 땅에서 살아가는 의미는 결국 창조주 하느님께로 되돌아가는 것 아니겠는가? 하느님으로부터 생명을 얻었고, 그 생명을 살다가, 생명을 주신 분에게로 되돌아가는 행위가 바로 우리들의 삶이다. 예수께서는 제자들과 함께 최후의 만찬을 하시면서, "이제 나는 나를 보내신 분께 간다"(요한 16,5)고 하시고, 거듭

---

29 『장자 · 인간세(人間世)』

말씀하시길, "나는 아버지에게서 나와 세상에 왔다가, 다시 세상을 떠나 아버지께 간다"(요한 16,28)라고 하셨다. 우리가 주님으로 섬기는 예수께서는 이 세상에 오셔서 우리들에게 가장 아름답게 사는 방법을 가르쳐 주셨다. 아마도 공자의 제자인 안회 역시 하늘이 내려주신 삶을 자신의 생애 동안 한껏 기쁘게 누리다가 떠나갔을 것이라는 생각을 해 본다. 행복한 삶이란 결국 사람이 인위적으로 만들어내는 그 어떤 것이 아니다. 하느님께로부터 거저 얻은 것을 세상의 모든 것들과 기쁘게 나누는 것에 진정한 행복이 있을 것이다.

눈발이 조금씩 약해진다. 길다하면 길고 짧다면 짧은 인생살이에서 나는 무엇을 마음속에 품고 살아가는가? 그것이 내 인생에 있어서 어떤 의미가 있을까? 성모(聖母) 마리아는 그의 아드님이신 예수의 삶, 그 전부를 마음속에 깊이 간직하면서(루카 2,51 참조) 평생을 살았다.(2008년 2월 1일)

아홉

고르게는 할 수 있어도(可均)

공자께서 말씀하시기를, "천하와 나라와 집안은 고르게 할 수 있고, 작위와 녹봉은 사양할 수 있으며, 흰 칼날은 밟을 수 있지만, 중용은 능히 해낼 수가 없다"라고 하셨습니다(子曰 天下國家 可均也 爵祿 可辭也 白刃 可蹈也 中庸 不可能也).

　　　　　묵조(默照) 스님, 오늘이 벌써 2008년 2월 4일, 입춘이네요. 그곳 산사에도 봄기운이 도는지요? 산골 제가 사는 집 마당에는 며칠 전에 내렸던 눈이 새하얗게 쌓여 있고, 그 위로 사람이며 산새들, 그리고 이름을 알 수 없는 네 발 달린 짐승들의 발자국들이 선명하게 찍혀 있습니다. 어릴 적 기억인데, 옛 어른들은 이즈음 대문 앞에다가 "입춘대길 건양다경"(立春大吉 建陽多慶)이라는 글귀를 커다랗게 적어서 붙여두었지요. 지금도 이 글귀는 길을 걷다가 종종 볼 수 있고, 비록 한자로 적힌 글귀이긴 하지만, 볼 때마다 참으로 뜻이 깊고 정겹다는 생각을 해 봅니다. 거기에는 봄이 들어서는 길목에서 춥고 아팠던 겨울의 기억들을 모조리 다 내려놓고 모든 사람들에게 길운(吉運)이 융성했으면 하는 소망이 깃들어 있지요. 특히 뒷구절을 생각하면 눈물이 다 나네요. '건양'이라는 말은 음양의 법칙(주역)에서 음의 세력이 다하고 양의 세력이 꿈틀거리며 일어선다는 것을 의미하지만, 한편으로 조선에서 대한제국으로 넘어가는 길목에서 이 나라를 다스렸던 고종황제의 연호이기 때문입니다.

고종황제는, 이 나라의 운명이 풍전등화(風前燈火) 같아서 도무지 국운융성의 해법은 보이질 않고, 춥고 배고파하는 백성들의 서글프고 고단한 삶을 생각하며 군주로서 눈앞이 다 캄캄하였을 것입니다. 백성들의 눈물이 마를 날이 없었던 것처럼 그의 눈물 또한 마를 날이 없었겠지요. 그래서 아마도 '건양'이라는 연호를 생각해내었을 것이고, 그 뒤에다 경사로운 일이 많이 생겨났으면 하는 바람으로 '다경'이라 적어 넣었는지도 모르겠습니다. 24절기 가운데 희망의 기운이 움트기 시작하는 입춘에 스님께 편지를 드리게 되니, 새삼 제 가슴 속에 알 수 없는 힘이 불끈불끈 솟아오름을 느낍니다.

예로부터 천하와 나라와 집안은 한 가지로 여겼지요. 이를테면 천하는 나라들이 모여서 이루어지는 것이고, 나라는 집안들이 모여서 이루어지는 것처럼 말입니다. 따라서 각각의 집안들이 엉망진창이라면 나라가 온전히 세워질 수 없을 것이고, 각각의 나라들이 온전히 세워질 수 없다면 천하는 시끄러울 수밖에 없지 않을까요? 모름지기 『대학(大學)』에서는 이 때문에 다음과 같은 언설을 내놓지 않았을까 생각합니다. 『대학』에서 이르기를, "사물로 나아간 다음에야 앎이 지극해지고, 앎이 지극해지면 품은 뜻이 정성스럽게 되고, 품은 뜻이 정성스럽게 된 다음에야 마음이 바로 잡아지며, 마음이 올바로 잡아진 뒤에 몸이 제대로 닦여지고, 몸이 닦여진 다음에는 집안이 가지런해지고, 집안이 가지런해진 연후에야 나라가 다스려지며, 나라가 다스려지게 된 다음에야 천하가 고르게 된다"(物格而后知至 知至而后意誠 意誠而后心正 心正而后身修 身修而后家齊 家齊而后國治 國治而后天下平) 라고 하였습니다. 참으로 의미 있는 말씀이라 여겨집니다.

사실 이 세상에 태어난 사람은 어떠한 형태로든지 자기 아닌 다른 사람 혹은 사물들과 관계를 가질 수밖에 없습니다. 만일 자기 홀로 생활하고 타자들과 관계를 맺지 못하거나 갖지 않는다면, 그는 더 이상 '인간'(人間)으로 보아주기 힘들 것입니다. 그렇다면 사람에게 있어서 타자들과의 관계는 '사람다움'을 이룰 수 있는 요체입니다. 그러한 관계를 맺어나가는 것이 인간의 삶, 바로 인생이라고 할 때, 『대학』의 말씀은 관계를 맺어나가는 방식에 있어 대단히 소중한 의미를 지닌다고 생각됩니다. '사물로 나아간다'는 것은 '타자에게로 다가간다', '타자에게로 자신의 삶을 확장시켜 간다'는 것입니다. 타자도 그 자신만의 소중한 무엇을 지니고 있습니다. 그 무엇이란 바로 '천명'이며 '도'가 아니겠습니까? 따라서 '내가 소중한 존재'라면 똑같이 '타자들도 소중한 존재'이기에 그들을 존중하지 않을 수 없지요. 예수께서도 말씀하시기를, "그러므로 남이 너희에게 해 주기를 바라는 그대로 너희도 남에게 해 주어라. 이것이 율법과 예언서의 정신이다"(마태 7,12)라고 하셨습니다. 이것이 그 유명한 황금률이지요. 이와 똑같은 말을 공자께서도 하셨지요. 공자께서는 말씀하시기를, "무릇 어진 자는, 자기가 내세워지기를 바라면 다른 사람을 내세워야 하고, 자기가 이룩하기를 원하면 다른 사람을 이룩하도록 해야 한다"(夫仁者 己欲立而立人 己欲達而達人)[30]고 하셨거든요. 따지고 보면, 인격적으로 위대하신 분들은 사셨던 연대가 달라도 그분들끼리 서로 통하는 바가 있는 모양입니다. 그분들이 위대하다는 것은 그분들의 삶이 위대하고, 그분들의 삶이 위대하다는 것은 매일 매일의 일상생활이 타자에게 열려져 있고, 타자들을 인정하며, 타자들을 위한 삶이었기 때문일 것입니다. 즉 '중용의 삶'을 사셨기 때문일 것입니다.

그렇다면 이 마당에서 공자께서 말씀하신 "천하와 나라와 집안은 고르게 할 수 있고, 작위와 녹봉은 사양할 수 있으며, 흰 칼날은 밟을 수 있지만 중용은 능히 해낼 수 없다네"라고 하신 뜻이 더욱 분명해집니다. 나라와 집안은 물론이고 세상의 온갖 부귀영화와 권세를 거머쥐고 있다 하여도, 또 그에 합당한 작위와 녹봉을 받아 누린다 하여도, 뿐만 아니라 전쟁터에 나아가서 수많은 공적을 세웠다 하더라도 '중용의 삶'을 살지 않는다면 모두가 물거품과 같은 인생이라는 말씀입니다. 중용의 삶이란 무엇입니까? 일상생활 속에서 하늘의 뜻을

---

30 『논어・옹야』

실천하는 것 아니겠습니까? 21세기를 살아가는 오늘날 중용의 삶을 실천하며 사는 이들을 찾아보기는 쉽지 않습니다.

  하지만 제가 알고 있는 어떤 선배님은 하느님의 뜻을 받들어 중용의 삶을 실천하며 사시기에 한없는 부러움과 존경을 보냅니다. 부처님께 귀의하신 스님께 유가사상이나 우리 가톨릭 신앙만을 늘어놓아 송구스럽습니다. 입춘이 지나고 있지만 아직 날씨가 차갑고 매섭습니다.. 언제나 건강하시기고 또 성불(成佛)하시기를 기도합니다.(2008년 입춘 날에)

열

굳셈이란 무엇인가(問强)

자로가 "굳셈"에 대해서 묻자, 공자께서 말씀하시기를, "남방의 굳셈인가? 북방의 굳셈인가? 그렇지 않으면 자네가 굳세다는 것인가? 너그럽고 부드러움으로써 가르치고, 무도함을 갚지 않음이 남방의 가르침이며, 군자는 거기에 머무르게 되지. 무쇠(병장기)와 가죽(갑옷)으로 옷깃을 여미고 죽는다 해도 싫어하지(후회하지) 않음은 북방의 굳셈이다. 굳센 자가 거기에 머무른다. 그러므로 군자는 잘 어울리면서도 휘둘리지 않으니, 굳세구나. 꿋꿋함이여. 가운데에 서서 치우치지도 않으니, 굳세구나. 꿋꿋함이여. 나라에는 도가 있어서 옹색함에도 변하지 않으니, 굳세구나. 꿋꿋함이여. 나라에 도가 없어서 죽게 되더라도 변하지 않으니, 굳세구나. 꿋꿋함이여"라고 하셨습니다(子路 問强 子曰 南方之强與 北方之强與抑而强與 寬柔以敎 不報無道 南方之强也 君子 居之 衽金革 死而不厭 北方之强也 而强者 居之 故君子 和而不流 强哉矯 中立而不倚

强哉矯 國有道 不變塞焉 强哉矯 國無道 至 死不變 强哉矯).

　　설날이다. 설날이 돌아왔는데 고향의 여러 어르신들이나 선배님들, 그리고 지인들에게 세배(歲拜)도 올리지 못하고 번번이 앵무새처럼 입으로만 이렇게 설 인사를 드려서 송구스럽기가 그지없다. 설날은 원래 한 나라를 창업하고 새 아침을 열 때, 위로는 천지신명께 나라를 열게 해 주심에 깊은 감사를 드리고, 아래로는 백성들에게 나라가 세워진 의미를 새겨주며 더불어 공동체 축제를 지내는 날이었다고 전한다.

　　역사적으로, 중국이든 한국이든 거의 모든 나라가 나라를 처음 열 때, 예외 없이 두 가지의 성향을 가진 부류들이 실권을 쥐고 개국하였다. 하나는 총칼 등의 무력을 가지고 백성들을 위협하고 정적들을 무수히 죽이면서 피가 강물처럼 흐르게 한 뒤에 나라를 차지한 사람이고, 다른 하나는 백성들이 그를 존경하고 우러르면서 왕이 되어 줄 것을 요청하여 이를 수락한 인물이다. 멀리 중국까지 들먹일 필요도 없을 것이다. 우리나라에서, 그것도 근래의 경우를 보면 이를 잘 알 수 있다. 이승만 정권은 미국을 등에 업고 김구 선생을 시해하고 나라를 탈취하였으며, 박정희 정권은 쿠데타로 나라를 찬탈하고, 전두환 정권은 쿠데타와 무고한 광주시민을 대량으로 학살한 다음 나라를 자기의 것으로 삼았다.

　　공자께서는 당시 중국의 남방과 북방의 시대상황을 설명하는 가운데, "너그럽고 부드러움으로써 가르치고, 무도함을 갚지 않음이 남방의 가르침이며, 군자는 거기에 머무른다. 무쇠(병장기)와 가죽(갑옷)으로 옷깃을 여미고, 죽는다 해도 싫어하지(후회하지) 않음은 북방의 굳셈이다. 굳센 자가 거기에 머무른다"고 하면서 역사수레바퀴의 양면을 언급하고 있다. '따뜻한 남쪽나라를 찾아 왔다'라고 하면서 1987년 2월 이맘때쯤 북한에서 온 김만철 씨 가족이 남한 땅에 첫 발을 디딘 소감을 밝혔다. 동서고금을 막론하고 남쪽지방은 기온이 따뜻한 만큼 사람들의 성품도 온화한 모양이다. 공자께서도 남쪽은 '너그럽고 부드럽다'라고 하였고, 북쪽은 '병장기를 온몸에 휘감으며 죽음마저도 두렵지 않게 생각하는 굳셈'이라고 표현하셨다. 물론 이 말씀은 온전히 남쪽과 북쪽 사람의 성격이 그렇다는 것은 아니며, 대체로 그렇다는 뜻이겠다.

　자연적, 지리적 현상과 위치를 두고 공자께서는 군자와 무장(武將)에 비유하여 이야기하시는데 아무래도 좀 무리가 있는 것처럼 보인다. 그러나 거꾸로 군자와 무장을 자연적인 기후현상과 비유해 보자면, 아무래도 따뜻한 쪽은 군자에 비유될 것이고, 차가운 쪽은 무장에 비유해 볼 수 있겠다.

　공자께서는 확실히 '군자 예찬론자'처럼 보인다. 군자는 군자를 알아보고, 돼지는 돼지를 알아본다는 말이 있지만, 그러나 굳이 군자가 아니더라도 사람들 가운데 사람답게 살아가는 군자에 대해서 누구나 '예찬'을 하게 된다. 그런 의미에서 공자께서는 "군자는 잘 어울리면서도 휘둘리지 않으니, 굳세구나. 꿋꿋함이여. 가운데에 서서 치우치지도 않으니, 굳세구나. 꿋꿋함이여. 나라에는 도가 있어서 옹색함에도 변하지 않으니, 굳세구나. 꿋꿋함이여. 나라에 도가 없어서 죽게 되더라도 변하지 않으니, 굳세구나. 꿋꿋함이여!"라고 하셨다. 도가사상가 장자가 이야기한 '내성외왕'(內聖外王)이라는 말과 아주 잘 어울리는 말이다. '내성외왕'이란 글자 그대로 안으로는 거룩하고 밖으로는 왕 노릇하는 것처럼 말이다.

   장자는 말하기를, "설령 그들이 모든 것을 두루 갖추지 못한다 하더라도, 한 쪽으로 치우쳐진 선비에 불과하다. 그들은 하늘과 땅의 아름다움을 얼부러 판별해 보이고, 만물의 이치를 억지로 분석해 보이며, 옛사람들의 온전함을 살펴보지만, 하늘과 땅의 아름다움을 갖추고 신명의 모습이라 칭할 만한 이는 그리 많지 않다. 이러므로 안으로는 성덕을 간직하고 밖으로는 왕도를 실천하는 도는 어둑해서 밝지 않고, 막혀 있으면서 드러나지 않는다. 천하의 사람들은 각기 하고자 하는 바를 스스로 방책이라 여기고 있으니, 슬프구나. 수만 갈래로 갈라진 사람들이 가서는 돌아올 줄 모르니, 결단코 '도'(道)와 하나 되지 못하는구나"(雖然 不該不徧 一曲之士也 判天地之美 析萬物之理 察古人之全 寡能備於天地之美 稱神明之容 是故內聖外王之道 闇而不明 鬱而不發 天下之人各爲其所欲焉以自爲方 悲夫 百家往而不反 必不合矣)[31]라고 하였다.

   장자는 군자를 '내성외왕의 도'(內聖外王之道)를 제대로 갖춘 중용적 인물로 규정하고 있는 듯하다. 그렇다면 장자가 제시한 중용적

---

31 『장자·천하(天下)』

인물이란 구체적으로 어떠한 인물일까? 다시 장자에게서 한번 들어보자. 그는 "때에 따라서 편안하게 머물며 자연의 도리에 따라 대처한다면, 슬픔이나 기쁨 등의 감정들이 거기에 끼어들 수가 없지. 옛사람들은 이러한 경지를 일러서 '상제의 생사여탈권에서 풀려남이다'라고 하였지"(安時而處順 哀樂不能入也 古者謂是帝之懸解)[32]라고 한다. 말하자면 일상의 생활 안에서 아무 거리낌 없이 하늘의 뜻을 수행하면서 산다면, 곧 성인이고 군자라는 뜻이겠다.

『장자』라는 서책은 우주 안에서 인간이 얼마나 소중한 존재이며, 또 소중한 존재인 인간이 어떠한 삶의 방식을 택하여야 참으로 의미 있는 삶은 살 수 있을지를 다루고 있다. 특별히 『장자·양생주』에서는 자연에 따라 사물에 거역하지 않고 소박하게 살아가는 데에 행복한 인생을 보내는 요체인 도(道)가 있음을 제시하고 있으며, 『장자·대종사』는 모든 존재가 서로 연결되어 있고, 생사여탈권 역시 도의 운행(작용)에 따라서 이루어지는데, 이러한 모든 일체의 것과 하나 되는 자들이 있다면 곧 지인(至人), 신인(神人), 성인(聖人)이라고 부를 수 있다는 것이다. 결국 공자께서 말씀하신 군자 또한 내성외왕의 도를 갖춘 지인, 신인, 성인이 아닐 수 없다. 그러나 여기에서 우리가 유념해 두어야 할 것이 있다면, '도'는 인간의 일상적인 삶을 초월한 그 무엇인 것처럼 보이지만, 결코 일상의 삶을 초월하는 그 무엇이 아니라는 점이다. 일상 안에 살면서 인간이 하고자 하는 욕심을 버리고 오로지

---

32 『장자·양생주(養生主)』/『장자·대종사(大宗師)』

하늘의 뜻에 따라 살아가는 것, 즉 중용의 덕을 실천하는 삶이 무엇보다도 중요하다 할 것이다.

예수께서는 "너희는 내가 굶주렸을 때에 먹을 것을 주었고, 내가 목말랐을 때에 마실 것을 주었으며, 내가 나그네였을 때에 따뜻이 맞아들였다. 또 내가 헐벗었을 때에 입을 것을 주었고, 내가 병들었을 때에 돌보아 주었으며, 내가 감옥에 있을 때에 찾아 주었다"(마태 25,35-37)고 말씀하셨다. 이 말씀은 바로 평범한 일상생활 속에서 가난하고 어렵고 힘들어하는 사람들을 위해 하느님의 뜻(천명)을 실천해야한다는 것을 강조하고 있다. 한 걸음 더 나아가서 예수께서는 만고에 길이 남을 명(名)강연을 하셨는데, 그것이 그 유명한 '하느님 나라의 대헌장'인 〈산상설교〉이다. 〈참된 행복〉 또는 〈진복팔단〉이라고도 불리는 말씀이다. 이 말씀이야말로 이 시대에 진정으로 군자의 길을 가려는 사람들, 성인의 길을 가려는 사람들이 살아야 할 삶의 방식이자 태도일 것이다. 이미 그 내용을 다 알고 계시지만, 다시 한 번 더 여기에 옮겨 놓아 보겠다.

"행복하여라, 마음이 가난한 사람들!

하늘 나라가 그들의 것이다.

행복하여라, 슬퍼하는 사람들!

그들은 위로를 받을 것이다.

행복하여라, 온유한 사람들!

그들은 땅을 차지할 것이다.

행복하여라, 의로움에 주리고 목마른 사람들!

그들은 흡족해질 것이다.
행복하여라, 자비로운 사람들!
그들은 자비를 입을 것이다.
행복하여라, 마음이 깨끗한 사람들!
그들은 하느님을 볼 것이다.
행복하여라, 평화를 이루는 사람들!
그들은 하느님의 자녀라 불릴 것이다.
행복하여라, 의로움 때문에 박해를 받는 사람들!
하늘 나라가 그들의 것이다"(마태 5,3-10).

이제 입춘도 지나고 민족의 고유명절인 설날이 되었다. 창살 사이로 햇살 비껴가는 오후에는 제법 나른한 것이 벌써 봄기운이 도는 듯하다. 그러나 겨울의 기운은 아직 곳곳에 남아 맹위를 떨치고 있다. '군자는 온갖 것들과 잘 어울리면서도 결코 휩쓸리지 않는다'라는 공자님의 말씀처럼 겨울과 벗하며 친하게 지내면서도 봄을 향하여 마음의 문을 열어놓을 준비를 하나 둘씩 해야 하지 않을까? 아무쪼록 모두들 변화무쌍한 자연에 몸을 맡기고, 건강을 해치는 것들과는 벗하지 말기를 기도해 본다.(2008년 설날에)

열하나

까닭 없이 숨어 지내지 마라(素隱)

공자께서 말씀하시기를, "아무런 까닭 없이 숨어 지내며 행동을 괴이하게 하여 후세까지 그에 대한 서술들이 남아 있도록 하는데, 나는 그러한 짓을 하지 않겠다. 군자는 길을 따라서 나아가다가 중도에서 포기해버리는데, 나는 그만둘 수는 없다. 군자는 중용에 의지하여 세상에 숨어 있어서 드러내어 알아주지 않아도 후회하지 않는데, 오직 성자라야 능히 그렇게 할 수 있다"라고 하셨습니다(子曰 素(索)隱行怪 後世 有述焉 吾弗爲之矣君子 遵道而行 半途而廢 吾弗能已矣 君子 依乎中庸 遯世不見知而不悔 唯聖者 能之).

박 신부님, 잘 계시지요? 그 옛날 서교동성당에서 함께 지내던 때가 생각나는 시간입니다. 위에 공자께서 말씀하신 내용들을 읽다가, 그 말씀들이 마치 신부님의 삶을 이야기하는 것 같아서 가슴이 뭉클해지고 코끝이 짠하게 저려옵니다. 설날을 보내고 우수가 지나고 나면 곧 정월 대보름이 되겠지요? 단양산골에 들어가신 이후, 단 한 번 찾아뵙고는 여태 찾아뵙지 못했습니다. 그렇지만 그곳에서 기쁘게 농사지으며 사시는 모습이 눈에 아련히 떠오릅니다.

정초부터 우리나라 국보 제 1호인 숭례문이 채 씨(蔡氏)라는 한 70대 노인에 의해서 불에 타는 사건이 일어났네요. 그 때문에 나라가 온통 난리가 났습니다. 정치권은 정치권대로, 공무원은 공무원대로, 시민은 시민대로 열이면 열, 백이면 백 사람이 저마다 각기 다른 논리로 열변을 토해냅니다. 또 어떤 사람들은 상주 옷을 입고 장례예식을 치르는가 하면, 어떤 사람은 애끓는 초혼곡(招魂曲)에다가 멋들어지게 춤사위를 춥니다. 그러한 난리 통에 책임질 위치에 있는 사람들은 자기들에게 돌아오는 책임을 각기 상대방에게 떠넘기기 바쁘고, 또 어떤 이는 약삭빠르게도 틈새를 비집고 장사를 하는가 하면, '노숙자들이 숭례문 난간에 올라가서 라면을 끓여 먹는 것을 보았다'고 이야기하다가 어느 40대 노숙자에게 봉변을 당하는 일도 있었습니다. 유치원 어린이부터 시작하여 남녀노소 가릴 것 없이 모여와 절을 하고 국화꽃을 봉헌하는가 하면, 누가 갖다 놓았는지 알 수 없는 방명록에 북받치는 마음을 글로 표현하기도 하고, 서울시에서는 자신들의 치부가 드러날까 봐 콘크리트로 울타리를 치려다가 시민들에게 혼쭐이 나기도 하는 광경들이 볼만하다고 해야 하는지 아니면 '볼썽사납다'라고 해야 하는지 도무지 판단이 서질 않는 이즈음의 상황입니다.

숭례문은 조선시대 서울 도성을 둘러싸고 있는 성곽의 정문이며,

남쪽에 위치하고 있다고 하여 남대문으로 우리들에게 더 친숙하게 불린 문이지요. 이 문은 현재 서울에 남아있는 목조 건물 중 가장 오래되었다 합니다. 태조 4년(1395)에 짓기 시작하여 태조 7년(1398)에 완공하였다고 하니, 오늘날 불과 1-2년 만에 완공하는 콘크리트 건물과는 비교도 안 될 만큼 탄탄하고 정교하다고 볼 수 있습니다. 그 이후로 여러 차례 고쳐 짓기도 하고, 중수하기도 하였지만, 그 자태 만큼은 세계 어디에 내 놓아도 품격이 손상되지 않는다고 생각합니다. 이수광(李睟光, 1563-1628)이 쓴 『지봉유설(芝峯遺說)』에 따르면, '숭례문'이라고 쓴 현판을 양녕대군이 썼다고 하는데, 국보 제 1호로 지정되기는 1962년의 일이라고 하네요.

사람들은 숭례문이 국보 제 1호이기 때문에 '민족문화의 자존심의 상징'으로 삼기도 하였습니다. 숭례문은 단순하고 소박하며 절제된 형식의 아름다움을 갖춘 건축물이기도 하지요. 그렇기 때문에 사람들은 이 건축물을 우리 민족을 대표하는 상징으로 삼아 오늘날에 이르렀는지도 모르겠습니다. 그러한 숭례문이 한 순간의 잘못된 판단으로 불에 타서 여지없이 무너졌으니, 한국인이면 누구나 자신의 억장이 무너지는 것처럼 느꼈을 것입니다. 그런데 저는 이 모든 것을 지켜보면서 한편으로는 '차라리 잘 되었다'라는 생각도 들었습니다. 이번 사고를 계기로 국민들이 이 시대 우리 민족에게 있어서 무엇이 진정한 국보 제 1호인지 깨달았으면 하는 바람에서 말입니다.

박 신부님, 불탄 숭례문 이야기를 하느라 요점을 잠시 흐리고, 또 그만 무엇을 말씀드릴까를 잊어버리고 말았습니다. 공자께서는 다음과 같이 말씀하셨지요. "아무런 까닭 없이 숨어 지내며 행동을 괴이하게 하여 후세까지 그에 대한 서술들이 남아 있는데, 나는 그러한 짓을 하지 않겠다. 군자는 도를 좇아서 행하다가 중도에서 포기해버리는데, 나는 그만 둘 수는 없다. 군자는 중용에 의지하여 세상에 숨어 있어서 드러내어 알아주지 않아도 후회하지 않는데, 오직 성자라야 능히 그렇게 할 수 있다"라고요. 다시 말해 대부분 군자라고 칭하는 자들은 도를 좇아서 살다가 중도에 포기해버리는데, 여러 군자들 가운데 오직 성인이라 일컬을 만한 사람들은 마지막까지 중용의 삶을 포기하지 않는다는 것입니다. 자신의 삶을 진지하게 이끌어갔던 공자의 성인다운 면모가 엿보이는 대목입니다.

사람들은 어릴 때부터 저마다 꿈을 하나씩 가지고 살아갑니다. 꿈은 소박한 것에서부터 듣기만 하여도 입이 딱 벌어지는 원대한 것까지 다양하지요. 그러나 대부분의 사람들은 소박한 것보다는 대박에 이르는 꿈을 꿉니다. 대박을 꿈꾸는 사람들은 대체로 빠르고, 쉽고, 안전하고, 넓고, 탄탄한 길을 원하지만, 사실 세상살이에 있어서 그러한 길은 어디에도 없지요. 그렇지만 아주 불가능한 일도 아니라고 여겨집니다. 꿈의 초점, 곧 꿈을 꾸는 자의 마음가짐이 그 사람의 인생길을 결정하지 않을까 생각합니다. 예컨대 부유함보다는 가난함을, 자기 욕심을 채우기보다는 먼저 다른 사람의 형편을, 자기의 뜻보다는 먼저 하늘의 뜻을, 전쟁보다는 평화를, 명예나 권력을 추구하기보다는 먼저 겸손과 섬김을, 보복하기보다는 먼저 사랑과 용서를 …… 등등을 가지고서 인생을 살아가는 사람은 충분히 안전하고 넉넉한 삶을 살지 않을까요? 하느님의 말씀에 의지하여 이스라엘 백성을 이집트에서 구출해낸 모세는 이스라엘 백성들에게 하느님을 대신하여 하느님의 말씀을 전하기를, "오늘 주 너희 하느님께서 이 규정과 법규들을 실천하라고 너희에게 명령하신다. 그러므로 너희는 마음을 다하고 목숨을 다하여 그것들을 명심하여 실천해야 한다. 주님을 두고 오늘 너희는 이렇게 선언하였다. 곧 주님께서 너희의 하느님이 되시고, 너희는 그분의 길을 따라 걸으며, 그분의 규정과 계명과 법규들을 지키고, 그분의 말씀을 듣겠다는 것이다. 그리고 주님께서는 오늘 너희를 두고 이렇게 선언하였다. 곧 주님께서 너희에게 말씀하신대로, 너희가 그분 소유의 백성이 되고 그분의 모든 계명을 지키며, 그분께서는 너희를 당신께서 만드신 모든 민족들 위에 높이 세우시어, 너희가 찬양과 명성과 영화를 받게 하시고, 너희가 주 너희 하느님께서 말씀하신 대로 그분의 거룩한 백성이 되게 하시겠다는 것이다"(신명 26,16-19)라고 장엄하게 선포하였지요. 당시 이스라엘 백성들이 자신들의 처지를 망각하고 자신들을 구해 주신 하느님을 원망하는 소리가 점점 높아지자, 모세는 백성들에게 하느님의 뜻을 지키면서 살아간다면, 하느님께서 백성들의 소원을 다 들어주실 것이라고 설파하고 있는 것입니다. 모세가 설파한 '하느님의 뜻'이란 다름 아닌 일상생활에서 그분의 길을 걸으며, 그분의 계명을 지키는 삶, 곧 중용의 삶을 사는 것이지요.

대부분의 사람들은 무엇이 진정으로 자기 삶에 도움이 되고 그렇지 않는지를 생각하지 않고 살아가는 것처럼 보입니다. 다른 사람에게

돋보이게 하려고, 명예나 권력을 독차지하려고, 지식과 부를 독차지하려고, 2등보다는 1등이 되려고 애를 쓰고 노력합니다. 그러다 보니 국보 2호(원각사지 10층 석탑)가 불에 탄 것보다는 국보 1호가 불에 탄 것을 더욱 애석해 합니다. 무엇이 옳고 그른 것인지를 따지지 않고 1등 국민, 1등 공무원, 1등 군인, 하면서 오로지 1등만을 외치면서 끊임없이 싸움을 하고, 분열을 일으키며, 온갖 권모술수를 다 동원하지요. 그러나 공자께서는 세상 사람들이 모두 인정을 하지 않는다 하더라도, 오로지 중용의 삶을 살며, 그 삶에 대하여 후회하지 않는다고 말씀하십니다. 예수께서도 말씀하시길, "너희는 하느님과 재물을 함께 섬길 수 없다"(루카 16,13)고 하셨고, "사실 사람들에게 높이 평가되는 것이 하느님 앞에서는 혐오스러운 것이다"(루카 16,15)라고 하셨지요. 예수께서는 또 "누구든지 나에게 오면서 자기 아버지와 어머니, 아내와 자녀, 형제와 자매, 심지어 자기 목숨까지 미워하지 않으면, 내 제자가 될 수 없다"(루카 14,26)고까지 하셨습니다. 군자나 성인이 되려고 하는 사람들은 군자나 성인이 되려는 그 마음까지도 버리고 오로지 평범한 일상생활 안에서 '무엇이 되려고 하는 마음'을 모두 비워내고 그저 하늘의 뜻, '도'의 삶, 중용의 삶을 몸으로 실천하면서 살아가야 한다는 것입니다.

신부님께 편지를 쓰면서 오늘따라 '까닭 없이 숨어 지내지 마라'는 공자님의 말씀이 더욱 애절하게 들려옵니다. 군자가 숨어 지낼 때에는 반드시 어떠한 곡절이 있어야 한다는 것 아니겠습니까. "군자는 도를 좇아서 행하다가 중도에서 포기해버리는데, 나는 그만 둘 수는 없다. 군자는 중용에 의지하여 세상에 숨어 있어서 드러내어 알아주지 않아도 후회하지 않는데, 오직 성자라야 능히 그렇게 할 수 있다"라는 말씀이 바로 그것을 의미한다고 여겨집니다.

저도 언젠가는 신부님처럼 산속에 파묻혀 지낼 날이 오리라 생각합니다. 어떤 사람은 저만 보면 자꾸 젊은 놈이 지금 여기 산속에 파묻혀 있으니, 미안하지도 않느냐고 자꾸만 했던 이야기를 다시 꺼내곤 한답니다. 하지만 저는 신부님처럼 그렇게 철저하게 살지는 못한다는 것을 잘 압니다만, 그래도 저의 성격이나 여러 가지를 따져보아 끝에 가서는 어쩔 수 없이 산속에 파묻혀 산에게 신세를 질 수밖에 없다는 생각을 해 봅니다. 그래서 가끔씩 제 자신을 다독거리면서, 군자는 못되더라도 소인배 노릇은 하지 말고 살자고 저 자신에게 거듭 맹세를 해 보기도 한답니다. 신부님 아무쪼록 깊은 산속에 홀로 지내고 계셔도 마음만은 언제 싱그러움을 잃지 않으시기를 기도합니다. 꽃 피고 새 우는 따뜻한 계절이 돌아오면 한번 들르겠습니다. (2008년 2월 중순에)

열둘

두루 하면서도 은밀하게(費隱)

군자의 길은 두루 하면서도 은밀합니다. 어리석은 부부(필부)라도 거기에 함께할 줄 알지만, 그 지극함에 이르러서는 비록 성인이라도 또한 거기에 알지 못하는 바를 가지고 있고, 불초한 부부라도 능히 행할 수 있습니다. 그 지극함에 미쳐서는 비록 성인이라도 행하지 못하는 바를 가지고 있지요. 하늘과 땅은 위대하고, 사람은 오히려 거기에 감응하는 바를 가지고 있습니다. 그러므로 군자가 큰 것을 말하면 하늘과 땅은 거기에 능히 실을 수 없고, 작은 것을 말하면 하늘과 땅은 능히 깨뜨릴 수 없게 됩니다. 『시경』에 이르기를, '솔개는 하늘로 날아오르고, 물고기는 연못에서 뛰어오른다'[33]고 하였지요. 그 위아래가 환하게 드러남을 말하는 것입니다. 군자의 길은 부부에게서부터

---

[33] 『시경·대아(大雅)·한록(旱麓)』

단초를 만들어내고, 그 지극함(궁극)에 이르러서는 하늘과 땅에 환하게 드러나지요(君子之道 費而隱 夫婦之愚 可以與知焉 及其至也 雖聖人 亦有所不知焉 夫婦之不肖 可以能行焉 及其至也 雖聖人 亦有所不能焉 天地之大也 人猶有所憾 故君子語大 天下莫能載焉 語小 天下莫能破焉詩云 鳶飛戾天 魚躍于淵 言其上下察也 君子之道 造端乎夫婦 及其至也 察乎天地).

서신 지금까지 살면서 나를 돌아다 보면, 나의 인생에 이렇게 저렇게 도움을 준 선배들이 참 많았다는 것을 새삼 깨닫는다. 집안이나 동네, 그리고 학교, 사회 등등 이루 헤아릴 수 없다. 그런데도 그들 가운데 존경을 보낼 만한 선배님은 몇이나 될까? 딱히 내 인생에 기억나는 선배들은 몇 분 되지 않는다는 사실이 나를 슬프게 한다. 물론 내가 못난 탓도 있고, 서로의 취향이 다르기 때문에 선배이긴 하지만 존경의 마음까지는 닿지 않는 이들도 있다. 반면에 어떤 이는 정말이지 나에게 구체적으로 무엇을 해 주지 않지만, 그저 계셔준다는 것만으로도 존경을 드려야 마땅한 분도 계시다. 물론 모든 선배님들은 계시는 그자체로 나의 인생선배이시고 스승이 되시기도 하겠지만 말이다. 못마땅한 선배님들이라고 해서 존경하지 않는 것은 아니다. 선배라는 이유 하나만으로도 그들은 충분히 존경을 받아야 한다. 사실 따지고 보면 나도 후배들이 많다. 내가 선배들을 바라보듯이 결국 그 후배들이 나와 똑같은 방법으로 나를 바라다 볼 것이 아닌가? 나를 바라보는 그들의 심정은 결코 지금의 나와 별반 차이가 없을 것이다. 사정이 이렇다 보니, 타인과 관계를 맺으며 한 세상을 살아간다는 것이 얼마나 소중한 것일까를 생각해 보지 않을 수 없다.

기억 속에서 만나는 선배들을 존경하는 특별한 이유는, 적어도 나에게 있어서마는, 숨어 계시는 듯하면서도 드러나 계시고, 한마디 말씀도 하지 않으시는 듯하면서도 같은 하늘아래 살아계시는 것 자체만으로도 끊임없이 인생의 올바른 방향을 제시해 주시기 때문이다. 그래서 언제나 나는 기도 가운데 특별히 존경하는 분들을 기억한다.

이제 바야흐로 2월의 끝자락에 와 있다. 절기로 우수도 지나고 곧 경칩이 다가오니, 꽃 피고 새 우는 새봄이 돌아올 것이다. 벌써부터 봄 냄새가 물씬 풍기는 듯하다. 생각해 보면 지난겨울은 몹시도 추웠던 것 같다. 단지 기온이 뚝 떨어져서 추웠던 것이 아니라, 여러 가지로 세상 돌아가는 모습이 내게로 다가와 그리 된 것 같다. 오늘은 2008년 2월 24일 사순 제 3주일이다. 오늘 자정 정각이 되면 지금의 대통령은 역사의 무대로 사라지고 새로운 대통령이 그 자리를 이어받게 될 것이다.

지금 내 머릿속에 "무얼 그리 생각이 많은가? 생각이 많은 사람치고 제대로 된 사람을 나는 아직 못 보았네"라고 된통 꾸중하시는 선배님들의 모습이 떠오른다. 언제부터인지 모르게 이것저것 생각이 많아지게 되었다는 것을 알았다. 나이를 먹으면 쓸데없는 생각이나 말씀씀이가 많아진다고 하더니. 아닌 게 아니라 그러고 보니 나도 내일 모레 지나면 '천명'을 알게 되는 나이에 접어들게 된다.

공자께서는, '천명'은 이름 없는 한낱 어리석고 불초한 필부필부(匹夫匹婦)에게서부터 싹트기 시작한다고 하셨다. 천명, 하늘의 뜻이라는 것은 뭇 사람들이 놀라고 경천동지(驚天動地)할 사건으로부터 시작되는 것이 아니라 한 포기의 풀과 이름 없는 막돌(樸石)에서부터 비롯된다는 말씀이리라. 예수께서도 말씀하시기를, "하느님의 나라는 무엇과 같을까? 그것을 무엇에 비길까? 하느님의 나라는 겨자씨와 같다. 어떤 사람이 그것을 가져다가 자기 정원에 심었다. 그랬더니 자라서 나무가 되어 하늘의 새들이 그 가지에 깃들였다"(루카 13,18-19)고 하셨다. 누구나 아는 것이지만, 겨자씨나 담배씨 같은 것들은 너무 작아서 하나 둘씩 헤아릴 수도 없고 손에 잡히지도 않는다. 그러나 그것이 싹이 트고 열매를 맺을 때쯤에는 공중에 나는 새들조차도 거기에 둥지를 틀만큼 크고 우람하게 자라난다. 하느님 나라 곧 천명도 그와 같다는 것이다.

이런 의미에서 중국 전국시대의 사람인 장자는 큰 것과 작은 것은 통한다고 말했는지도 모르겠다. 그렇지만 장자는 궤변을 일삼는 혜시(惠施)가 "지극히 커서 더 이상 바깥이 없는 것을 대일이라 하고, 지극히 작아서 더 이상 안이 없는 것을 소일이라 하는데, 두터움이 없어서 쌓아 올릴 수가 없는 것도 그 크기가 천리나 된다. 하늘은 땅에 비해 낮고 산은 연못보다 평평하다"(至大无外 謂之大一 至小无內 謂之小一 无厚 不可積也 其大千里 天與地卑 山與澤平)[34]라고 한 것을 형편없는 말장난이라고 비난하기도 했다고 한다. 하지만 이 비난은 후대학자들의 견해일 뿐이고, 미루어 짐작하건대 장자 역시 '극소'(極小)와 '극대'

---

34 『장자 · 천하(天下)』

(極大)를 같은 것으로 보았으리라. 사실 '크고 작음'은 '하늘'의 입장에서 보면 차이가 없을 것이다. 하늘의 입장이 그렇다면 또한 사람살이에 있어서도 마찬가지여야 하는데 실상은 그렇지를 못해서 또한 걱정이다. 모두들 크고, 화려하고, 빠른 것 등등을 좋아하고, 그렇게 되면 상대적인 것들은 소외받기 십상이 아닐까?

따지고 보면 사람살이에 있어서 성인군자가 따로 있고, 필부필부가 따로 있겠는가? 모두들 한 번 이 땅에 와서 살다가 그렇게 떠나는 것 아니겠는가? 그런데도 우리들은 안과 밖, 큼과 작음, 높음과 낮음, 귀함과 천함, 부유함과 가난함, 넓음과 좁음 등등을 구태여 따지려하고 있다. 따지려거든 선함과 악함, 옳음과 그름, 정의와 불의, 평화 전쟁, 화목과 불화, 사랑과 무관심, 용서와 미움, 믿음과 불신 등등을 먼저 따져봐야 하는 것이 아닐까? 모두들 나서지 말고 있는 듯 없는 듯 살면 안 될까? 필요할 때는 반드시 거기에 있어야 하고, 필요치 않으면 없는 듯이 사는 것이 행복이 아닐까? 이방인의 사도라고 부르는 바오로는 로마사람들에게 말하기를, "여러분은 현세에 동화되지 말고 정신을 새롭게 하여 여러분 자신이 변화되게 하십시오. 그리하여 무엇이 하느님의 뜻인지, 무엇이 선하고 무엇이 하느님 마음에 들며 무엇이 완전한 것인지 분별할 수 있게 하십시오"(로마 12,2)라고 하였다. 이 말의 뜻은, 이 땅에 구체적으로 살아가는 사람은 무엇보다도 천명, 도, 중용의 덕 등을 어떻게 실천할 것인지에 대해서 먼저 살펴보고 따져보아야 한다는 것이 아니겠는가? 뿐만 아니라 예수님께서도 "누가 내 어머니고 누가 내 형제들이냐?"(마태 12,48) 하고 반문하신 다음

"하늘에 계신 내 아버지의 뜻을 실행하는 사람이 내 형제요 누이요 어머니다"(마태 12,50)라고 말씀하셨다. 우리 집에는 강아지 두 마리가 있는데, 한 마디 말도 못하는 짐승에 불과하지만, 어떤 경우에는 사람보다 더 낫고, 더 현명한 행동을 할 때가 있다. 그들에게서 천명과 도와 중용의 덕을 배울 때가 많다. 그러나 배우긴 했어도 막상 실천하려고 하니, 제대로 되지를 않고 또 작심삼일(作心三日)이라서 내 스스로에게 실망할 때가 한두 번이 아니다.

벌써 3월이 코앞으로 성큼 다가왔다. 달력이 한 장 넘어가려는 동안에 날씨도 많이 달라졌다. 부는 바람도 훈훈하고, 집주변의 산이며 들녘이 제법 푸른 기운이 감도는 것이 확실히 오는 봄을 그 누구도 막을 수는 없나 보다. 기온이 더 올라가면 이제 슬슬 뒤편 손바닥만 한 밭을 일굴 준비를 해야 할 것 같다. 밭에 들어 갈 거름은 미리 과수원 하는 친구에게 부탁을 해두었다. 아마도 지금쯤이면 산속 어디쯤에서 농사짓고 사시는 한 선배께서도 농기구 등을 손질하고 씨앗 뿌릴 준비를 하시겠지.(2008년 2월 하순에)

열셋

멀리하지 마라(不遠)

공자께서 말씀하시기를, "길은 사람에게서 멀리 있지 않다. 사람이 길을 가면서도 그것을 사람에게서 멀리 둔다면 길이라고 할 수 없지"라고 하였습니다. 『시경』에서도 '도끼자루를 베자 도끼자루를 베자. 그 자루 치수를 재는 법도는 멀리 있지 않도다'[35]라고 하였지요. 도끼자루를 거머쥐고 도끼자루를 베면서 그것을 대충 흘겨보고는 오히려 멀다고 여깁니다. 그러므로 군자는 사람의 도리로써 사람들과 관계하다가 고쳐지게 되면 그칩니다. 충과 서는 도와 어그러짐이 멀지 않으니, 자기에게 베풀어지기를 바라지 않으면 또한 다른 사람에게도 베풀지 말아야 합니다. 군자의 길은 넷인데, 나는 아직 거기 한 가지도 해내지 못하였습니다. 자식에게 찾는 바로써 아비를 섬기는 데에 아직 능히

---

35 『시경 · 빈풍(豳風) · 벌가(伐柯)』

한 적이 없고, 신하에게서 찾는 바로써 임금을 섬기는 데에 아직 능히 한 적이 없으며, 아우에게 찾는 바로써 형을 섬기는 데에 아직 능히 하지 못하였고, 친구들에게 찾는 바로써 먼저 그것을 베푸는 데에 아직 능히 한 적이 없었지요. 용덕을 행하고, 용언을 삼가는 데에 부족한 점을 가지고 있다면, 감히 힘쓰지 않음이 없어야 합니다. 다소 틈이 나 감히 다하지 못함이 있다면, 말은 행동을 돌아보고 행동은 말을 돌아보아야 하니, 군자가 어찌 독실하게 하지 않겠습니까?(子曰 道不遠人 人之爲道而遠人 不可以爲道 詩云 伐柯伐柯 其則不遠 執柯以伐柯 睨而視之 猶以爲遠 故君子 以人治人 改而止 忠恕 違道不遠 施諸己而不願 亦勿施於人 君子之道四 丘未能一焉 所求乎子 以事父 未能也 所求乎臣 以事君 未能也 所求乎弟 以事兄 未能也 所求乎朋友 先施之 未能也 庸德之行 庸言之謹 有所不足 不敢不勉 有餘 不敢盡 言顧行 行顧言 君子 胡不慥慥爾)

 그야말로 꽃 피고 새 우는 춘삼월이 돌아왔다. 긴 겨울을 어떻게 지내 왔을까 싶지 않게 아이들 마냥 마음마저 즐거워진다. 눈발 그치고 볕이 따스해지면 산촌에 사시는 선배를 한번 찾아뵙겠다고 약속했었는데, 그만 때를 놓치고 새봄을 맞이하게 되니 송구스럽기 그지없다.

지난 2월 25일, 서울 여의도에서는 새로운 대통령이 취임하였다. 나는 텔레비전 뉴스로 보았는데, 그 자리에 역대 대통령들과 바로 직전 대통령의 얼굴도 보였다. 신임 대통령의 취임사를 들으면서 참으로 격세지감을 느꼈다. 그것은 나만이 느낀 감정일까? 사실 나야 뭐 정치권하고는 담을 쌓고 사는 사람이긴 하다만, 그래도 이 나라 정치가 어디로 흘러가는지에 대해서는 관심이 꽤 많다. 왜냐하면 정치 역시 사람의 일이고 사람살이의 연장일 뿐만 아니라 더 나아가서는 이 나라 모든 백성들이 걸어가야 할 길을 제시해 주는 신호등과 같은 것이기 때문이다. 만일 신호등이 고장이 나있거나 제 때에 신호를 보내주지 못하고 자기 마음대로 깜빡거리거나 아니면 길을 건너가라는 신호와 건너가지마라 라는 신호를 엉망으로 만들어서 뒤죽박죽으로 보내준다면 큰일이 나질 않겠는가? 사람살이에 있어서도 가끔씩 고장이 나버린 신호등처럼 상식 밖의 짓을 일삼는 사람들이 있다. 이러한 행동은 사람의 일상과는 거리가 먼 것이며, 사람의 일상과 거리가 먼 것이라면 중용의 덕이라 할 수 없을 것이고, 중용의 덕이라고 할 수 없다면 곧 천명 혹은 도를 어기는 짓이라고 볼 수 있으리라.

　봄이라지만 밖엔 3월의 서설(絮雪)이 내린다. 버들강아지가 눈을 뜨기 시작하는 때에 솜털처럼 보드라운 눈발이 흩날린다고 해서 서설이라는 이름이 붙었는지도 모르겠다. 자연은 어쩜 저렇게 아름다운 꽃송이를 지상에 내려놓는지? 우리네 조상들은 내리는 눈송이에도 어쩜 저렇게 예쁜 이름을 붙여놓았는지? 그저 놀라울 따름이다.

　오늘 뉴스를 보니까 신임 국토해양부 장관으로 내정된 사람이 한반도 대운하 건설을 이야기하면서 "대운하 건설은 단순히 토목공사가 아니라 새로운 것을 창조하는 프로젝트다"라고 국토 개발의지에 열변을 토한다. 하늘은 이 땅에 저렇게 고운 눈발을 내려주고, 우리네 조상들은 거기에 걸맞은 이름을 붙여주면서 하늘과 땅과 사람이 서로 같은 것이라 여겨왔는데, 지금의 사람들은 하늘과 땅과 사람들의 정서마저 파헤치고 구겨놓고 그것을 "새 창조"라고 우겨대니 한심스 럽기 그지없다.

공자께서는 "도는 사람에게서 멀리 있지 않다"라고 말씀하신다. '도'는 사람살이와 밀접하게 연결되어 있는데, 사람들은 자꾸만 '도' 와 사람 사이를 갈라놓으려하기 때문에 문제가 많다는 것이다. '새 창조'라는 것도 한 편의 우스운 이야기이다. 사람은 하늘이 내려주신 삶의 터전도 가꾸고 보존하지 못하면서, 그리고 우리들 스스로도 창조된 피조물이면서 무엇을 창조하겠다는 것인지 도무지 알 수 없다. 파괴와 훼손과 약탈 등을 가지고서 창조라고 말하니 우스울 수밖에. 아마도 이런 경우를 두고 공자께서는 "사람이 도를 행하면서도 그것을 사람에게서 멀리 둔다면 도라고 할 수 없다"라고 하셨는지도 모르겠다. '도'는 근본적으로 사람이 제대로 살아가는 데 있어서 하늘이 내려준 방향설정이다. 그 방향설정을 무시한다면 결국 인간은 제 무덤을 스스로 파는 꼴이 되고 말지 않을까?

공자에 따르면, '도'는 사람에게 온 뒤로 단 한순간도 사람을 떠나지 않았다. 만일 '도'가 사람을 떠난다면 그것은 더 이상 '도'라고 명명할 수도 없겠다. 다만 사람이 오히려 '도'를 사람에게서 떼어내려고 온갖 수단과 방법을 다 끌어댈 뿐이다. 공자와 동시대 사람인 노자(老子, BC 552-479)도 '도'에 관해서 한 말씀을 하셨다. "도가 도라고 말해질 수 있으면 참된 도가 아니며, 이름이 이름 지어질 수 있으면 참된 이름이 아니다"(道可道 非常道 名可名 非常名)[36]라고. 참으로 옳은 말이라고 생각한다. 도를 '무엇이다'라고 규정해버리면 그 순간 '도'는 인간에 의해서 파악되어 버리기 때문에 더 이상 '도'라고 말할 수 없다. 신비스러움과 거룩함과 아름다움이라는 이른바 인간의 최고 가치라는 것들은 한낱 오염되고 왜곡된 무엇이 될 것은 불을 보듯 자명하지 않겠는가? 만일 누가 '하느님'을 끊임없이 연구하여 '무엇'이라고 규정해버리면 하느님은 더 이상 하느님이 될 수 없을 것이다.

우리네 인생도 마찬가지가 아닐까? 사실 인생살이는 너무나 평범해서 거기에는 거룩함도, 신비스러움도 없는 것처럼 보인다. 아무것도 내세울 것이 없는 것처럼 보이는 바로 그것이 신비스럽고 거룩하지 않을까? 사람이 이 땅에 태어나서 자라고 나이 들고 또 다른 사람들과 관계를 맺고 살다가 잠을 자듯이 가버리는 것이 얼마나 숭고한 일인가! 그런데도 우리는 우리들의 삶 밖에서 숭고함을 찾고, 거룩함을 찾고, 행복과 사랑을 찾으려고 애를 쓴다. 인간의 영역 밖에서 '도'를 찾으려 하고, 인간의 영역 밖에서 '천명'을 찾으려고 한다. '도'나 '천명'은 이미 우리에게 와서 '중용' 곧 '일상'이 되어버렸으며, 우리는 이제 그 중용의 삶을 살면 되는 것이 아니겠는가? 중용의 삶이란 그처럼 평범한 일상의 삶인데, 그 평범한 일상의 삶을 살기가 얼마나 힘이 드는지. 아무래도 나는 너무 욕심이 많은가 보다. 바라는 것도 많고, 꿈꾸고 바라는 이상도 높고, 그러다보니까 자꾸만 욕심에 욕심을 더하여 키우게 되고, 마침내 그 욕심 때문에 평범한 삶을 보지 못하는 것이 아닐까 생각한다.

---

36 『도덕경(道德經)』1장.

'도'는 길이다. 그 길은 사람이 제대로 살아갈 길이다. 그 길은 사람과 동떨어져 멀리 있는 길이 아니라 사람과 더불어 사람 안에서 사람을 통하여 이루어질 길이다. 예수께서 십자가에 못 박히시던 전날 밤, 그러니까 최후의 만찬을 거행하던 그 밤에 제자 토마스는 예수께 "주님, 저희는 주님께서 어디로 가시는지 알지도 못하는데, 어떻게 그 길을 알 수 있겠습니까?"(요한 14,5) 하고 묻자, 예수께서 대답하시기를, "나는 길이요 진리요 생명이다. 나를 통하지 않고서는 아무도 아버지께 갈 수 없다"(요한 14,6)라고 하셨다. 예수께서 제자들에게 제시하신 그 길은 하느님께 가는 길이지만, 그러나 동시에 그 길은 마땅히 인간이 걸어가야만 할 길이다. 그 길은 무엇보다도 참 사람으로 오셔서 사람이 가야 할 길을 제시해 주신 바로 그분이 걸어가신 길이다. 그러므로 그 길은 하느님의 길이 아니라 사람의 길이 된다. 사람의 길은 사리사욕으로 가득한 바로 그 욕심(欲心)을 버리고 다른 사람의 관계에 있어서도 돈독함을 유지하면서 걸어야 할 길이다.

내일이 벌써 경칩(驚蟄)이다. 겨우내 모든 것을 비워내고 틈과 여유를 가지고 휴식을 취하던 생명들이 꿈틀대면서 비로소 기지개를 켜기 시작하는 날이다. 자연의 온갖 생명 있는 것들은 그렇듯이 일할 때가 있으면 쉴 때도 있고, 쉴 때가 있으면 열심히 일할 때가 있음을 잘 아는 듯하다. 우리네 인간들도 그러한 자연의 규칙, 하느님께서 마련해 주신 법칙에 제대로 순응하면서 살면 어떨까? 그렇게만 된다면, 이 지구상에 전쟁과 기아와 편가르기 등으로 고통받는 일이 사라질 것이다. 그러한 날이 하루빨리 올 수 있도록 기도하고 또 몸과 마음으로 노력하면서 살아보려고 애를 써 보겠다. 오늘처럼 따스한 날에 모두들 힘차게 기지개를 한번 켜보시라. 묵었던 체증이 내려가고 새로운 힘이 불끈 솟아나오도록. (2008년 3월 초순에)

열넷

처지대로 살지요(素位)

군자는 본래의 자기 자리에 처지대로 행하고, 그 밖의 것을 원하지 않습니다. 부귀함에 처해서는 부귀한 대로 행하고, 빈천함에 처해서는 빈천한 대로 행하며, 오랑캐로 처해서는 오랑캐로 행하고, 환난에 처해서는 환난대로 행하지요. 군자는 들어가서 거기에서 스스로 얻지 못함이 없답니다. 윗자리에 있어서는 아랫사람을 업신여기지 않으며, 아랫자리에 있어서는 윗사람을 잡아당기지 않습니다. 자기를 올바르게 하면서 다른 사람에게 요구하지 않으면 원망하는 이가 없지요. 위로는 하늘을 원망하지 않고 아래로는 다른 사람을 탓하지 않습니다. 그러므로 군자는 간편함에 처해서도 천명을 기다리고, 소인은 위험한 것을 행하면서도 요행을 구합니다. 공자께서 말씀하시기를, "활쏘기는 군자와 비슷함을 가지고 있으니, 정곡을 잃어버리면 자기 몸을 돌이켜 찾는다"라고 하셨습니다(君子 素其位而行 不願乎其外 素富貴 行乎富貴 素貧賤 行乎貧賤 素

夷狄 行乎夷狄 素患難 行乎患難 君子 無入而 不自得焉 在上位 不陵下 在下位 不援上 正己而不求於人 則無怨 上不怨天 下不尤人 故君子 居易以俟命 小人 行險以徼幸 子曰 射有似乎君子 失諸正鵠 反求諸其身).

며칠 전에 노형께서 전화로 하신 안부의 말씀이 아직도 내 귀에 쟁쟁하다. 무척 반갑고 고마웠다. 몹시도 춥고 눈도 제법 많이 내렸던 지난겨울, 그래도 형께서는 감기 한 번 앓지 않고 새봄을 맞으셨다. 이에 대해 하느님께 감사를 드린 것은 전화 통화가 끝나고 책상머리에서 물끄러미 밖을 내다보며 앉아 있을 때였다. 노형께서는 전화 속에서 쩌렁쩌렁하면서도 때론 나직한 목소리로 내가 머물고 있는 집 뒤편 텃밭에 관심을 가져주셨다.

그렇다. 이제 봄이 돌아왔으니, 거름도 넣고 땅도 깊게 갈아서 고추랑 상추며, 비록 손바닥만 한 밭떼기이지만 거기에 갖가지 나물이며 콩도 심으련다. 노형께서는 지난해 묵혔던 논배미에 새로 물 대시고 모를 내시겠다고 자랑삼아 하신 말씀 속에서 산골에서 보내신 그 세월의 진한 냄새가 고스란히 배어나옴을 느꼈다. 그 순간 괜히 잘난 척하면서 살고 있는 나 자신이 몹시도 부끄러웠다.

지난 연말에는 이 나라가 대통령선거로 몸살을 앓더니, 이제는 새 정부의 각료선발과 각 당에서의 국회의원 후보 선발을 놓고 한바탕 전쟁을 치르고 있다. 후보자들의 속내는 알 수 없지만 모두들 저마다 국민들을 섬기는 일꾼들이 되겠다고 야단들이다. 국민을 섬기는 일꾼이 되겠다고 자처하는 사람들이 많아서 좋긴 하지만 그 속을 가만히 들여다보면 섬기겠다고 공언한 이면에는 다른 꿍꿍이가 있지 않을까 내심 걱정이 된다. 왜냐하면 이들은 하나같이 땅부자, 돈부자이고, 또 세금이나 기타 국민으로서 마땅히 해야 할 의무들을 소홀히 한 사람들이기 때문이다. 이 나라는 하루도 조용할 날이 없어 보인다.

예수께서 바리사이들과 율법 학자들, 그리고 당시 지도자들을 두고 하신 말씀이 생각난다. 예수께서는 군중들에게 "율법 학자들과 바리사이들은 모세의 자리에 앉아 있다. 그러니 그들이 너희에게 말하는 것은 다 실행하고 지켜라. 그러나 그들의 행실은 따라 하지 마라. 그들은 말만 하고 실행하지는 않는다."(마태 23,1-3)라고 하셨다. 이 말씀은 과거 역사에서는 물론이거니와 오늘날에도 유효한 듯이 보인다. 『중용』에서는 공자께서 성인군자라고 칭할만한 사람들의 됨됨이를 설명해 주고 있다. 이 설명은 노자의 가르침과 닮아 있고, 결국에는 예수님의 가르침과도 닿아 있다는 느낌을 받는다. 노자는 말하기를, "최고의 선(덕)은 물과 같다. 물은 선하여 만물을 이롭게 하면서 다투지 않고, 사람들이 싫어하는 곳에 처한다. 그러므로 거의 도에 가깝다. 낮은 땅에 머물기를 잘하고, 마음은 깊은 연못과 같이 잘하며, 베풀어 줄 때는 어질기를 잘하고, 말을 할 때에는 신의가 넘치며, 정치를 할 때에는 다스리기를 잘하고, 일을 할 때에는 자신의 능력을 잘 발휘하며, 움직일 때에는 때를 잘 맞춘다. 무릇 오직 다투지 않기 때문에 허물이 없다"(上善若水 水善利萬物而不爭 處衆人之所惡 故幾於道 居善地 心善淵 與善仁 言善信 正善治 事善能 動善時 夫唯不爭 故無尤)[37]

라고 하였다. 노자의 이 가르침은 거두절미하고 가장 훌륭한 덕은 물, 곧 자연을 닮는 것이라는 뜻이겠다. 자연은 창조된 천지만물 가운데서도 가장 천명에 충실히 따른다. 반대로 사람은 천지만물 가운데서 가장 천명을 거역하면서 살아가는 존재가 아닐까? 생각해 보면 과연 성인군자는 물론이고 정치 곧 백성들의 지도자가 되려는 자가 있다면 그는 반드시 자연을 본받아야 할 것이다. 이와 관련해서 노자가 말한 다음의 가르침을 생각해 보면 그 뜻이 보다 명확하게 드러날 것이다. 노자는 말하기를, "사람은 땅을 본받고, 땅은 하늘을 본받으며, 하늘은 도를 본받고, 도는 자연을 본받는다"(人法地 地法天 天法道 道法自然)[38]라고 하였다. 어떻게 보면 이 가르침은 전체 노자사상에 있어서 가장 중요한 핵심 중의 핵심이라고 해도 틀린 얘기는 아닐 듯싶다. 여기에서 '도가 자연을 본받는다'고 할 때, '자연'은 '스스로 그러함' 곧 유가에서의 상제이고, 그리스도교에서는 하느님이시다. '스스로 그러함'에서 도, 곧 천명이 흘러나오고, 사람은 그 천명에 따라서 자신에게 주어진 삶을 살 때, 비로소 성인군자의 삶을 사는 것이라고 말할 수 있다. 예수께서도 말씀하시기를, "내가 스스로는 아무것도 하지 않고 아버지께서 가르쳐 주신 대로만 말한다는 것을 깨달을 것이다. 나를 보내신 분께서는 나와 함께 계시고 나를 혼자 버려두지 않으신다. 내가 언제나 그분 마음에 드는 일을 하기 때문이다"(요한 8,28-29)라고 하셨다.

---

37 『도덕경(道德經)』 8장.
38 같은 책, 25장.

『중용』의 저자는[39], "윗자리에 있어서는 아랫사람을 업신여기지 않으며, 아랫자리에 있어서는 윗사람을 잡아당기지 않는다. 자기를 올바르게 하면서 다른 사람에게 요구하지 않으면 원망하는 이가 없다. 위로는 하늘을 원망하지 않고 아래로는 다른 사람을 탓하지 않는다. 그러므로 군자는 간편함에 처해서도 천명을 기다리고, 소인은 위험한 것을 행하면서도 요행을 구한다"고 하면서 성인군자의 생활태도뿐 아니라 인간관계에서 오는 성인의 기본적 소양이 어떠해야 하는가를 가르쳐 준다. 이 가르침 또한 예수님의 가르침과 대동소이하다는 것을 느낀다.

예수께서는 예루살렘 성전에서 회중들에게 가르치시면서 말씀하시기를, "율법 학자들을 조심하여라. 그들은 긴 겉옷을 입고 나다니며 장터에서 인사받기를 즐기고, 회당에서는 높은 자리를, 잔치 때에는 윗자리를 즐긴다. 그들은 과부들의 가산을 등쳐 먹으면서 남에게 보이려고 기도는 길게 한다. 이러한 자들은 더 엄중히 단죄를 받을 것이다"(마르 12,38-40)라고 하셨으며, 이어서 "너희도 알다시피 다른 민족들의 통치자라는 자들은 백성 위에 군림하고, 고관들은 백성에게 세도를 부린다. 그러나 너희는 그래서는 안 된다. 너희 가운데 높은 사람이 되려는 이는 너희를 섬기는 사람이 되어야 한다. 또한 너희 가운데에서 첫째가 되려는 이는 모든 이의 종이 되어야 한다. 사실 사람의

---

[39] 일반적으로 『중용』에서는 공자의 말씀을 '자왈'(子曰)이라고 표기하고 있는데, 그러한 표기가 없이 이루어진 문장은 대체로 저자의 글이다. 『중용』의 저자는 대체로 공자 제자인 '자사'(子思)라는 것이 정설로 되어있다.

아들은 섬김을 받으러 온 것이 아니라 섬기러 왔고, 또 많은 이들의 몸값으로 자기 목숨을 바치러 왔다"(마르 10,42-45)라고 하셨다. 지금 세상의 통치자나 지도자들은 하나같이 모두들 백성 위에 군림하려 들고 있다. 백성들을 위하여 참된 일꾼이 되려는 자는 일꾼답게 처신해야 할 것이고, 백성을 업신여기는 생각이나 말이나 행동을 하지 말아야 하는 것이 아닐까? 그렇지만 지금의 세상은 점점 더 이러한 성현들의 가르침과 멀리 떨어져 나아가고 있으니 걱정이다.

이쯤해서 또 노자의 가르침 한마디를 인용하고자 한다. 노자에 따르면, 가장 수준 높은 정치는 백성들이 통치자의 존재만 알 뿐, 그가 위에서 무슨 방향으로 백성들을 인도하려고 하고 무엇을 원하는지에 대해서는 관심도 없는 정치라는 것이다. 백성들이 통치자의 무게를 전혀 느끼지 못한다는 것이다.[40] 이제 그의 목소리를 한번 들려 드리겠다. "가장 윗자리에서는 아랫사람들이 그가 있다는 것만 알 뿐이고, 그 다음은 친하게 여기면서 그를 칭송한다. 그 다음으로는 그를 두려워하고, 그 다음으로는 그를 업신여긴다. 통치자가 백성들에 대하여 믿음이 부족하니, 백성들도 그를 믿지 못한다. 멀리 하는구나! 그가 말을 귀히 여김이여. 공이 이루어지고 일삼음이 마무리되어도, 백성들은 모두 '내가 스스로 그렇게 하였어' 하는구나"(太上下知有之 其次親而譽之 其次畏之 其次侮之 信不足 焉有不信焉 悠兮其貴言 功成事遂 百姓皆謂我自然)[41].

---

40 최진석, 『노자의 목소리로 듣는 도덕경』, 조합공동체 소나무, 2001년, 158쪽.
41 『도덕경』 17장.

사람이 한평생 살아가면서 윗자리에 있어서 아랫사람을 업신여기지 않으며, 아랫자리에 있으면서 윗자리를 탐하지 않는 경우는 참으로 드물다. 특히 자기를 올바르게 하면서 다른 사람에게 요구하지 않으면 원망하는 이가 없겠지만, 위로는 하늘을 원망하지 않고 아래로는 다른 사람을 탓하지 않는 삶을 살기란 그리 녹록하지만은 않을 것이다. 나 또한 최소한 이분들의 가르침에는 미치지 못하여도 최소한 이분들의 삶 가운데 반쯤 뚝 잘라서 그 흉내라도 내면서 살고 싶다는 생각을 해 볼 때가 가끔씩 있다. 물론 이 분들은 나에게 '사람은 저마다 타고난 바탕이 다르기 때문에 각자의 삶의 방식이 있으니 그 방식대로 살라'고 말이다. 그렇지만 어쩐지 나이가 먹어 가면 갈수록 점점 더 자신이 없어져간다. 이럴 때 누가 있어서 나에게 '기쁘고 떳떳하게 살아 가거라' 하고 용기라도 좀 주면 좋겠다. 아니다. 그냥 지금의 나의 처지를 감사하게 생각하며 살까 한다.

사도 바오로의 말씀이 생각난다. "아무튼 주님께서 각자에게 정해 주신 대로, 하느님께서 각자를 부르셨을 때의 상태대로 살아가십시오"(1코린 7,17). 나는 지금 충분히 행복하다. 내가 무엇을 더 바라겠는가? 다만 내 처지대로 감사하면서 기쁘게 살아가면 그 뿐일 따름인 것을! (2008년 3월 10일에)

열다섯

먼 곳에 가렵니까(行遠)

군자의 도는 비유컨대, 먼 데를 가려면 반드시 가까운 곳으로부터 해야 하고, 비유컨대 높은 곳으로 올라가자면 반드시 낮은 곳으로부터 해야 합니다. 『시경』에서 말하기를, '아내와 자식이 잘 어울리니 마치 비파와 거문고를 타는 듯하고, 형과 아우들이 한데 모였으니, 화목하며 즐겁고 또 좋구나. 너의 집안을 마땅하게 하며, 너의 아내와 자식을 즐겁도록 하라'[42]라고 하였지요. 공자께서 말씀하시기를, '아비와 어미는 참으로 편안해지지'라고 하셨습니다(君子之道 辟如行遠必自邇 辟如登高必自卑 詩曰 妻子好合 如鼓瑟琴 兄弟既翕 和樂且耽 宜爾室家 樂爾妻帑 子曰 父母 其順矣乎).

---

42 『시경·소아(小雅)·상체(常棣)』

수녀님, 몇 년 전 어느 성당에서였던가 함께 살았던 기억이 되살아나는 시간입니다. 경칩이 한참이나 지났는데도 겨울을 푸는 봄비가 내리지 않더니, 오늘 아침에 일어나 보니 간밤에 마른 대지를 촉촉이 적시는 봄비가 내렸던 모양입니다. 비록 양은 적더라도 봄비는 확실히 봄비인가 봅니다. 덕분에 산골짝엔 푸릇한 기운이 감돌고 버들개지마다 봉긋한 것들이 마치도 예닐곱 처녀애들의 수줍음 같았지요. 이런 날에 『중용』의 저자가 말하는 '먼 데를 가려면'이라는 주제는 우리네 인생길을 한층 더 풍요롭게 해 주는 일종의 단비 같다는 생각을 해 봅니다.

우리는 그동안 너무 급하게 살아왔고, 너무나 빠른 것만을 추구해 왔습니다. 그러다보니까 정말로 놓치지 말아야 할 소중한 것들을 놓치면서 살아오지는 않았을까 생각하면서 내린 비에 촉촉한 얼굴을 땅 속 깊이로부터 살며시 내미는 작은 생명 있는 것들에게 죄송스런 마음을 가져 봅니다.

오늘 아침에 도라지 씨앗을 집주변 여기저기에 뿌렸지요. 원래 도라지라는 놈은 그 씨앗이 담배씨앗이나 겨자씨처럼 작아서 눈에 잘 띄지도 않을 뿐 아니라 씨를 뿌릴 때에도 워낙 작기 때문에 고운 모래나 황토 같은 것과 한데 버무려 섞어서 뿌리지요. 물론 밭에 망을 짓고 거름도 적당히 함께하면 더욱 좋겠지만, 이놈은 그렇게 하지 않아도 싹도 잘 트고 자라기도 잘 자란답니다. 물론 물기는 적당해야 되겠지요. 그렇지만 물기가 너무 많은 곳은 또 싫어한답니다. 보리나 밀을 파종할 시기인 10월 말이나 11월 초에 씨앗을 뿌려야만 정상이지만,

제가 게을러서 이제야 씨앗을 뿌렸습니다. 그렇지만 도라지라는 놈은 자생력이 강해서 아주 추운 겨울을 제외하고는 어느 때고 그 씨앗을 뿌려도 된답니다. 다만 씨앗이 너무 오래 묵은 것이라면 곤란하겠지요. 이렇게 해서 그렇게 작은 씨앗이 싹 트게 되면 몇 백 배 크기로 자라나게 되고, 꽃도 아름답게 피어서 여간 보기 좋은 게 아닙니다. 이와 같이 도라지 씨앗처럼 비록 작고 보잘 것 없는 것이라 할지라도 거기에는 하늘이 내려주신 생명이 깃들어 있어서 소중하고 또 우리네 인생살이가 새삼 어떠해야 하는지를 가르쳐 주고 있습니다. 말하자면 그 작은 도라지 씨앗 속에도 진리가 들어 있고, 천명이 들어 있고, 도가 들어 있다는 이야기입니다.

『중용』과 쌍벽을 이루는 『대학(大學)』이라는 유가 경서가 있습니다. 그 책 속에는 사람이 자기의 인생을 세상에다 펼쳐 나아가는 과정을 아주 세밀하게 그려놓고 있지요. "사물에로 나아간 다음에야 앎이 지극해지고, 앎이 지극해진 이후에야 품은 뜻이 정성스러워지며, 품은 뜻이 정성스러워진 다음에야 마음이 올바로 잡혀지게 되고, 마음이 올바르게 된 다음에 몸이 닦여지게 되며, 몸이 닦여지게 된 다음에야 집안이 가지런해지고, 집안이 가지런해진 뒤에야 나라가 다스려지며, 나라가 다스려진 다음에야 세상이 평화로워진다"(物格而后知至 知至而后意誠 意誠而后心正 心正而后身脩 身脩而后家齊 家齊而后國治 國治而后天下平)[43]는 가르침입니다. 그리고 전국시대(戰國時代) 최고학자로

---

43 『대학 · 경문(經文)』

손꼽히는 순자(荀子, BC 298-238)라는 사람은 '천리 길도 한걸음부터'라는 격언에 걸맞은 가르침을 한마디 던져주고 있습니다. 그는 "반걸음이라도 쌓지 않으면 천리에 이를 방법이 없고, 작게 흐르는 물이라도 모아두지 않으면 강과 바다를 이룰 방법이 없다"(不積蹞 無以至千里 不積小流 無以成江海)"고 하였는데, 이는 『중용』의 저자가 말하는 가르침과 어느 정도 통하는 얘기가 아닐까 생각합니다.

아무리 큰 뜻을 품은 사람이라도 그 품은 뜻을 이룩하려면 결코 작은 것을 소홀히 할 수 없으며, 미세한 것으로부터 출발해서 점점 외연을 확대해 가야 하리라 여겨집니다. 『구약성경』에서도 "내 아들아, 아버지의 교훈을 들어라. 어머니의 가르침을 저버리지 마라. 그것들은 네 머리에 우아한 화관이며 네 목에 목걸이다"(잠언 1,8-9)라고 하였습니다. 즉 먼저 가정 안에서 부모형제들이 서로 화목하게 지내야만 바깥에 나갔을 때 다른 사람들과의 관계도 원만해지지 않을까요? 그러므로 예수께서 말씀하시기를, "네가 제단에 예물을 바치려고 하다가, 거기에서 형제가 너에게 원망을 품고 있는 것이 생각나거든, 예물을 거기 제단 앞에 놓아두고 물러가 먼저 그 형제와 화해하여라. 그런 다음에 돌아와서 예물을 바쳐라"(마태 5,23-24)라고 하셨지요. 이와 같이 '군자'는 "먼 데를 가려면 반드시 가까운 곳으로부터 해야 하고, 또 높은 곳으로 올라가자면 반드시 낮은 곳으로부터 해야 한다"는 만고의 진리를 삶의 방법으로 삼고 있기 때문에 군자는 비로소

---

44 『순자・권학(勸學)』/『명심보감(明心寶鑑)』

군자가 되는 것이 가능하게 되고, 그의 삶의 방법 혹은 태도는 곧 '도'일 수밖에 없다는 생각을 해 봅니다. 그러나 그 '군자지도'(君子之道)는 거창하고, 요란하며, 화려한 것이 아니라 그저 평범하고 조용한 일상생활일 뿐 다른 것이 아니랍니다. 세상에서 사람 사는 일이란 바로 그런 것이 아닐까요?

먼 데를 가려는 사람이 있다면 반드시 가까운 곳에서부터 출발해야만 가능해지고, 또 높은 곳으로 오르려고 하는 사람이 있다면 그는 반드시 낮은 곳에서부터 한 걸음씩 천천히 내디뎌야만 가능하게 되겠지요? 그렇지만 지금의 현실은 그렇지를 못하는 것 같습니다. 오늘날의 사람들이 성격이 급해진 것인지 아니면 여유나 쉴 틈이 없어서인지, 아니면 원래부터 그런 것인지 도무지 알 길이 없습니다. 무조건 맨 꼭대기에 올라서야 하고, 무조건 가장 멀리 날아가야 하고, 무조건 가장 특별한 곳에 자리 잡고 있어야만 직성이 풀린다니 말입니다. 성인군자가 되는 길은 예나 지금이나 다름이 없을 텐데, 그 길을 해석하는 사람들은 열이면 열 사람 모두 다르니 그것이 문제입니다. '상식'(常識) 곧 모두가 두루 소통되는 그래서 서로가 이해할 수 있는 최소한의 약속마저 지켜질 수 없는 것이 바로 이 시대의 특징이 아닐까 생각하니 슬퍼집니다.

앞마당 끝머리에 산수유나무 두 그루가 있는데, 노란 꽃망울이 제법 부풀어 있는 것을 보니 확실히 봄이 성큼 다가온 것인가 봅니다. 상식이 없는 시대에 자연(自然)의 온갖 것들은 사람들에게 진정한 상식이 무엇인지를 가르쳐 주려는 모양입니다. 그들은 거짓말하지 않고, 사기를 치지도 않고, 왜곡시키지도 않으며, 때를 거역하지도 않고, 시기나 질투 같은 것도 하지 않고, 그저 하늘의 뜻에 따라서 자신들에게 주어진 삶을 충실하게 살아가니 말입니다.

　수녀님, 돌아오는 봄엔 천명에 의지하며 살아가는 자연의 것들을 보면서 오랫동안 안고 계시던 지병도 떨쳐버리시고 돋아나는 버들개지 새순처럼 새로운 기운을 얻어 예전처럼 신명나게 일도 하시고 노래 부르시고 춤도 추시는 모습을 뵙고 싶습니다. 몸도 마음도 모두 건강하시길 기도하겠습니다. (2008년 3월 19일에)

열여섯

귀신에 대하여(鬼神)

공자께서 말씀하시기를, "귀신의 덕스러움은 기운차기도 하구나. 그것을 살펴도 드러나지 않으며, 그것을 들으려고 해도 들리지 않는다. 사물을 몸 입고 있어서 버릴 수가 없다. 천하의 사람들로 하여금 엄숙하며 밝게 하고 의복을 성대하게 하여 제사를 받들게 함으로써 충만함이 마치 그 위에 있는 것처럼 하고, 마치 그 오른쪽과 왼쪽에 있는 것처럼 하고 있구나" 하였습니다. 『시경』에서 말하기를, '신께서 생각하심을 내려주시고, 생각하심을 헤아릴 수가 없습니다. 하물며 생각하심을 꺼려할 수 있겠는가?'라고 하였지요. 무릇 미묘함을 드러내는 것이니, 정성스러움을 감출 수 없는 것이 이와 같습니다(子曰 鬼神之爲德 其盛矣乎 視之而弗見 聽之而弗聞 體物而不可遺 使天下之人 齊明盛服 以承祭祀 洋洋乎如在其上 如在其左右詩曰 神之格思 不可度思 矧可射思 夫微之顯 誠之不可揜 如此夫).

오늘은 예수님의 부활을 기념하는 예수부활대축일이다. 그러고 보니 춘분(春分)이 엊그저께로 지나갔으니, 완연한 봄이라고 해도 과언은 아닐 듯하다. 춘분이 지나고 오늘은 또 부활절을 맞이하였으니, 몸도 마음도 마냥 하늘의 구름처럼 들떠 있는 기분이다. 내가 잘 아는 사람들, 모두들 오늘을 어떻게 지내시고 계실까? 며칠 전에는 평소 잘 알고 지내던 어느 선생님을 찾아가 뵈었다. 그분의 얼굴은 많이 부어 있었고 건강이 별로 좋지 않아 보였다. 집으로 돌아올 때는 어찌나 마음이 몹시 아프던지! 선생님께서는 병원에서 처방해 주신 양약(洋藥)에 문제가 있어서, 문제가 된 양약을 다른 약으로 바꾸셨다고 하시면서 애써 '괜찮다'고 하셨다. 그러나 내가 보기에는 이제 연세 탓인지 예전에 꿋꿋하고 당당하던 모습을 찾아보기가 힘들었다. 오늘 부활대축일을 맞이하여 부활하신 주님의 기운이 선생님과 함께 하시기를 기도해 본다.

어제 저녁부터 시작해서 오늘 종일토록 비가 내린다. 봄비치고는 꽤 많은 양이 내린다. 그동안 가뭄이 심했는데 가뭄이 해갈될 것 같기도 하다. 또 산불이 심심찮게 일어났는데 이제는 산불에 대한 경계령도 철회될 것 같기도 하다. 이래저래 이번 봄비는 참으로 고맙다. 더구나 부활절 첫날에 내리는 비인지라 의미가 한층 새롭게 다가온다.

위의 『중용』 대목을 사람들은 '귀신마당'이라고 부른다. 공자께서 귀신의 덕스러움을 찬양하는 듯한 이 대목은 『중용』 가운데서도 한복판을 차지하면서 무엇인가 유가가 종교적 색채를 띠고 있음을 시사해 주고 있는 동시에 줄곧 인본주의(혹은 민본주의)를 주창해 온 다른 대목과는 달리 신선한 느낌마저 들게 하고 있다. 더불어 유가의 '귀신관'(鬼神觀)을 엿보게 하는 흥미로운 대목이기도 하다.

국어사전에 의하면, '귀신'은 몇 가지로 나누어 정의되고 있다. 첫째는 원시신앙, 종교의 대상의 하나인 범신론적인 존재. 둘째, 사람이 죽은 뒤에 남는다고 하는 혼령. 셋째, 눈에 보이지 않으면서 사람에게 화복(禍福)을 내려준다고 하는 정령(精靈). 넷째, 어떤 일에 남보다 뛰어나게 재주가 많은 사람의 비유로 정의하고 있다. 사전에는 또 '귀신도 모른다', '귀신도 빌면 듣는다', '귀신 듣는 데 떡 소리 한다', '귀신 씨나락 까먹는 소리', '귀신은 경문에 막히고 사람은 인정에 막힌다', '귀신이 곡한다', '귀신이 탄복할 노릇이다', '귀신이 하품을 할 만하다', '귀신같다' 등등 귀신과 관련된 속담이나 격언을 열거해 주고 있다.[45] 그렇지만 현재 지구상에서 거론되고 있는 귀신의 종류는 그 수를 헤아릴 수도 없거니와 종류도 다양해서 동양과 서양 및 나라와 지방마다 나름대로 특징을 지니고 있어서 무엇이라고 딱히 규정해 낼 수는 없다. 다만 확실한 것은 대체로 서양귀신은 '마귀'(魔鬼)와 동일하게 여겨져 사람들을 해롭게 하고 결국에는 파멸로 치닫게 하지만, 동양귀신은 사람을 이롭게도 하고 해롭게도 하는 이중적인 성격을 가지고 있다는 것이 차이다. 서양귀신은 대개 『성경』 안에서 전형을 살펴볼 수 있다. 그러나 동양 특히 우리나라 귀신과 관련된 책자들은 수없이 많지만, 대개는 엇비슷한 내용들을 담고 있어서 특별히

---

45 신기철·신용철 편저, 『새우리말큰사전』, 삼성출판사, 1983년, 447-448쪽.

참고할 만한 책자는 없는 듯하다. 그 가운데 『조선의 귀신』[46]이라는 책을 읽어 보았다. 이 책의 저자는 일제 강점기 때 조선총독부의 촉탁이었던 일본인 민속학자 무라야마 지쥰(村山智順)이라는 사람이다. 책에는 귀신과 관련된 설화, 관념, 귀신관, 삼한시대부터 일제강점기까지 역사 속에서 민간에 전래되어 오는 귀신들의 종류, 귀신을 쫓는 법(禳鬼法) 등등 비교적 자세하게 소개해 주고 있다.

반면에 유가에서의 귀신은 현실적으로 민간에 전해 내려오는 귀신과는 대조적으로 실체(實體)가 없는 존재로 설명되고 있다. 특히 정주학(程朱學) 다시 말해 성리학(性理學), 신유학(新儒學)에서는 유가에서의 귀신의 존재를 잘 설명해 주고 있다. 정자(程子)[47]를 포함한 중국 송대 성리학자들은 사사물물(事事物物), 곧 전체 우주체계를 '이기'(理氣)로 보는 경향이 짙다. 그들은 귀신의 존재를 대체로 이기 혹은 음양(陰陽)으로 설명하려고 애를 쓴 흔적들을 볼 수 있다. 이러한 귀신에 대한 정주학적 관념은 그대로 우리나라에 도입되어 조선이 개국하여 국가초석을 다지는 정치적 이념이 되었다. 한면 유가사회에서 귀신관념은 여전히 민간에서와 다름없이 그 실체를 인정하는 쪽으로 흐르기도 하였다. 그것은 귀신에 대한 공자의 말씀이 유가사상의 근본이 되며, 시대와 학파를 뛰어넘어 유효하다는 구체적인 증거가 되는 셈이다. 공자께서는 사랑하는 제자 안연이 죽자 슬픔에 빠지게 되고, 이를 보고 있던

---

46 무라야마 지쥰(村山智順), 『조선의 귀신』, 김희경 옮김, 동문선, 1990년.
47 정자(程子)는 대개 이정(二程)을 일컫는다. 즉 정씨형제인데, 형은 정호(程顥)이고, 동생은 정이(程頤)이다. 주희(朱熹)의 스승이다. 여기에서 정자는 동생인 정이(호는 이천(伊川))를 말한다.

계로(季路)가 스승에게 질문한 내용인데, 이것이 귀신에 대한 공자의 태도이면서 동시에 유가가 귀신문제에 대처하기 위한 기조이기도 하다. 계로는 스승이신 공자께 귀신을 섬기는 것에 대하여 묻자 대답하시기를 "아직도 사람을 섬길 수 없었는데, 어찌 귀신을 섬길 수 있겠는가?"라고 하셨다. 그러자 계로가 또 죽음에 대하여 묻는다. 공자께서 대답하시기를, "아직 삶을 알 수 없는데, 어찌 죽음을 알겠는가?"(季路問事鬼神 子曰 未能事人 焉能事鬼 曰 敢問死 曰 未知生 焉知死)[48]라고 대답하였다. 참으로 현명한 대답이 아닐 수 없다. 사람살이는 참으로 오묘해서 '어제와 오늘과 내일이 어찌하여 생겨났는가? 그리고 그 날들이 어찌하여 각각 같은 것처럼 보이면서도 다른가?' 등등에 관해서 우리들의 아둔한 머리로는 명확하게 밝혀낼 수는 없지 않은가? 그렇기 때문에 삶에 대해서 분명하게 정의를 내릴 수 없으니, 죽음에 대해서야 오죽할까? 다만 주어진 삶을 주어진 시간 속에서 최선을 다해서 살 뿐이다. 그리고 사람은 누구나 천명을 받아서 태어났기 때문에 태어난 그 자체로 섬김을 받아야 할 권리를 가지고 있다.

우리는 우리가 매일처럼 만나는 사람들을 잘 섬기려 들지 않고 있으며, 섬길 줄도 모르고 있다. 우리들의 일상생활이 그러할진대 보이지 않는 귀신을 섬긴다는 것은 무엇인가 잘못되어도 한참 잘못된 일이라 여겨진다. 공자께서는 또 제자인 번지가 앎(지혜)에 대하여 묻자, 대답하시기를, "백성들의 의로움에 힘쓰고, 귀신을 공경하되 멀리

---

[48] 『논어 · 선진』

하는 것이 지혜라고 할 만하다"(樊遲問知 子曰 務民之義 敬鬼神而遠之 可謂知矣)[49]라고 하셨다. 공자님의 이 말씀은 유가의 주류파가 귀신문제에 대처하기 위하여 역사를 기조로 삼았다 볼 수 있겠다. 여기에는 두 가지 의미가 들어있다. 하나는 귀신을 공경하되 거만하지 않으며, 다른 하나는 귀신을 멀리하되 그것에 현혹되지 않는다는 것이다. 어쨌든 이는 유가에서 귀신에 대한 존재와 관념을 어느 정도로 인정하고 있다는 말이 된다. 일반적으로 유가에서는 귀신의 존재유무를 거론하지 않고 그저 현실적인 사람의 일에만 관심을 기울이는 것으로 이해되어 왔다. 그러나 공자와 그 제자들 간의 대화를 살펴보자면, 유가에서도 다소 철학적이고 이성적인 관념이긴 하지만 귀신의 존재를 인정하고 있다는 것을 알 수 있다. 이렇게 유가가 귀신의 존재를 인정해왔다면, 그것은 곧 유가가 단순히 학문적이고 사회교육적인 학파에만 그치는 것이 아니라 '유교'(儒敎)라는 종교적 관념도 가지고 있었다는 뜻이 된다. 말하자면 종교적 기능으로서의 유가의 일면을 엿볼 수 있다는 것이다. 그러나 유학이 종교적 기능을 가지고 있다는 것은 대체로 공자와 맹자를 중심으로 하는 이른바 선진유가(先秦儒家)에서나 볼 수 있는 사실이고, 정주학을 중심으로 하는 이른바 신유학(新儒學)으로 내려오면 상황은 달라진다. 신유학에서는 선진유가에서 볼 수 있는 천명이니 도니 하는 것들을 '이기'(理氣)와 '음양'(陰陽)관념으로 풀어내려는 노력이 뚜렷이 드러난다. 이를테면 귀신에 대한 개념도

---

[49] 『논어 · 옹야』

결코 이 두 가지 관념에서 자유롭지 못하다. 이렇게 되면 종래 어느 정도 유신론적(有神論的)관념을 가지고 있었던 유가가 물질을 중심으로는 무신론적(無神論的)관념으로 탈바꿈해버리는 오해 아닌 오해를 불러일으킬 수도 있다.

주희는 주돈이와 이정을 스승으로 모시면서 그 누구보다도 유학의 학문적 체계를 이기론으로 풀어낸 대표적인 신유학자이다. 그가 『중용』의 각종 편장을 거의 이기론적인 장구(章句)로 설명을 해내고 있는 것도 결코 우연적인 일은 아니다. 우선 이 대목을 살펴보아도 그를 중심으로 정주학파들의 학문적 체계를 쉽게 이해해낼 수 있을 것이다. 주희는 여기에서 그의 스승인 정자(程子)와 장자(張子, 張載, 1020-1077, 호는 橫渠)의 말을 인용하여 귀신에 대한 자신의 견해를 제시하려 하였다. 그는 "정자는 말하기를, '귀신은 하늘과 땅의 효용이면서 조화의 흔적이다'라고 하였고, 장자는 말하기를, '귀신이란 음과 양 두 기운의 타고난 능력이다'라고 하였다. 내가 두 가지 기를 가지고 말한다면, 귀라는 것은 음의 영이고, 신이란 것은 양의 영이다. 하나의 기로써 말한다면, 지극해져서 펼쳐지는 것은 신이 되고, 반대로 돌아오는 것은 귀가 되니, 기실 하나의 물체일 따름이다. 덕 됨은 본성과 정감의 효능이라는 말과 같다"(程子曰 鬼神天地之功用 而造化之迹也 張子曰 鬼神者 二氣之良能也 愚謂以二氣言 則鬼者陰之靈也 神者陽之靈也 以一氣言 則至而伸者爲神 反而歸者爲鬼 其實一物而已 爲德猶言性情功效)[50]라고 하면서,

---

50 주희, 『중용장구(中庸章句)』.

귀신의 존재를 오히려 실체가 없는 '작용'이나 '물질'로 보려고 하였다. 이렇게 주희를 필두로 한 귀신에 대한 정주학의 정의는 공자께서 "귀신의 덕 됨은 기운차기도 하구나. 그것을 살펴도 드러나지 않으며, 그것을 들으려고 해도 들리지 않는다. 사물을 몸 입고 있어서 버릴 수가 없구나. 천하의 사람들로 하여금 엄숙하며 밝게 하고 의복을 성대하게 하여 제사를 받들게 함으로써 충만함이 마치 그 위에 있는 것처럼 하고, 마치 그 오른쪽과 왼쪽에 있는 것처럼 하는구나"라고 말씀하신 것과는 근본적인 차이를 가지고 있다고 말할 수 있다. 왜냐하면 공자께서는 귀신에 대하여 일정 정도 '위격'(位格)을 부여하고 있기 때문이다. 뿐만 아니라 중국의 고대 사람들은, 사람이 죽은 뒤 영혼은 불멸하고 지하에서 살며 계속적으로 생활한다고 행각했기 때문에 장례를 치를 때 생산이나 생활도구들을 한꺼번에 묻었다고 한다. 이는 귀신관념이 드디어 숭배의 대상일 뿐 아니라 기억하고 추모하는 제사의 대상임을 설명해 주는 대목이라고 보아야 할 것이다.

　귀신에 대한 유가의 사상은 유가경전인 오경(五經) 속에서도 상당히 많은 자료들을 확보하고 있다. 오경은 아시다시피 『시경(詩經)』, 『서경(書經)』, 『주역(周易)』, 『춘추(春秋)』, 『예기(禮記)』 이렇게 다섯 권의 책이다. 오경 속에 나타나는 귀신에 대한 언급은 하나같이 제사와 접목이 된 종교적인 성격이 짙게 깔려 있다. 『시경(詩經)』에서는 주나라 문왕(文王)의 신령이 천상으로 올라간 것을 노래하고 있다. "문왕이 하늘을 오르내리시며 상제의 좌우를 떠나지 않으신다"(文王陟降 在帝左右)[51]라고 하였고, 『서경(書經)』에서는 위대한 순 임금이 "상제에게 제사지내고, 육종(하늘과 땅과 동서남북)에게 제사 드리며, 산천을 바라보고 제사 드리고, 여러 신들에게 두루 제사를 드린다"(肆類于上帝 禋于六宗 望于山川 徧于羣神)[52]고 하였다. 또 『주역(周易)』에서는 "하늘로부터 도움을 받으면 길하지 않음이 없다"(自天祐之 吉无不利)[53]고 하였고, 『춘추(春秋)』에서는 위과(魏顆)가 그 아비를 등지고 명령을 거역하여, 아비와 첩을 순장(殉葬)하지 않았는데, 후에 그가 진(秦)나라 군사와 전쟁을 할 때, 첩과 아비의 혼령이 결초상보(結草相報)하였다[54]는 기록이 있다.

『예기(禮記)』에서는, "밝은 곳에는 예악이 있고, 어둑한 곳에는 귀신이 있다"(明則有禮樂 幽則有鬼神), 또 "산천과 귀신을 섬긴다"(事乎山川鬼神)[55], "산과 숲과 시내와 계곡과 구릉은 능히 구름을 내고, 바람과 비를 일으키며, 괴물을 드러내니, 모두 신이라고 한다. 천하를 가진 자는 뭇 신들에게 제사 지낸다. 제후는 자기 땅에다가 제사를 지냈는데, 그 땅을 잃어버리면 제사를 지내지 못한다. 대체로 하늘과 땅 사이에 살아있는 것을 명이라고 하는데, 그 만물이 죽어버리는 것을 서라고 하며, 사람이 죽으면 귀라고 한다. 이것이 오대에 변하지 않은 바였다"(山林 川谷 丘陵能出雲 爲風雨 見怪物 皆曰神 有天下者祭百神 諸侯在其地則祭之 亡其地則不祭 大凡生於天地之間者皆曰命 其萬物死皆曰折

---

51 『시경 · 문왕지습(文王之什)』
52 『서경 · 순전(舜傳)』
53 『주역 · 대유(大有)』
54 『춘추 · 좌전(左傳)』선공(宣公) 15년.
55 『예기 · 악기(樂記)』

人死曰鬼 此五代之所不變也)⁵⁶라고 말하고 있다. 물론 오대라고 하는 것은 당(唐), 우(虞), 하(夏), 상(商), 주(周)나라를 일컫는다. 중국에서의 귀신숭배는 그만큼 오랜 역사를 지니고 있었음을 볼 수 있다. 사실 유가가 귀신을 숭배한 것은 유가 안에 오경이 있었기 때문이 아닐까? 오경 가운데 천명과 귀신에 대한 사상들이 깔려 있으며, 그러한 사상들로 말미암아 유학자들은 영향을 받지 않을 수 없었고, 점차적으로 시대가 흘러감에 따라 어느 정도 종교적 요소를 소유할 수 있게 되었다고 보아야 할 것이다. 결국 공자나 오경 등에서 귀신에 대하여 거론된 모든 것들이 유가의 귀신관념의 기조사상이 아니겠는가? 『예기(禮記)』에도 말하기를, "뼈와 살이 흙으로 되돌아가는 것을 명(命)이다. 만일 혼기(魂氣)라면 가지 못하는 곳이 없다"(骨肉歸復于土 命也 若魂氣則無不之也 無不之也)⁵⁷라고 한다거나, "모든 생명은 반드시 죽어야 하고, 죽으면 반드시 흙으로 돌아가야 하는데, 이것을 일러서 귀라고 한다. 뼈와 살은 아래로 넘어지고, 음은 들의 흙이 된다. 그 기는 위로 솟아 올라가서 환한 밝음이 되고, 냄새와 솟아나는 기운과 사람들을 슬프게 하는 것들이 바로 만물의 정기이며, 신의 나타남이다"(衆生必死 死必歸土 此之謂鬼 骨肉斃于下 陰爲野土 其氣發揚于上 爲昭明 焄蒿悽愴 此百物之精也 神之著也)⁵⁸라고 한 것은 가톨릭 사상과 일정 정도 닮아 있다고도 볼 수 있을 것이다.

---

56 『예기·제법(祭法)』
57 『예기·단궁하(檀弓下)』
58 『예기·제의(祭義)』

그럼에도 불구하고, 유가에서도 무신론적 태도를 견지하는 사람들은 있다. 물론 어떤 의미에서 정주학자들도 무신론에 해당한다고 볼수는 있지만 그러나 엄격히 말해서 무신론자들은 아니다. 그들에게 귀신은 음양으로서의 귀신, 신령으로서의 귀신, 제사의 대상으로서의 귀신으로 구분된다. 주희는 귀신의 신령세계를 부정하지 않으면서, 그들의 신앙과 의례를 정통적 유교의 국가의례 질서 속에 수렴시키고자 노력하였다[59]고 볼 수 있다. 그렇지만 순자(荀子, BC 298-238), 왕충(王充, 27-97), 범진(范縝, 450-510) 등은 철저하게 무신론을 견지하고 있었다. 순자는 우선 귀신의 존재에 대하여 논하려고 하지 않았던 공자의 태도를 따르지 않고, 오히려 귀신에 대하여 자신의 확고부동한 논지를 전개한다. 그는, 귀신은 결코 존재하지 않으며, 단지 백성들이 우매하여 그것을 믿었을 뿐이고, 종교제사는 종교적인 의미가 없지만, 사회문화적 가치를 지니고 있기 때문에 보유해야 할 필요가 있다고 생각하였다. 그래서 그는 말하기를, "군자에게 있어서 사람의 도리로 여겨지는 것이 백성에게 있어서는 귀신의 일로 여겨진다"(其在君子以爲人道也 其在百姓以爲鬼事也)[60]라고 하였다. 뿐만 아니라 왕충은 순자보다도 한걸음 더 나아가서 말하기를, "제사에는 아무런 귀신이 없다"(祭祀無鬼神)[61]느니, 혹은 "사람이 죽어서 귀신이 되는 것이 아니며, 알 수 없지만 사람을 해칠 수는 없다"(人死不爲鬼 無知 不能害人)[62]

---

59 이용주, 『주희의 문화 이데올로기』, 이학사, 2003년, 215-246쪽 참조.
60 『순자·예론(禮論)』
61 『논형(論衡)·해제(解除)』
62 『논형·논사(論死)』

라고 한다. 즉 사람의 생명은 단지 기화(氣化)의 일시적 형태일 뿐이고, 살아 있을 때는 원기(元氣)로 된 적이 없으며, 잘 알 수는 없지만, 이미 죽었으면 원기로 돌아가는데, 이 또한 알 수 없기 때문에 "귀신은 음양의 이름이다"(鬼神 陰陽之名也)[63]라고 하였다.

이렇게만 놓고 본다면 유가의 무신론은 후대에 정주학파들이 일정 정도 계승하였고, 멀리로는 명나라의 왕정상(王廷相, 1474-1544)이나 청나라의 웅백룡(熊伯龍, 1617-1669)과 같은 이들도 계승해 왔다고 말할 수 있을 것이다.

이와는 반대로 전한(前漢)시대 동중서(董仲舒, BC 170-120) 같은 사람은 철저하게 유가의 유신론(有神論)을 옹호하고 확장한 사람들의 대표자라고 할 만하다. 잘 아시다시피 이 사람은 하늘을 받들고 섬기며 제사를 중시하였던 인물이다. 그는 말하기를, "하늘이란 모든 신의 대군이다"(天也者 百神之大君)[64]라고 하였고, 또 천자는 하늘로부터 명을 받았으며, 앙화(殃禍)란 하늘의 견책이고, 기이한 현상이란 하늘의 위엄이며, 조상에게 드리는 제사는 공손하고 깨끗함을 다하는 도(道)로써 지존(至尊)을 접대하기 때문에 귀신이 그것을 누릴 수 있다[65]고 생각하였다. 이렇게 볼 때, 동중서는 유가 철학자라기보다는 신학자(神學者)라고 부르는 편이 더 나을 것 같기도 하다. 그렇지만 그의 유신론적인 관념 혹은 신학적 사상은 역사 안에서 주류가 된 적은 한 번도

---

63 같은 책, 같은 곳.
64 『춘추번로(春秋繁露)・교제(郊祭)』
65 『춘추번로』에서 『순명(順命)』과 『필인차지(必仁且知)』와 『제의(祭儀)』를 각각 참고하시오.

없었다. 그것은 그의 사상이 당시에만 반짝하고 꽃을 피웠을 뿐, 사상을 계승할 걸출한 후학들이 나타나지 않았기 때문이다. 더욱이 역사를 거듭하여 내려오면서 현대에까지 영향을 미칠 송나라 유학자(정주학파)들이 주류로 등장하면서, 귀신은 육경(六經)에 어긋나기 때문에 신령스런 존재로 생각하지 않은 탓도 작용했다. 그렇다고 하여 동중서의 사상을 잇는 후학들이 역사 안에 전혀 등장하지 않은 것은 아니다. 그의 유신론은 이후 청나라 유학자 위원(魏源, 1794-1857)과 캉유웨이(康有爲, 1858-1927) 등에 의해 명맥을 유지하게 된다. 이들은 신도(神道)를 신앙할 것을 주장하였는데, 특히 캉유웨이는 유학을 종교화하려고 노력하였으며, 공자학(孔子學)을 인도교(人道敎)로 여겼고, 유학을 전통적 종교신앙 및 귀신숭배와 결합을 시도하려고 하였다. 어찌되었든 동중서는 유학을 신학 내지는 종교학으로 끌어올리려고 하였으며, 캉유웨이는 유학의 종교적 성격을 통하여 새로운 종교제도를 확립하려고 노력하였지만, 모두 유학의 본질인 인본주의에 가로막혀 빛을 보지는 못했다. 하지만 그들의 노력들이 모두 수포로 돌아간 것은 아니었다. 왜냐하면 인본주의를 표방하는 유가이지만 과거에도 그러하였듯이 오늘날에도 여전히 유가에서는 귀신의 존재를 인정하고 동시에 천지신명이나 조상들에게 제사를 지내고 있기 때문이다.

어떻게 보면 이것은, 유가의 유신론적 성격과 무신론적 성격의 충돌과 융합이고, 선진유학과 신유학의 충돌과 융합이며, 더 나아가서는 유학의 근본이념과 민중적 신앙 사이의 갈등 내지는 긴장과 봉합이라고 볼 수 있다. 유가는 전통적인 귀신관념을 개조시켜 왔으며,

그 종교적 신비성을 희석시키고, 이성과 문화적 의미만을 증강시켰다. 이것은 유가의 인문주의적 종교관과 일치한다. 주류파는 귀신에 대하여 공경은 하되 빠져들지는 않았고, 보존은 하되 믿는 태도는 아니었다. 그러므로 유가전통 안에서는 확고부동한 유신론자나 무신론자들은 소수에 불과할 뿐이고, 실제로 대다수 유학자들은 주류파가 취한 태도 안에서 그들의 견해를[66] 어느 정도 가늠해 볼 수 있을 것이다.

이에 비하여, 가톨릭에서 유가사상과 같은 의미에서의 귀신관은 한마디로 '없다'라고 해야 옳을 것이다. 사실 가톨릭에서의 귀신은 '마귀'나 '악령'을 의미한다. 사람이 죽어서 귀신으로 변하지는 않는다는 뜻이다. 그러니 사람은 귀신으로 될 수가 없다. 사람은 다른 천지만물과 더불어 하느님으로부터 창조될 때, 하느님께서 보시니 '참 좋았다'(창세 1장 참조)고 말씀하신 대로 결코 귀신으로 창조되지 않았다. 인간이란 영혼과 육신으로 이루어진 존재이긴 하지만, 죽어서 육신은 썩고 영혼만이 홀로 남아 있는 것이 아니라 영혼과 육신이 동시에 죽고 부활하는 것이다. 육신 없는 영혼은 귀신이고 영혼 없는 육신은 그야말로 시체일 뿐이기 때문이다. 그러니 유가에서 말하는 '귀신'과는 성격이 다르다고 말할 수밖에 없다.

가톨릭에서 말하는 마귀나 악령은 인간존재와는 다른 천사들처럼 영(靈)의 존재라고 말해야 한다. 그러나 엄밀한 의미에서 마귀나 악령

---

66 이상은 『중국유학백과전서(中國儒學百科全書)』 편찬위원회에서 1997년에 편찬한 『중국유학백과전서』에 나오는 〈유가종교관(儒家宗教觀)〉 가운데 92-94쪽 "귀신관"(鬼神觀)을 번역하여 참고한 것이다. 이해가 더 필요하면 이 백과전서를 살펴보는 것이 좋겠다.

은 실체(實體)가 별도로 존재하는 것이 아니다. 그저 '상태'개념으로 알아들어야 한다. 『구약성경』에서는 마귀나 악령을 죄로 말미암아 발생되었다고 보고 있으며, 죄는 인간의 교만으로부터 출발한다(창세 3,1 참조)고 하였다. 따라서 마귀는 인간 속에 자리하고, 하느님의 일을 반대하거나 방해하며, 세상을 통치하려든다. 뿐만 아니라 악인을 조종하고, 하느님을 사칭하며, 인간을 모함하거나 인간을 유혹하기도 한다. 이들에게는 진리가 없고, 기만과 죄악으로 가득 찼으며, 자기 형제자매를 사랑하지 않고 인간에게 올무를 놓기도 한다. 결국 마귀나 악령은 하느님과 인간 사이, 인간과 인간 사이, 인간과 자연 사이를 갈라놓거나 훼방하며 이간질하는 상태를 말하는 것이다. 이런 의미에서 가톨릭과 동아시아 전통에서 보이는 다양한 귀신들과는 그 존재양태부터 사뭇 다르다 할 것이다.

가톨릭에서의 귀신은 철저하게 인간을 악의 구렁텅이로 빠트리는 데 충실하지만, 동아시아의 귀신은 가끔씩 인간에게 유리하도록 도와주기도 한다. 그러나 동아시아 전통에서의 귀신사상이 가톨릭의 귀신사상과 완전히 이질적인 요소만을 갖고 있는 아니다. 어떤 경우에는 유사한 부분도 있다. 조상이 죽어서 귀신이 된다는 것만을 제외하면, 귀신의 실체는 '기'(氣)의 움직임(활동)의 다름 아니다. '기'는 보이지 않는 영의 존재로 대변할 수 있기 때문이다.

오늘은 예수께서 죽으시고 묻히셨으며 3일 만에 부활하심을 경축하는 예수부활대축일이다. 이 땅에 여러 가지 이율로 고단하게 살다가 떠난 모든 영혼들이 예수님의 은총에 힘입어 모두 부활한 삶을 영위하시길 기도 드린다. 지금 산천엔 꽃이 피고 있고 계곡엔 물이 흐른다. 그리고, 계절은 인간들의 뜻하고는 상관없이 부활하신 그분의 뜻에 따라 돌아가고 있음에 다소 위안을 삼고 그분께 희망을 걸어본다. 아무쪼록 서글픈 이 시대에 다들 몸이나 건강하시기를 소망한다.(2008년 3월 하순 예수부활대축일에)

열일곱

효성스러움을 크게 키워라(大孝)

공자께서 말씀하시기를, "순 임금이야말로 대효이다. 덕스러움으로는 성인이시고, 높기로는 천자가 되시며, 부유함으로는 사해의 안을 소유하고 계시고, 종묘에서 그것을 흠향하시며, 자손들이 그것을 보전하였다"라고 말씀하셨습니다. 그러므로 덕스러움을 크게 하면, 반드시 그 자리를 얻게 되고, 반드시 그 녹봉을 얻게 되며, 반드시 그 이름을 얻게 되고, 반드시 그 장수(長壽)를 얻게 됩니다. 그러므로 하늘이 만물을 내시면, 반드시 그 재질에 따라서 거기에 두텁게 해 주고요. 그러므로 심은 것은 북돋아주고, 기울어진 것은 엎어버리시지요. 『시경·대아·가락(假樂)』에서 말하기를, "훌륭한 군자는 덕스러움을 밝고 환하게 드러나게 하는구나. 백성들에게 알맞게 하고 사람들에게 알맞게 해 주는구나. 하늘에서 녹을 받으셨기에 하느님께서 보우하시어 그에 명하셨으니, 하늘로부터 그 덕스러움을 펼치시는구나"라고 하였습니다. 그러므로 덕스러움을 크게 키워가는 자는 반드시 하늘의 명을 받습니다(子曰 舜其大孝也 與 德爲聖人 尊爲天子 富有四海之內 宗廟饗之 子孫保之 故大德 必得其位 必得其 祿 必得其名 必得其壽 故天之生物 必因其材而篤焉 故栽者 培之 傾者 覆之 詩曰 嘉樂君子 憲憲令德 宜民宜人 受祿于天 保佑命之 自天申之 故大德者 必受命).

여보게 아우, 그동안 내가 게을러서 소식을 전하지 못하고 벌써 이렇게 세월이 훌쩍 지나가버리고 말았구나. 어느덧 무자년(戊子年, 2008)은 지나가고, 오늘은 기축년(己丑年, 2009) 1월 1일, 새해 첫날이네. 여느 때처럼 그렇게 또 새해가 밝아 왔구나. 돌이켜 보면, 지난 무자년은 그야말로 무자비한 한 해였던 것 같다. 세계경제가 공황상태로 빠져들고, 일반 서민들은 직장에서 쫓겨나 거리로 내몰려 살림살이는 말할 수 없을 정도로 궁핍해져가고, 따라서 인간관계마저 파괴되어가고 있는 듯하구나.

어떤 사람들은 말하더구나. '그동안 경제, 돈타령을 해대던 국민들이 결국 도덕성과 진실성을 외면한 채 사기술과 허황된 꿈과 불의한 것들을 선택한 결과이기 때문에 국민들이 제정신을 차릴 때까지 아직도 더 많이 당해봐야 한다'라고 말이다. 불과 1년 사이에 모든 것이 뒤바뀌어졌으니, 혹독하고 참혹하기가 이를 데가 없어 보인다. 지금부터 꼭 420년 전이었던가? 기축옥사(己丑獄事)라는 역사적 사건이 불현듯이 머리에 떠오르는구나.

조선의 역사는 처음부터 피 흘림으로 출발하여 피 흘림 속에서 지내다가 결국 피 흘림으로 끝을 맺는 '피의 역사'이지. 1388년(우왕 14년)

당시 요동(遼東)반도를 공략하기 위하여 출정하였던 이성계(李成桂, 1335-1408) 등이 이끌던 고려의 군대는 위화도(威化島)에서 회군(回軍)하여 고려왕을 내쫓고 최영(崔瑩, 1316-1388)장군 등을 감금하고 유배를 보낸 뒤 정권을 장악하여 본격적으로 조선왕조 창건의 기반을 닦기 시작하였다. 그렇게 피를 뿌리면서 잡은 정권은 또한 자신들의 정권연장을 위하여 계속해서 피를 불러오게 되어 있다는 것이 역사의 진실인 모양이다. 결국 1567년 선조의 즉위로 사림(士林)세력들이 득세를 하였고, 이 사림들은 1582년 경기서인과 영호남 동인으로 붕당을 짓더니, 급기야는 서인이 세력을 잡고 반대파를 축출하였다네. 이에 동인 편에 서 있던 정여립(鄭汝立, 1546-1589) 등이 '대동계'(大同契)를 결성하여 1589년 기축년에 봉기를 했지만 결과적으로 실패하면서 수많은 사람들이 이에 연루되어 피를 흘렸다고 하더군. 이 사건으로 말미암아 동인의 세력은 약해지고, 호남인들의 등용이 제한되었지. 이 사건을 두고 후대 역사가들은, 정여립이 모반한 것이 아니라, 전적으로 당시 권력을 거머쥐고 있었던 정철(鄭澈, 1536-1593) 등 서인세력의 모함으로 이루어진 사건이라고 하였다네. 이 사건으로 당시 조선 사회는 임진왜란이라는 엄청난 국난을 초래하고 말았다네.

이제 정해년(2007)부터 시작하여 무자년(2008)을 거쳐 새해까지도 여전히 거대 권력가들의 무소불위(無所不爲)의 힘의 논리에 서민들의 피는 그칠 줄 모르고 있는 듯하구나. 문제는 힘없는 서민들에게도 일정 정도 책임이 있다는 것이다. 다수의 대중들은 무엇이 옳고 그른 것인지 스스로 판단하지 않고 오로지 힘 있는 자의 논리에 자신들의 운명을 내어맡기고 있는 듯이 보이기 때문이란다. 더욱이 국민 개개인 스스로가 이 나라의 주인인데, 주인행세를 제대로 할 줄 모르니 그 또한 고스란히 국민 스스로의 책임이 아니겠는가?

여보게 아우, 어찌하다 보니, 안부를 묻는다는 게 그만 엉뚱한 쪽으로 흘러갔구나. 어머니는 잘 계시는가? 그리고 제수씨나 조카들도 잘 있겠지? 사실 자네나 나는 아직 젊지 않은가? 젊은 놈이야 세상이 어떻게 되어도 충분히 헤쳐 나갈 수 있는 힘이 있지만, 연로해서 자꾸만 쇠약해지시는 어머니야 어디 우리와 같은가? 나를 대신하여 아침저녁으로 어머니를 잘 살펴주게나. 나는 자네의 형으로서, 그리고 집안의 장남으로서 이렇게 집안의 모든 일을 자네에게 맡기고 훌쩍 떠나온 게 몹시도 마음에 걸린다네. 특히 어머니를 잘 모시지 못하고 사제의 길을 간답시고 어머니께 전화 한 통 제대로 걸어드리지 못하니, 자네를 볼 면목이 없네 그려. 효도는 말로만 하는 것이 아니라 온 몸으로 부모님을 모셔야 할 자식으로서의 도리인데, 그 도리도 제대로 다 하지 못하니 참으로 부끄럽기 짝이 없네 그려.

공자께서는 틈만 나면 효성의 본보기로서 '순 임금'을 거론하고, 순 임금을 거론할 때면 반드시 '대효'(大孝)라고 칭하시고 계시더구나. 사실 자네도 알다시피 순 임금의 부모와 집안은 참으로 부끄러운 집안이었다네. 순 임금에 앞서 요 임금이 만년에 이르러 "누가 내 정사를 계승할 수 있을꼬?"라고 하면서 문무백관들에게 묻자, 마침내 문무백관들은 순(舜)을 천거하면서, "아비는 도덕이란 전혀 모르는 자이고, 어미는 남을 잘 헐뜯는 자이며, 동생은 교만하지만, 그는 효성을 다함으로써 그들과 화목하게 지내고, 그들을 점점 착해지게 하여 나쁜 일을 하지 않도록 만들었습니다"[67]라고 하였다지. 물론 요 임금은 순에게 왕위를 승계해 주기에 앞서 여러 가지 방법으로 그를 시험해 보았다. 아마도 그가 자기의 대업을 승계할 만한 인물인가 아닌가를 따져보아야 하지 않았겠는가? 요 임금이 제시한 여러 가지 시험에도 불구하고, 순의 일상생활은 여전히 한결같았다고 한다. 그는 중국의 기주(冀州, 지금의 산서성)사람으로서 역산(歷山)에서 농사를 지었고, 뇌택(雷澤)에서 고기를 잡았으며, 하빈(河濱)에서 도자기를 만들고, 또한 수구(壽丘)에서는 일용기구를 만들었으며, 틈이 나면 부하(負夏)로 내려가서 장사를 하였다고[68] 한다. 이 이야기는 어찌 보면 그가 매우 부지런하고 성실한 사람이었다는 것을 대변해 주고 있다는 것이 아닐까? 또 "순은 스물에 효성이 지극하다고 소문이 났고, 서른 살 때에는 요가 등용할 만한 사람이 있느냐고 묻자 사악(四嶽)이 입을 모아 우순(虞舜)을 추천하여 요가 좋다고 승낙했다"[69]고 하였다네. 그래서 효성 지극하고 성실한 순이 왕위를 이어 받게 되었다네.

  순 임금의 아버지는 맹인이었고, 도덕이란 전혀 모르는 자이고, 어머니는 남을 잘 헐뜯는 자이며, 동생은 교만하였지만, 순은 효성을 다함으로써 그들과 화목하게 지내고 그들을 점점 착해지게 하여 나쁜 일을 하지 않도록 만들었다고 하지. 이에 요 임금은 자기 두 딸을

---

67 같은 책, 13쪽.
68 같은 책, 19쪽.
69 같은 책, 같은 곳.

그에게 시집보내고, 또 이어 아홉 아들을 보내어 그의 일거수일투족을 시험해 보았다네. 순은 농사를 짓고 고기를 잡으며 도자기를 구워내고, 일상생활 용기들을 만들어내면서도 스스로는 언제나 주도면밀하고, 공손하며, 날이 갈수록 효성이 지극하다는 소문이 인근으로 퍼져나갔지. 후에 그 가정은 물론이고, 그를 시험하던 사람들과 그 집안을 욕하던 인근의 마을사람들은 한결같이 그의 덕성에 감동하게 되고 모두가 그를 거울로 삼아 새로운 삶으로 변화되기에 이르렀다고 하네. 물론 그는 요 임금의 뒤를 임금의 자리에 앉았으며, 그가 나라를 돌보던 당시 세상은 태평성대를 이루었다[70]고 전한다네.

　『중용』의 저자는 이러한 순 임금을 덕이 가득 찬 성인으로 받들고 있지. 그러면서 말하기를, "그러므로 덕스러움을 크게 하면, 반드시 그 자리를 얻게 되고, 반드시 그 녹봉을 얻게 되며, 반드시 그 이름을 얻게 되고, 반드시 그 장수(長壽)를 얻게 된다. 그러므로 하늘이 만물을 내시면, 반드시 그 재질에 따라서 거기에 두텁게 해 준다. 그러므로 심은 것은 북돋아주고, 기울어진 것은 엎어버리신다"라고 하는구나. 이 말을 뒤집어 새겨보면, 역사적으로 덕스러움을 갖추지 못한 지도자들, 특히 부모에게 불경을 저지른 자식들은 결국 커서 나라의 지도자가 되더라도, 나라를 말아먹고, 백성들을 피곤하게 만들며, 끝에 가서는 자신의 몸뚱아리 하나조차도 건사하지 못하는 역사의 패륜아가 되고 만다는 진리를 알게 해 주는 말씀이 아니겠는가?

---

70 같은 책, 15-26쪽.

예수께서도 부모와 함께 나자렛에서 부모에게 순종하며 지냈다(루카 2,51 참조)고 하지. 후에 예수께서는 세상을 향하여 출사표를 던지실 때, 당신이 자라나신 나자렛 회당에서 이사야서 61장 1-2절의 내용인 "주님께서 나에게 기름을 부어주시니, 주님의 영이 내 위에 내리셨다. 주님께서 나를 보내시어 가난한 이들에게 기쁜 소식을 전하고 잡혀간 이들에게 해방을 선포하며 눈먼 이들을 다시 보게 하고 억압받는 이들을 해방시켜 내보내며 주님의 은혜로운 해를 선포하게 하셨다(루카 4,18-19)"라고 하면서 지상에서의 당신의 삶의 지표를 당당하게 선포하셨지. 군자가 덕스러움을 크게 한다는 것, 즉 모름지기 대덕자(大德者)는 자신의 안위보다는 다른 사람의 안위, 백성들의 안위를 더 걱정하여 자신이 가진 모든 것을 자기보다 어려운 처지의 사람들에게 내어 놓는 자가 아닐까?

사랑하는 아우, 지난 연말부터 국회는 '민생'(民生)이라는 구호를 내걸면서 이른바 민생하고 거리가 먼 'MB악법'(惡法)을 둘러싸고 첨예한 대립을 자행하는 가운데, 우리는 기축년 새해를 맞이하였지. 정치인들의 짓거리라는 것이 입으로는 '민생'이야기를 하면서도 실제 행동으로는 자신들의 안위만 걱정하는 것이 아니던가? 어떤 사람은 나에게 "정치적인 놀음에 너무 일희일비(一喜一悲)하는 것 아니냐?"라고 말하지만, 예수 그리스도를 주님으로 모시고 살아가는 우리는 무엇이 정치적이고 무엇이 종교적이냐를 구별하고 따져서 굳이 대처하고 싶지 않다. 모두가 다 인간의 문제이고 모두가 다 삶의 문제가 아니겠는가? 세상에 살면서 다른 사람들에게 덕스러움을 펼치는 일은 마땅히 하늘의 명에 힘입어야만 가능한 것이겠지?

『시경·대아·가락(假樂)』에서 말하기를, "훌륭한 군자는 덕스러움을 밝고 환하게 드러나게 하는구나. 백성들에게 알맞게 하고 사람들에게 알맞게 해 주는구나. 하늘에서 녹을 받으셨기에 하느님께서 보우하시어 그에 명하셨으니, 하늘로부터 그 덕스러움을 펼치시는구나"라고 작가가 노래하고 있다. 이보게, 하늘로부터 덕스러움을 받았다는 것은 결코 한 인간이 잘 나서 받은 것이 아니라, 하늘이 그를 통하여 그 뜻을 세상 사람들에게 펼치시기 위함이 아니겠는가? 그렇다면 인간은 하늘의 도구에 불과한 것이지. 그런데도 그 인간은 자기가 잘 나서 위대한 일을 한다고 생각하고 있으니, 실로 '인생무상'(人生無常)이라는 기초적인 진리도 모르는 한심한 노릇이 아닐 수 없구나.

예수께서 "누구든지 자신을 높이는 이는 낮아지고 자신을 낮추는 이는 높아질 것이다"(루카 18,14)라고 하신 말씀이 곧 군자의 삶과 통하는 것이 아닐까 생각한다. 예로부터 군자는 곧 성인(聖人)이기 때문에 그렇다. 세례자 요한은 그의 제자들이 "스승님, 요르단 강 건너편에서 스승님과 함께 계시던 분, 스승님께서 증언하신 분, 바로 그분이 세례를 주시는데 사람들이 모두 그분께 가고 있습니다"(요한 3,26)라고 하자, 그는 대답하기를, "하늘로부터 주어지지 않으면 사람은 아무것도 받을 수 없다"(요한 3,27)라고 하였다. 또 그는 더 나아가서 말하기를, "그의 목소리를 듣게 되면 크게 기뻐한다. 내 기쁨도 그렇게 충만하다. 그분은 커지셔야 하고 나는 작아져야 한다"(요한 3,29-30)라고 하면서 오히려 자신의 겸손을 제자들에게 보여 준다. 말하자면 세례자

요한은 자신의 처지, 자신이 있어야 할 자리, 자신이 해야 할 도리를 제대로 알고 그렇게 처신하고 있는 것이지.

  소한(小寒)이 지났는데도 여전히 날씨가 차구나. 옛말에 '대한(大寒)이가 소한이 집에 놀러왔다가 얼어 죽었다'라는 말이 있듯이 소한과 대한 사이의 날씨는 춥기가 참으로 매섭다. 이제 새해가 다시 시작되었으니, 지난해 어렵고 힘들었던 것들은 모두 내려놓고, 아니 거울로 삼아 새롭게 시작하자꾸나. 힘차게 당당하게 주어진 일들을 하면서 앞을 향해 걸어가자꾸나. 그리고 바로 곁에 살고계시는 어머니께도 지금보다 더 자주 찾아 뵙거라. 이 못난 형은 자네에게 큰 짐을 지게 한 것 같아 늘 마음이 무겁구나. 올 새해에는 나도 자주 어머니께 안부 전해 드리고 또 내게 맡겨진 일들을 충실히 하마. 자기에게 맡겨진 일을 충실하게 해내는 것도 어머니께 힘이 되는 일이지. 효도라는 게 별것이 아니라 바로 어머니의 마음을 기쁘게 해 드리고 또 아프지 않게 해 드리는 것이 아닐까 생각한단다. 올 새해에도 자네가 하는 일이 잘 되고, 자네의 가정에 화목이 깃들기를 주님께 기도하겠네. 또 보세.(2009년 1월 1일 새해에)

열여덟

걱정을 없애라(無憂)

공자께서 말씀하시길, "아무런 근심 없이 지내는 자는 오직 문왕뿐이로구나. 왕계를 아비로 삼고, 무왕을 자식으로 삼았으니, 아비가 일으키고 자식이 그것을 이어나갔다. 무왕은 태왕과 왕계와 문왕의 위업을 이어 갔으며, 한번 전투복을 입으면 천하를 소유하게 되고, 몸은 천하에 드러난 명성을 잃어버리지 않았으며, 높기로는 천자가 되고, 부유하기로는 사해의 안을 소유하게 되어 그것을 종묘에 흠향하고, 자손을 보전하였지. 무왕은 끝에 가서 천명을 받았으며, 주공은 문왕의 덕스러움을 이루어 태왕과 왕계를 왕으로 추숭하였고, 위로는 앞선 분들에게 천자의 예로써 제사지냈다. 이 예란, 제후와 대부 및 선비와 일반백성에게까지 통용되었다네. 아비가 대부가 되고 자식이 선비라 하면, 장례는 대부의 예로써 지내고 제사는 선비의 예로써 지낸다. 아비가 선비가 되고 자식이 대부라 하면, 장례는 선비의 예로써 지내고, 제사는 대부의 예로써 지내며, 기년상(期之喪)은 대부에게까지만 통용된다. 삼년상(三年之喪)은 천자에게만 해당하지만, 부모상(父母之喪)은 귀천에 관계없이 하나로 하였다"라고 하셨지요(子曰 無憂者 其惟文王乎 以王季爲父 以武王爲子 父作之 子述之 武王 纘太王王季文王之緒 壹戎衣而有天下 身不失天下之顯名 尊爲天子 富有四海之內 宗廟饗之 子孫保之 武王 末受命 周公 成文武之德 追王泰王王季 上祀先公以天子之禮 斯禮也 達乎諸候 大夫及士庶人 父爲大夫 子爲士 葬以大夫 祭以士 父爲士 子爲大夫 葬以士 祭以大夫 期之喪 達乎大夫 三年之喪 達乎天子 父母之喪 無貴賤一也).

기축년 세모(歲暮)다. 설날이 며칠 남지 않았다는 말씀이다. 나는 지금쯤 바랑하나 걸머메고 남쪽의 진해를 지나 마산 쪽으로 국토해안선을 따라 하염없이 국토해안선을 걷고 있을 어느 노(老) 선배를 생각한다. 지난번 전화 속에서, 비록 우리나라 해안선을 따라 추운 겨울을 택하여 걷고 있지만 이번 설에는 그래도 집에서 지내야 되지 않겠냐? 라는 그 말씀에 전적으로 동감을 표시하였다. '암요! 걷다가 지치시면 집으로 돌아오셔서 재충전하여 다시 떠나셔야지요. 더더구나 우리민족의 고유명절인 설날을 차가운 길거리에서 보낸다는 것은 좀 그렇지 않을까요?' 물론 선배님께서는 종종 "날이라는 것이 뭐 그리 중요하냐? 살다보면 다 지나가고 마는 걸!"이라고 말씀하시곤 하셨다. 그렇지만 사람에게 있어서 '날'과 '때'는 참으로 중요하다고 본다. 우리네 인생에 있어서 날이 없다면 '날마다'라는 말도 없을 것이고, '밤'도 없을 것이며, 그렇게 되면 우리네 삶의 의미라는 것은 생각해 볼 겨를도 없어지고 말테니까.

　오늘 새벽 야음을 틈타 정부는 경찰특공대원들을 동원하여 서울 용산에 있는 철거지역을 급습하고 철거민들을 내쫓았다. 그 과정에서 철거민들이 다섯 명, 경찰이 한 명 불에 타 죽었다. 경찰은 진압과정에서 빚어진 우발적 사고라지만, 이 추운 겨울에 가난한 서민들이 어디에 가서 살라고 내쫓는 것인지 이해가 되질 않는다. 그들은 힘없는 사람들인데 국가는 국민의 생명과 재산을 보호해 줄 의무가 있는 것이 아니던가? 그런데 자신들을 보호해 주어야 할 정부에 의해서 무참히 살해당하고 말았다. 법과 경제만을 숭상하던 대통령이 급기야 자기 국민들마저 살해한 것이다.

　예로부터 국민을 협박하고 위협하는 지도자는 지도자 자격이 없을 뿐만 아니라, 그의 통치행위도 끝에 가서는 그 결말이 좋지 않다고 하였다. 이는 역사가 증명해 주는 일이다. 지금의 집권계층은 처음부터 서민들을 안중에 두지 않았던 것 같다. 그저 달콤한 말로 역사의 정통성을 운운하면서 백성들을 잘 살게 해 주겠다고 유혹하여 정권을 잡은 자들이기 때문이다. 물론 국민들이 그들을 선택하였기 때문에 할 말은 없지만, 국민은 원래 대중이니까 그들의 달콤한 유혹에 그저 넘어 갔고, 속은 것일 뿐이다. 사실 지금의 정권은 태생부터가 국민을 종으로 부려먹으려는 못된 심보를 가지고 출발하였다. 사실 역사를 운운하면서 정통성을 논할 자격조차 없는 자들이 그들이다.

　사람들은 '이어간다' 혹은 '계승하다'라는 것에 상당한 애착을 갖고 있다. 아니 미덕(美德)으로 여기는 것 같다. 특히 아비의 모든 것을 자식이 이어가야 한다는 것은 더더욱 그렇다. 그래서 아마도 '세대'(世代)라는 말이 생겼는지도 모르겠다. 자식이 아비의 대(代)를 이어간다는 점에서는 '가'(家)를 중시 여기는 동양사회는 물론이고 서양사회에서도 예외는 아니다. 이어간다는 것은 그저 한 가정사(家庭之事)에만 국한되는 것은 아닌 듯하다. 적자(嫡子)나 서자(庶子) 등의 집안일을 넘어서서 사회 안에서도 정통(正統)이나 법통(法統), 학통(學統), 심지어는 도통(道統)을 거론하면서 그 나름대로의 세대를 이어간다.

 공자는 문왕의 예를 들어 말씀하시길, "아무런 근심 없이 지내는 자는 오직 문왕뿐이로구나. 왕계를 아비로 삼고, 무왕을 자식으로 삼았으니, 아비가 일으키고 자식이 그것을 이어나갔다. 무왕은 태왕과 왕계와 문왕의 위업을 이어 갔으며, 한번 전투복을 입으면 천하를 소유하게 되고, 몸은 천하에 드러난 명성을 잃어버리지 않았으며, 높기로는 천자가 되고, 부유하기로는 사해의 안을 소유하게 되어 그것을 종묘에 흠향하고, 자손을 보전하였다"라고 한다. 문왕이 천자로서 명성을 세상에 떨친 것은 아비로부터 내려오는 법통을 잘 계승하여 아래로 내려 보냈다는 것 아니겠는가? 그는 또 말씀하시기를, "무왕은 끝에 가서 천명을 받았으며, 주공은 문왕의 덕스러움을 이루어 태왕과 왕계를 왕으로 추숭하였고, 위로는 앞선 분들에게 천자의 예로써 제사지냈다"라고 함으로써 한 집안의 적통(嫡統) 혹은 대통(大統)뿐 아니라 한 나라의 법통 또한 끝에 가서는 하늘로부터 받아야 하며, 그렇게 천명을 이어받은 사람들은 위로는 하늘과 조상에게 제사 드리고 아래로는 백성들을 잘 돌보아야 차대(次代)를 이어 나아갈 수 있다는 이야기로 들린다.

『구약성경』에서도 이와 같이 하느님의 법통을 이어받은 영도자나 판관들, 그리고 왕들을 소개하고 있다. 또 『신약성경』에는, 예수께서도 세상을 창조하신 하느님이시면서도 사람으로 오신 이상 사람의 혈통과 법통을 이어 받은 완전한 인간으로 묘사하고 있다. "다윗의 자손이시며 아브라함의 자손이신 예수 그리스도의 족보. 아브라함은 이사악을 낳고 이사악은 야곱을 낳았으며 […] 다윗은 우리야의 아내에게서 솔로몬을 낳고 […] 야곱은 마리아의 남편 요셉을 낳았는데, 마리아에게서 그리스도라고 불리는 예수님께서 태어나셨다"(마태 1,1-2.6.16). 이렇게 사람으로 오신 예수께서는 당신 친히 사람들을 뽑아 제자들로 삼으시고 당신의 법통을 물려주셨다. 예수께서는 특별히 베드로에게 말씀하시기를, "나 또한 너에게 말한다. 너는 베드로이다. 내가 이 반석 위에 내 교회를 세울 터인 즉, 저승의 세력도 그것을 이기지 못할 것이다. 또 나는 너에게 하늘 나라의 열쇠를 주겠다. 그러니 네가 무엇이든지 땅에서 매면 하늘에서도 매일 것이고, 네가 무엇이든지 땅에서 풀면 하늘에서도 풀릴 것이다"(마태 16,18-19)라고 하셨다. 이렇게 예수께서 제자들에게 당신의 법통을 이어주시는 징후는 여러 곳에서 찾아볼 수 있다. 예수께서 죽으시고 묻히시고 부활하신 다음 제자들이 모두 모인 가운데 발현하시어, "평화가 너희와 함께! 아버지께서 나를 보내신 것처럼 나도 너희를 보낸다"라고 하신 다음 이어서 "성령을 받아라. 너희가 누구의 죄든지 용서해 주면 그가 용서를 받을 것이고, 그대로 두면 그대로 남아 있을 것이다"(요한 20,22-

23)라고 하시면서 용서의 권한까지 물려주셨고, 또 끝에 가서는 "내 양들을 돌보아라"(요한 21,15-17 참조)라고 세 번씩이나 말씀하시면서 "나를 따라라"(요한 21,19)라고 엄숙한 어조로 말씀을 건네신다.

세대의 계승은 곧 후계계승의 다름이 아니다. 한 집안에 있어서 아비를 계승한 자식은 곧 아비의 후계자인 것이다. 예수께서도 당신의 제자들을 뽑으시고 베드로를 후계자로 내세우시어 오늘의 교황 베네딕토 16세까지 내려왔다. 이처럼 세대의 계승은 인간이 사는 곳이면 어느 곳을 막론하고 이루어지고 있는 모양이다. 이러한 계승이 때론 긍정적일 수도 있지만 더러는 부정적인 결과를 초래하여 하여 세상을 슬프게 만들기도 한다. 서강대학교의 김승혜 수녀는 "사실 세대의 계승을 어떤 방법으로 하는가는 한 가정이나 수도공동체 · 회사 · 학교 · 한 국가에 가장 중대한 사건이 아닐 수 없다. 부모는 자식에게 무엇을 어떻게 물려주는가? 생물학적 유전자에서 발생하는 놀랍게도 엇비슷한 얼굴 모습이나 육체적 생명과 질병뿐 아니라 물질적 유산과 가족을 하나의 유대로 묶어주는 기억 · 가치관 · 문화 등 정신 유산이 있다. 계승방법이 자발적이고 자유로울수록 그 내용이 풍부해진다. 가족뿐만 아니라 스승에서 제자로, 선배에서 후배로, 수도회 창설자에서 그 계승자로 이어지는 전통이 있다"[71]라고 말한다. 이 말에 나는 전적으로 공감한다. 특히 "부모는 자식에게 무엇을 물려줄 것인가?"라는 명제는 참으로 중요한 인류의 과제가 아닐 수 없다. 앞선 사람이

---

[71] 김승혜, 『논어의 그리스도교적 이해 · 세대 계승법』, 도서출판 영성생활, 2002년, 185쪽.

뒤따라오는 사람들에게 무엇을 물려주는가에 따라서 주변에 관계되는 사람이든 그렇지 않든 간에 긍정적 혹은 부정적 영향을 끼칠 수밖에 없다는 것이 인간조건이고 또 그것을 인류역사가 잘 증명해 주고 있으니까.

내일이 설날이니까 오늘은 까치설날이다. 예전에 우리나라가 일본에 지배를 받았을 때, 일본은 우리의 고유한 음력 설날을 지워버리고 양력 1월 1일을 설날로 정해버렸다. 그러다가 해방된 후 일본으로부터 자유와 독립을 얻었는데도 불구하고, 그러한 일본이 정해 준 관습을 버리지 못해 양력설을 지내는 사람들이 많았다. 그래서 우리의 고유한 명절을 어떻게 맞이하는 것이 좋을까를 두고도 대립각을 세워서 결국 양력설을 신정(新正), 음력설을 구정(舊正)이라고 정해놓고 어느 것이든 각 가정에서는 알아서 맞이하여 보내라고 했다. 역사적 전통의 단절은 곧 문화의 단절, 법통의 단절, 정통의 단절 등등으로 확대되어 나가기 마련이 아닐까? 그나마 오늘에 와서는 음력설이 우리의 고유한 명절로 자리 잡게 되어 무척 다행이라 생각한다. 아무튼 이번 설에는 모든 갈라지고 찢겨지고 상처받은 우리네 삶들이 모두 치유되었으면 하고 기도를 해 본다.

문득 이 대목의 줄거리와 아무 상관도 없을 법 하지만, 그래도 지금의 시류(時流)와 어느 정도 어울릴 듯하여 여기에 옮겨 적어본다. 노래는 『시경·위풍(魏風)·석서(碩鼠)』에 나오는 것인데 다음과 같다.

큰 쥐여, 큰 쥐여, 우리 기장 먹지마라(碩鼠碩鼠 無食我黍)

삼 년이나 너를 섬겼는데 내 처지를 돌아보지 않는구나(三歲貫女 莫

我肯顧)

떠나 장차 너를 버리고 저 즐거운 땅으로 가리라(逝將去女 適彼樂土)

즐거운 땅이여, 즐거운 땅이여, 거기서 내 머물 곳을 얻으리라(樂土樂土 爰得我所)

큰 쥐여, 큰 쥐여, 우리 보리 먹지마라(碩鼠碩鼠 無食我麥)

삼 년이나 너를 섬겼는데 내 사정을 보아 줄 아무런 덕도 없구나(三歲貫女 莫我肯德)

떠나 장차 너를 버리고 저 즐거운 나라로 가리라(逝將去女 適彼樂國)

즐거운 나라여, 즐거운 나라여, 거기서 나는 다리 뻗을 곳을 얻으리라(樂國樂國 爰得我直)

큰 쥐여, 큰 쥐여, 우리가 키운 싹을 잘라먹지 마라(碩鼠碩鼠 無食我苗)

삼 년이나 너를 섬겼는데 나 위해 아무런 수고조차 하지 않는구나(三歲貫女 莫我肯勞)

떠나 장차 너를 버리고 저 즐거운 들녘으로 가리라(逝將去女 適彼樂郊)

즐거운 들판이여, 즐거운 들판이여, 거기서 누가 끝없이 탄식하리오?(樂郊樂郊 誰之永號)

지금 밖에는 함박눈이 내린다. 사람들은 민족 고유의 명절을 보내기 위해서 바쁘게 이곳저곳으로 이동하고 있다. 비록 탐스러운 눈발이 저렇듯이 보기 좋게 내리고 있지만, 모두들 눈발로 인한 사고 없이 안전하게 저마다 갈 곳에 무사히 도착했으면 좋겠다. 며칠 전부터 조금씩 내리던 눈이 어제부터 시작해서 오늘도 계속 내리고 있다. 저 내리는 눈발처럼 모두가 아름다운 전통만 간직하면서 새로움을 향해 출발했으면 좋겠다. 지금쯤 노 선배께서 집으로 돌아 오셨는지 모르겠다. 내일이 설날인데도 찾아뵙고 세배도 드리지 못해 마음만 동동거리고 있을 뿐이다. 아무런 탈 없이 이번 설날에는 집으로 돌아오셔서 좀 쉬셨으면 좋겠다. 몸도 마음도 건강하시길 하느님께 기도드리면서 멀리서나마 세배를 드려본다. 조금 전보다 바람은 잦아들었지만, 눈발은 더 굵게 되어 내린다.(2009년 1월 18일 세밑에)

열아홉

효성(孝誠)이 그리운 시대

공자께서 말씀하시길, "무왕과 주공이야말로 효도의 달인이다. 무릇 효성스럽다는 것은 다른 사람의 품은 뜻을 잘 이어가며, 다른 사람의 일을 잘 풀어나가는 것이고, 봄가을에 그 조상의 사당을 수리하며, 그 종묘의 그릇을 늘어놓고, 그 의상을 펼쳐놓고, 그 때에 맞는 음식을 올린다. 종묘의 예는 소목의 차례를 짓는 까닭이고, 관작을 차례 짓는 것은 귀천을 따지기 위함이며, 일삼을 차례 짓는 것은 현명한 이를 분별하기 위함이고, 여러 사람이 술을 권할 때에는 아랫사람이 윗사람에게 행하는데, 이는 천한 이에게도 미치기 위함이며, 잔치를 베풀 때에는 모발의 색깔대로 하는 것은 나이를 질서 짓기 위함이다. 그의 자리에 올라 그 예를 행하고, 그의 풍류로 연주해 주고, 그가 존숭하던 바를 공경하며, 그가 아끼던 바를 아껴준다. 죽은 이를 섬기기를 산 이를 섬기듯하고, 없는 이를 섬기기를 계시는 듯이 섬기는 것이 효의 지극함이다"라고 하셨습니다(子曰 武王周公 其達孝矣乎 夫孝者 善繼人之志 善述人之事者也 春秋 修其祖廟 陳其宗器 設其裳衣 薦其時食 宗廟之禮 所以序昭穆也 序爵 所以辨貴賤 也 序事 所以辨賢也 旅酬 下 爲上 所以逮 賤也 燕毛 所以序齒也 踐其位 行其禮 奏其樂 敬其所尊 愛其所親 事死如事生 事亡如事存 孝之至也).

서신 그리운 후배, 어느덧 설날이 훌쩍 지났구나. 아니 우리네 풍속으로는 설날이 정월 대보름날까지 계속되는 것이므로 엄밀하게 말해서 설날은 아직 끝나지 않았다고 봐야 하겠네. 그러나 요즈음의 풍속도를 보면, 설날은 그저 설 전날과 당일로 끝을 맺는 듯하여 마음엔 서글픔과 쓸쓸함이 교차를 하고 있다네. 서글프다는 것은 설 전날 그렇게도 전쟁을 치르다시피 하여 대도시에서 시골 고향집으로 혹은 시골 고향집에서 대도시로 숨 가쁘게 이동하고는 막상 설날 아침 세배와 조상에 대한 제사가 끝나기가 무섭게 또다시 전쟁을 치르듯이 자기 자리로 돌아가서는 마치 아무 일도 없었던 것처럼 살아가기에 급급한 모습을 보고 있다는 것일세. 자네나 나는 이미 이렇다 할 가족도 없는 아니, 있지만 일찌감치 집과 가족을 떠나 돌아다니는 몸들이니, 그저 명절에는 모두들 기쁜 마음으로 만나고 새로운 해에도 변함없이 건강하고 평화를 누리시길 기도하는 수밖에 없겠다 싶네. 아, 참 자네는 자네를 믿어주고 응원해 주시는 홀로 계신 아버님이 계시질 않는가? 춘천이 고향이니 아직도 여전히 춘천에서 텃밭 일구며 오매불망 자네를 그리워하시고 계시겠지? 자네는 아버님께 안부인사라도 전해 드렸는가?

'설'이란 사람들이 이야기하기를, '섧다', '새롭다' 혹은 '설다' '낯설다' 등에서 나온 말이라고 한다네. 일반 서민들에게는 어쩌면 이러한 의미들이 직접 피부로 와 닿으니 당연하다지만, 그러나 본래 '설'은 '원단'(元旦)에서 기원하였다고 하지. 그러니까 새로운 군주가 나라를 창업한 뒤, 하늘과 땅에다 본인이 이 나라의 군주가 되었음을 고(告)하면서 제사를 올림으로써 그 날을 치국(治國) 원년(元年)의 출발점으로 삼은 날이라는 것이지. 따라서 일반서민들은 지금까지 통치하던 군주가 사라지고 새로운 군주가 통치를 선언하기 때문에 서럽기도 하고, 무섭기도 하고, 낯설기도 하였을 것이네. 그래서 삼가 몸을 조심하는 날(愼日)이 되는 셈이기도 하지. 이때 새로운 군주는 이 자리에서 '새로운 해'(新年)를 선언하고 백성들에게 갖가지 은혜를 베풀고, 축제를 벌이며, 감옥에 갇힌 이들을 풀어주어 자신의 위엄과 덕망을 동시에 만천하에 드러내며, 군주 자신은 만백성의 어버이가 되는 까닭에 각 가정의 아버지에게 효도하는 것(孝)이 곧 나라에 효성을 드러내는 것(忠)과 동일한 것임을 주장하게 되는 것이지. 그래야 군주에게 불만을 가지는 것은 곧 아버지에게 불만을 가지는 것이기 때문에 백성들 편에서 보면 '불초'(不肖)는 곧 '불충'(不忠)으로 이어져 자칫 잘못하면 '대역죄'(大逆罪)를 범하게 되고, 집안이 쑥대밭이 될 공산이 크겠지?

조금만 더 옆으로 나가볼까. '불초'에서 '초'는 '닮다'라는 의미이지. 그렇다면 '불초'는 닮지 않았다는 것이지. 자식이 부모를 닮지 않았고, 백성들이 군주를 닮지 않으며, 군주는 하늘을 닮지 않았다는 것을 뜻하는 말이네. 이렇게 모두 닮지 않았다는 것을 두고 '불초'라고 한다네. 닮지 않았다는 것은 얼굴이나 외상(外相)을 의미하는 것이 아니라 마음이나 행동거지 등을 닮았다 혹은 닮지 않았다고 한 것 아니겠는가? 사실 『성경』속에서 보자면, 하느님께서 사람을 만드실 때, "우리와 비슷하게 우리 모습으로 사람을 만들자"(창세 1,26)고 하시면서 당신의 모습으로 사람을 창조하셨다고 기록되어 있지. 말하자면 사람들은 모두 '천명'을 지니고 이 땅에 태어난 셈이지. 천명의 모습으로 말일세. 그러하다면 살아가는 것도 천명의 모습을 지닌 자답게 살아가야 하는데, 세상은 그렇질 못하니 참으로 안타까울 따름이라네.

공자님이 "무왕과 주공이야말로 효도의 달인이로구나. 무릇 효성스럽다는 것은 다른 사람의 품은 뜻을 잘 이어가며, 다른 사람의 일을 잘 풀어나가는 것이고, 봄가을에 그 조상의 사당을 수리하며, 그 종묘의 그릇을 늘어놓고, 그 의상을 펼쳐놓고, 그 때에 맞는 음식을 올린다. 종묘의 예는 소목의 차례를 짓는 까닭이고, 관작을 차례 짓는 것은 귀천을 따지기 위함이며, 일삼을 차례 짓는 것은 현명한 이를 분별하기 위함이고, 여러 사람이 술을 권할 때에는 아랫사람이 윗사람에게 행하는데, 이는 천한 이에게도 미치기 위함이며, 잔치를 베풀 때에는 모발의 색깔대로 하는 것은 나이를 질서 짓기 위함이다. 그의 자리에 올라 그 예를 행하고, 그의 풍류로 연주해 주고, 그가 존숭하던 바를 공경하며, 그가 아끼던 바를 아껴준다. 죽은 이를 섬기기를 산 이를 섬기듯 하고, 없는 이를 섬기기를 계시는 듯이 섬기는 것이 효의 지극함이다"라고 하면서 무왕과 주공을 "효의 달인"으로서 한껏 높인 것은 결국 "다른 사람" 곧 자신들의 부모와 조상들의 품은 뜻을 잘 이어갔을 뿐 아니라, 생전에도 부모를 부모로 대하고 조상을 조상으로 대하였으며, 그들이 돌아가시고 난 다음에도 "죽은 이를 섬기기를 산 이를 섬기듯" 지극하였기 때문이 아닐까? 바꾸어 이야기하자면, 그들은 모두 '천명'을 닮은 삶을 살았다는 뜻이겠지.

부모를 제외한 나머지 조상들은 사실상 현재의 '나'와는 거리가 좀 있다고 보네. 물론 부모님을 내셨으니, 관계가 전혀 없다는 것은 아닐세. 그러나 부모님처럼 아주 직접적으로 가까이 계신 분들은 아니라는 뜻이지. 따라서 부모를 잘 섬기는 것이 결국은 조상을 잘 섬기는 것과 다름이 아니라고 생각하네. 『성경』에서도 '부모에게 효도하라'라는 말씀이 많이 나온다네. 모세가 시나이 산에서 하느님과 맺은 계약 가운데 하느님께서는, "아버지와 어머니를 공경하여라. 그러면 너는 주 너의 하느님이 너에게 주는 땅에서 오래 살 것이다"(탈출 20,12)라고 하였고, 또 "내 아들아, 아버지의 교훈을 들어라. 어머니의 가르침을 저버리지 마라"(잠언 1,8)고 하였으며, "아버지를 영광스럽게 하는 이는 장수하고 주님의 말씀에 귀 기울이는 이는 제 어머니를 편안하게 한다"(집회 3,6)고 하였지. 뿐만 아니라 예수께서도 『구약성경』의 말씀을 인용하여 거듭 부모에게 효도하라고 하시면서, 십자가에 매달리셔서 돌아가시기 전 숨을 거두시면서 사랑하는 제자에게, "이분이 네 어머니시다"(요한 19,27)라고 하시면서 당신의 어머니를 맡기셨고, 또 사도 바오로는 에페소 사람들에게, "자녀 여러분, 주님 안에서 부모에게 순종하십시오. 그것이 옳은 일입니다"(에페 6,1)라고 힘주어 부모에게 효도할 것을 강조하고 있고 말이네.

　유교의 효도와 가톨릭의 효도가 좀 다른 것은 조상제사의 유무(有無)이지. 유교는 조상제사가 있지만, 가톨릭은 없다네. 대신 천지만물을 주관하시는 하느님께 모든 것을 바치는 자기봉헌(自己奉獻)의 제사가 있다네. 그 봉헌의 제사도 주님이신 그리스도를 통하여, 그리스도와 함께, 그리스도 안에서, 성령으로 하나 되어 전능하신 천주성부께, 모든 영예와 영광을 영원히 받으시기를 바라는 제사라네.

　자네는 일찍부터 어머님을 여의였고, 아버님 품에서 컸다는 말씀을 들었네. 내가 존경하는 선배 가운데 한 분은 일찍이 부모님을 여의고 할머님의 품 안에서 자라나셨지. 그래서 그 선배의 책상머리에는 부모님의 사진 대신에 할머니 영정이 언제나 모셔져 있다네. 이미 돌아가셨는데도 손수 할머님의 얼굴을 연필로 그려서 영정으로 삼아 걸어 두셨더군. 그 그림영정이 어찌나 세밀한지 마치 사진으로 찍은 것처럼 정교하고, 또 마치 살아계시는 듯하다네. 그 그림을 보고 있노라면 선배님과 할머님의 관계가 어떠하였는지 대략 짐작이 간다네.

　물론 사람의 수명(壽命)이라는 것은 그 누구도 어찌할 수 없고 다만 하늘만이 주재하시고 계실 뿐이지. 그러니 죽고 없는 다음에 고인에게 잘해 주는 것보다 살아계실 때 고등어 한 마리라도 대접해 드리는 것이 더 낫고 아름다운 일이 아닐까 싶네. 요즘 세상에는 부모와 자식이 너무 쉽게 갈라지고, 심지어는 자식이 부모를 버리거나 죽이기도 하고, 또 부모가 자식을 버리거나 죽이기까지 한다네. 지금 세상은 여러모로 보나 옛날보다는 살림살이가 나아진 것만은 분명해 보이는데도 말일세. 그리고 달나라도 가고 유전자 조작까지 다 할 정도로 지식이나 정보가 팽창되어 있는데, 인간의 지혜나 정서는 옛날보다 훨씬 떨어지는 것 같아서 서글프다네. 참으로 알 수 없는 것이 인간의 마음이 아니겠는가? 사실 인간이 누릴 수 있는 행복지수는 돈, 명예, 지식, 정보 따위에 있는 것은 아닐 텐데…….

예부터 아무리 효자라도 부모가 자식을 사랑하는 것만큼 부모를 사랑하는 자식은 없다고 했다지. 21세기를 살아가면서 기원전 6세기에 살았던 공자님의 생각과 삶을 그려본다네. -자네는 지금 '노장사상'(老莊思想)에 심취해 있겠지만 말일세.- 그때도 지금처럼 부모에 대한 자식의 효성을 무척이나 그리워했나 보네. 오죽하였으면 공자께서는 자신보다 수백 년 전에 살았던 주공과 문왕의 효성을 제자들에게 들먹거렸겠는가? 효성스런 자식들이 가득 차 있는 시대가 오기를 기도해 보네. 자네나 나는 특별히 사랑할 피붙이 자식은 없지만, 그래도 부모님은 계셨지 않는가? 그리고 나도 자네와는 반대로 지금은 아버님을 여의고 어머님만 생존해 계신다네. 자네에게 이 편지를 쓰면서 비록 떨어져 살아도 가끔씩 안부라도 전해 드려야겠다는 다짐을 새롭게 가져보네.

오늘따라 자네가 몹시 보고 싶네. 설날이 지나니 곧바로 봄이 온 것처럼 날씨가 포근하구나. 그렇지만 눈이나 비가 내리지 않아서 겨울 가뭄이 심각하다네. 이러다가는 농사철에 논바닥에 물대기는 그만두고라도 당장 먹을 물이 없어질까 걱정이 앞선다네. 그렇지 않아도 이미 여러 지방에서는 물 부족으로 호소하는 지역이 점점 늘어가고 있다는 소식이 심심찮게 들려오는데 말일세. 자네가 있는 곳은 어떤지 모르겠구나. 그리고 건강은 또 어떠하신가? 내가 북경에 있을 때, 자네의 허리가 몹시 좋지 않았는데 지금은 어떠한가? 북경에는 아직도 춘절(春節) 분위기로 시끌벅적 하겠구나. 나는 요즘 걷기운동을 시작하였다네. 노(老) 선배께서 걷기운동을 시작하셨는데 건강이 무척 좋아지셨다는 이야기를 들었다네. 지금은 잠시 멈추었지만, 날씨가 풀리기 시작하면 그만두었던 '길 걷기' 다시 시작해 볼 생각이라네. 집에서 멀지 않은 저 산 모퉁이까지 매일 한 시간 정도 걷기를 할 생각이라네.

아무쪼록 몸조리 잘 하시고, 자네가 심혈을 기울여 연구에 연구를 거듭하고 있는 도가(道家)의 '무위(無爲)사상'에 대해서도 잔뜩 기대를 해 본다네. 무엇보다도 몸조심 하시게나. 또 안부 전하겠네.(2009년 1월 하순에)

공자께서 말씀하시기를, "교제(郊祭)와 사직(社稷)의 예는 상제를 섬기기 위함이며, 종묘의 예는 그 선조에게 제사를 드리기 위함이다. 교제와 사직의 예, 그리고 체제(禘祭)와 상제(嘗祭)의 의미에 밝으면, 나라를 다스림은 손바닥을 보는 것과 같다"라고 하셨지요(子曰 郊社之禮 所以事上帝也 宗廟之禮 所以祀乎其先也 明乎郊社之禮 禘嘗之義 治國 其如示諸掌乎).

산책

어떻게 하다 보니 설날도 지나고 입춘이며 정월 대보름이 그냥 훌쩍 지나가버렸다. 그리고 요 며칠 동안은 날씨가 무척 포근하더니, 어제부터 날씨가 무척 추워지기 시작하였다. 사람들은 겨울이 오는 봄을 시샘한다고들 말한다. 그렇지만 내가 보기에는 겨울은 여전히 남아 있고, 봄이 아직 오직 않은 것이라 생각한다. 자꾸 나이를 한 살씩 더 먹어서인지 몇 년 사이에 내게는 정체를 알 수 없는 변화들이 도처에서 늘어가고 있는 듯하다. 그 중에서도 가장 큰 변화를 꼽으라면 바로 점점 빠르게 흘러가는 시간들일 게다. 시계의 초침이야 늘 똑같은 길이와 간격으로 돌아가는 것이겠지만, 나의 둔한 감각이며 피부로 느끼는 하루하루의 삶은 어찌나 빨리도 그렇게 지나가는지 모르겠다.

오늘은 우수(雨水)이다. 어제 저녁(2009년 2월 16일 18시 12분)에 김수환(스테파노) 추기경님께서 오랜 지병과 노환으로 선종(善終)하셨다는 소식을 들었다. 이를 두고 사람들은 세계 최연소 추기경, 한국 최초 추기경, 민족의 나침반, 민족의 큰 어른, 그늘이 큰 나무, 민족의 큰 별, 민주화의 선구자, 시대의 등불 등등 온갖 수식어를 다 동원하여 그분의 선종하심에 깊은 애도를 표한다. 거기에는 보수와 진보, 여당과 야당, 빈자와 부자가 따로 없었다.

그럼에도, 김 추기경님은 정작 당신을 향하여 "바보"라고 하면서 바보얼굴을 한 자신의 자화상까지 그렸고, 그 자화상에도 '바보야'라고 적어 넣었단다. 또 어떤 문학가는 그분의 선종하심에 대하여 "적막한 느낌"이라고 표현했다고 하는데, 어쩌면 김수환 추기경님의

'바보'라는 말과 그 문인의 '적막하다'는 느낌은 솔직한 고백일지도 모르겠다. 다른 사람들이 뭐라 하든 그 자신은 언제나 하느님 앞에 서면 바보일 뿐이고, 또 그분의 선종을 지켜보는 사람들로서는 그분의 부재에 온통 세상이 적막하게 되었다는 느낌을 받았을 것이다. 추기경님께서는 당신의 호(號)를 '옹기'(甕器)라고 하셨단다. 하느님께서 예레미야 예언자에게 "내가 이 옹기장이처럼 너희에게 할 수 없을 것 같으냐? 이스라엘 집안아, 옹기장이 손에 있는 진흙처럼 너희도 내 손에 있다"(예레 18,6)라고 말씀하셨지. 그렇다면 하느님께서는 옹기장이고 우리는 진흙으로 빚은 옹기, 질그릇인 셈이다. 그래서 아마 사도 바오로도 "질그릇에 담긴 보물"(2코린 4,7 참조)이라고 표현했는지도 모르겠다. 한 줌도 안 되는 질그릇 같은 존재인 우리인데, 우리 자신은 마치 세상에서 독불장군(獨不將軍)처럼 안하무인(眼下無人)으로 살아가고 있는가? 이 얼마나 '바보 같은' 삶인가?

지난번에 후배에게 보낸 편지에서는 '효성스러움'에 대해서 생각해 보았다. 부모에 대한 자식의 사랑이 곧 '효성스러움'이 아니던가? 부모가 돌아가시면 그 효성은 '제사'(祭祀)를 드리는 것으로 바뀌게 된다. 말하자면 제사는 부모님께 드리는 효성의 또 다른 표현이다. 그런데 '제사'라는 글자를 하나하나 따져보면 그 의미가 다르다는 것을 알게 된다. 천신에게 드리는 제사를 '사'(祀)라고 하고, 땅의 신에게 드리는 것을 '제'(祭)라고 하며, 조상의 종묘에 드리는 제사를 '향'(享)이라고 한단다. 그렇지만 일반적으로 제와 사와 향은 아무런 구별이 없기 때문에 천신(天神)과 지신(地神)과 인귀(人鬼)에게 기도하고 숭배

하는 일체의 행위를 모두 제사라고 부른다. 예로부터 온갖 제사들 가운데서도 천지, 종묘, 사직(社稷)에 드리는 제사를 가장 중요시하였다.

공자님은 말씀하시기를, "교제(郊祭)와 사직(社稷)의 예는 상제를 섬기기 위함이며, 종묘의 예는 그 선조에게 제사를 드리기 위함이다"라고 하시면서, 동시에 교제와 사직의 예, 그리고 체제(禘祭)와 상제(嘗祭)의 의미에 밝으면 나라를 다스리는 데 아주 쉽다고 가르치신다. 위로는 상제를 섬기고 선조에게 제사를 드릴 줄 아는 사람이 세상을 제대로 살 줄도 안다는 뜻이 아닌가 싶다. 나라를 다스린다는 것은 나라의 구성원인 백성들의 목마름에 대하여 물대기를 잘 한다(治國)는 뜻이리라. 물대기를 제대로 할 줄 모르고 제 논에만 물을 댄다면, 그는 틀림없이 백발백중 하느님과 조상마저도 우습게 여기는 '불한당 같은 놈'이 아닐까 그리 생각한다.

공자와 맹자시대의 유가는 사실상 귀신에 대하여 공경은 하면서도 멀리하였고, 또 어떤 사람들은 귀신의 존재까지도 부정했다고 하지만, 그러나 조상에게 드리는 제사에 대해서는 게을리 하거나 중시하지 않은 적은 없었다. 왜냐하면 제사는 부모에 대한 한결 같은 공경에 속하기 때문이다. 그래서 부모가 살아계실 때에는 예로써 섬기고, 돌아가시면 예로써 장사를 지내며, 제사를 드리는 것도 예로써 행하였다(『논어·위정』)고 했다. 부모에게 제사를 드릴 때에는 부모가 살아계시는 듯하고, 신에게 제사를 올릴 때에는 신이 계시는 듯 행한다(『논어·팔일』)고 말한 것이다. 그렇지만 공자의 제사관(祭祀觀)의 특징은 실제로 돌아가신 부모님의 귀신을 인정하여 드리는 제사에 있는 것이 아니라 제사를 지내는 자의 감정과 사회의 효도적 풍토를 조성하기 위한 사회교육기능을 강조하기 위함에 있다고 보고 싶다. 바로 제사의 행위가 귀신의 존재론에 대한 설명으로 나아가는 것을 제한하는 동시에 인간의 삶과 죽음이 하나로 관통한다(生死一貫)는 것을 강조하려는 데 있는 것이다. 이는 불교의 생사여일(生死如一)이나 그리스도교의 영생(永生)개념과 서로 통한다고 말할 수 있지 않을까? 그래서 공자는 "교제(郊祭)와 사직(社稷)의 예는 상제를 섬기기 위함이며, 종묘의 예는 그 선조에게 제사를 드리기 위함이다"라고 천명한 진정한 의미는 바로 무지한 백성들을 교화(敎化)하기 위함에 있다. 그래서 어떤 사람들은 말하기를, 군자는 제사를 드리는 것을 형식적인 것이라 여기고, 백성들은 신령한 것으로 여긴다고 꼬집기도 한다. 그러나 유가에 있어서 제사의 예는 곧 위로는 하늘을 섬기고, 아래로는 땅을 섬기며, 선조를 받들면서 임금과 스승을 존경한다는 것에 있다는 사실은 분명해 보인다. 이것이 유가의 성격이나 기능적인 면에서 종교 즉 유교(儒敎)라고 말할 수 있는 근거가 아닐까? 유가의 제의적(祭儀的) 성격과 기능이 곧 유교라는 종교적 특성으로 드러난다는 이야기다.

  주지하듯이, 유가의 종교적 특성은 역시 공자의 사상을 주지(主旨)로 삼는 것이다. 공자의 사상은 한편으로는 하늘을 섬기기 때문에 신앙적인 면도 있지만, 그러나 대개는 이성적(理性的)이고 인문주의적(人文主義的)인 특징을 더 짙게 가지고 있다. 그래서 아마도 유교는 다른 여느 일반적인 종교들과 일정한 거리가 있어 보이지 않을까 생각한다. 유교전통에서는 제사를 드리는 데 있어서 목적에 따라 다양한 체계들을 가지고 있다고 하는데 여기에서 『중국유학백과전서(中國儒學百科全書)』[72]에 나오는 것을 몇 가지로 요약해 볼까 한다.

첫째, 예중제사론(禮重祭祀論)이다. 이는 예를 행하는 데 있어서 제사보다 더 중요한 것은 없다는 주장이다. 유가에서 중요시하는 예는 대체로 다섯 가지가 있는데 이를 오례(五禮)라고 한다. 오례는 관(冠), 혼(婚), 상제(喪祭), 조빙(朝聘), 향사(鄕射)이며, 이 가운데서 상제(喪祭)를 가장 중요시하였다.

둘째, 보본반시론(報本反始論)이다. 만물은 하늘에 근본을 두고 사람은 조상에게 근본을 두고 있는데, 이것이 상제(上帝)와 짝이 되는 까닭에 교제(郊祭)이며, 근본에 보답하고 처음으로 돌아가는 것, 근본을 망각하지 않는 것이라 한다.

셋째, 공렬기념론(功烈紀念論)이다. 이것은 왕이 제사를 제정하여 백성들에게 베푸는 것이다. 이때 백성들은 임금과 나라에 지대한 공로를 가진 영웅들을 기념하여 제사를 지내도록 하는 것이다.

넷째, 사사여생론(事死如生論)이다. 곧 죽은 이를 섬기기를 살아 있는 것처럼 하라는 것이다. 그러나 귀신에 대한 섬김이 아니라 돌아가신 조상에 대하여 효도하고 공경하는 마음의 표현방식일 뿐이다. 이승에서 다하지 못한 효성과 봉양을 제사를 통하여 계속 이어가려는 충정이라고 보면 좋을 것 같다.

다섯째, 제주경성설(祭主敬誠說)이다. 이것은 이미 돌아가신 분에

---

72 『中國儒學百科全書』, 中國大百科全書出版社, 1997년, 94-95쪽.

대하여 은혜를 갚는다는 의미보다는 제사를 드리는 자(祭主)의 마음의 감정을 드러내기 위한 것이다. 즉 제사를 지낼 때에는 공경할 것을 생각하고, 상을 당했을 때에는 슬퍼해야 할 것을 생각하라는 것이다. 공경하고 애달파함이 비록 부족하더라도 예로써 충분하다는 것이다.

여섯째, 제위교본론(祭爲敎本論)이다. 유교의 제사는 신(神)이 축복을 하사하고 앙화(殃禍)를 소멸시키기를 구하는 데 있기보다는, 인심(人心)을 교화하고, 도덕심을 널리 드러내는 데 있다. 그래서 종묘사직을 높이고 섬기는 것은 자손이 순종과 효도를 하며, 자신의 도리를 다하고, 그 의리를 단정하게 하기 위함이다. 이때 거기에서 가르침이 생겨난다는 것이다. 종묘를 수리하고, 제사를 공손하게 받드는 일체의 행위는 곧 백성들이 그것을 보고 스스로 효성스런 마음을 가져주기를 가르치는 행위라는 것이다.

유가의 모든 제의적 행위들은 예교(禮敎)에 대한 충실한 표현이며, 이 제사를 통하여 유가가 전통종교와 밀접한 관계를 유지할 수 있었다고 보면 좋을 것 같다. 그렇지만 유가의 종교적 색채는 결국 제사의 례가 지나치게 인례(人禮)로 취급되어지면서 강렬한 종교적 성격은 퇴색되었고, 기능 또한 점차 세속적이고 형식적인 방면으로 치우치게 되었다. 이렇게 된 배경은 유가의 역사에 있어서 상제(上帝)나 혹은 천명(天命) 따위의 종교적 개념을 도외시하고 천리(天理)와 음양(陰陽) 등 철학적 개념을 지나치게 강조한 점에서 찾아야 할 것 같다.

어찌하다 보니까 이야기가 너무 길어졌다. 내친 김에 그리스도교의 제사에 대해서 간략하게나마 알아보고 가야겠다. 그리스도교에서도 제사는 있어 왔다. 물론 유교의 제사와는 경우가 다르긴 하다. 유교에서는 상제(上帝)나 천지신명(天地神明), 그리고 조상들에 대한 제사였지만, 그리스도교에서는 철저하게 상제 곧 하느님께만 드리는 제사이다. 그러나 그리스도교에 있어서도 『구약성경』과 『신약성경』에 나타나는 제사 관념이 서로 다르다. 『구약성경』에서는 물질적인 것을 제물로 바치지만, 『신약성경』에서는 인간의 마음, 즉 혼이 담긴 영적인 것을 바치는 제사이다. 물질적으로 드리는 제사는 결국 끝에 가서는 형식적이고 남에게 보여 주는 것으로 변질될 가능성이 있지만 마음을 다하여 혼신의 힘으로 드리는 제사는 물질적인 것보다는 더 진실한 것이 아닐까? 이렇게 물질적으로 드리는 제사의 종류는 대체로 번제(창세 8,20; 탈출 20,24-26 참조), 속죄제(탈출 29,36 참조), 감사제(레위 2,13-16 참조), 친교제(레위 3,1 참조), 면죄제(레위 19,21-22 참조) 등이 있는데, 이 때 봉헌하는 제물로는 들짐승, 새, 햇곡식, 소, 양, 비둘기 따위들이다. 반대로 마음을 다하여 혼신의 힘으로 들이는 제사의 제물은 회개, 기도, 헌신, 믿음, 순종, 희생, 선행, 자선, 사랑 등등이다. 특별히 하느님께서는 호세아 예언자를 통하여 "내가 반기는 것은 제물이 아니라 사랑이다. 제물을 바치기 전에 이 하느님의 마음을 먼저 알아다오"(호세 6,6: 공동번역)라고 하심으로써 제사를 드리려는 인간의 진정성을 하느님께서는 요구하시는 것이다.

   오늘은 우수인데, 눈이 아니면 비라도 속 시원하게 내렸으면 좋겠다. 오늘 마침 시간이 나서 수녀원이며 내 사는 집 둘레에 살고 있는 나무들에 가지치기를 하였다. 산수유, 대추나무, 자두나무, 배나무,

청매실, 홍매실 등등이 조금씩 살고 있다. 그러나 가지치기는 생각만큼 그리 쉽지는 않았다. 농군들이 가끔씩 보여 준 가지치기를 어깨너머로 익혀두었다가 한 번 발휘해 본 것인데 잘 되었는지 모르겠다. 언제 한 번 과수원 하는 친구를 불러와서 평가를 부탁드리고 한 수 가르침을 받아 볼까 생각 중이다.

지금 전국은 온통 김수환 추기경님의 선종소식으로 사뭇 엄숙한 분위기로 나아가고 있다. 저러다가 금세 잊어버리겠지만 말이다. 내심으로는 나는 노(老) 선배님이나 김 추기경님 같은 분들과 함께 동시대에 살았고, 또 살아가고 있다는 것에 대하여 영광스럽고 행복하다. 그러한 기쁨을 주신 나의 주님께 무한한 감사를 드리고 있다. 사람이 살아가면서 다양한 곡절을 겪겠지만, 그러나 자기가 살아가는 동안 본받을 수 있는, 거울로 삼을 수 있는 분들은 그리 많지는 않을 거라고 생각하고 있기 때문이다. 이는 행운이고 하느님의 은총이 아닐 수 없다고 믿는다. 이제는 주변에 온통 제법 봄기운이 감돌고 있다. 그렇지만 아직 날씨가 쌀쌀하니 나와 동시대를 살아가는 모든 사람들이 환절기에 몸이라도 건강하시길 기도해 본다.(2009년 2월 16일 우수 날에)

스물

정치란 무엇인가(問政)

仁兄, 명동성당에서 김수환 추기경님의 장례미사가 거행되는 시간에 전국적으로 눈비가 내렸지요. 사람들은 저마다 고인의 거룩한 마음씨에 하늘도 감동하여 내리지 않던 눈비까지 내렸다고 생각하고 있습니다. 믿거나 말거나 이지만, 비록 그 양은 적었더라도 눈비가 전국적으로 내렸다는 것은 퍽 다행스러운 일입니다. 이곳 상주에도 전날 저녁부터 시작하여 다음날까지 계속 내렸고, 지금도 내린 눈이 집주변에 온통 가득 쌓여 있습니다. 실로 오랜만에 보는 장관이 여기저기에서 연출되고 있네요.

장례미사를 드리는 날에 수많은 사람들이 명동성당을 가득히 메웠고, 그 가운데 낯익은 정치인들도 많이 보입니다. 나는 거기에 참석하지 않고 다만 텔레비전을 통해 장례미사 광경을 줄곧 지켜보았습니다.

성직자로서, 사제로서의 그의 삶은 누가 보아도 충분히 본받을 만하고 그리고 한 사람으로서 인간답게 살아보고자 노력하고 애쓰셨던 분이라는 것을 아무도 부정하지는 못하리라 생각합니다. 그분은 한평생 '예' 할 것은 '예' 하고 '아니오' 할 것은 과감하게 '아니오' 하면서 사셨던 분 같습니다. 예수께서도 그러하셨지만, 김수환 추기경 역시 살얼음판 같았던 한 시대 정치상황의 한복판에 서 계셨던 분이라고 말하고 싶습니다. 정치란 무엇이겠습니까? 결국 백성들을 어떻게 하면 행복하게 해 줄 수 있을 것인가? 그것을 고민하는 일체의 행위가 아니겠습니까?

    이번 편지에서는 『중용』에 나오는 원문 가운데 한 대목을 제 식대로 번역해 볼까 합니다. 『중용』은 공자의 손자이자 제자인 자사(子思)가 적었다고 하지만 그렇지 않다고 하는 이도 있고, 또 혼란했던 중국 춘추전국시대 자사의 제자들이 적었다는 이야기도 있지요. 그리고 원래 원본은 이렇지를 않았는데, 후대에 보태어져서 오늘에 이르렀다고도 합니다. 그렇지만 그 내용은 다른 유가경전이나 마찬가지로 상당히 정치적인 어조가 짙게 깔려 있지요. 그러니까 정치란 원래 사람살이에서 동떨어진 무엇이 아니라 결국 사람이 살아가는 데 한 방편에 불과할 뿐이고, 더 나아가서는 사람살이와 떼어놓고서는 결코 정치를 말할 수 없지 않을까 생각해 봅니다. 아래에 『중용』의 저자가 기술해 놓은 정치에 관한 내용들인데 여기에 옮겨 보았습니다.

    1. "중국 춘추시대 노(魯)나라의 군주 애공이 '정치란 무엇인가?'

라고 물었다. 그러자 공자가 대답하기를, '문왕과 무왕의 정치가 나무쪽(木簡)과 대쪽(竹簡) 즉 방책에 펼쳐 있습니다. 바로 그 군주와 신하라는 사람들이 있다면 정치는 행해지고, 바로 그 군주와 신하라는 사람들이 없다면 그 정치는 그쳐버리지요. 사람의 길은 정치하는 데에 민감하고, 땅의 길은 나무에 민감합니다. 무릇 정치라는 것은 창포와 갈대 같지요'"라고 하였습니다(哀公 問政 子曰 文武之政 布在方策 其人存則其政擧 其人亡則其政息 人道敏政 地道敏樹 夫政也者 蒲盧也).

  2. 결국 정치를 잘하고 못하고는 사람에게 달려 있기 때문에, 신하를 얻을 때에는 군주가 몸소 구해야 하고, 몸을 닦을 때에는 천명의 길을 가지고 수행해야 하며, 천명의 길을 닦을 때에는 어진성품으로 수행해야 합니다(故爲政在人 取人以身 修身以道 修道以仁).

  3. 어질다는 것은 사람다움이지요. 어버이를 어버이로 대함을 크게 해야 합니다. 의롭다는 것은 마땅함이지요. 어진 이를 높이기를 크게 해야 합니다. 가까운 이를 가까이 대하기를 낮추어 하고, 어진 이를 높이기를 정도에 따르는 것이 예가 생겨나게 되는 까닭입니다(仁者人也 親親爲大 義者宜也 尊賢爲大 親親之殺 尊賢之等 禮所生也).

  4. 아랫자리에서 윗사람에게 신임을 얻지 못하면, 백성들에게 신임을 얻어서 다스릴 수가 없게 됩니다(在下位 不獲乎上 民不可得而治矣).

5. 그러므로 군자는 자기 몸을 닦지 않을 수가 없습니다. 몸을 닦을 것을 생각한다면, 어버이를 섬기지 않을 수가 없고, 어버이를 섬길 것을 생각하다면, 다른 사람들을 알지 않을 수가 없지요. 다른 사람들을 알게 되기를 생각한다면 하늘을 알지 않을 수가 없습니다(故君子 不可以不修身 思修身 不可以不事親 思事親 不可以不知人 思知人 不可以 不知天).

6. 천하에 두루 통하는 도는 다섯 가지이고, 그것을 행하는 방법에는 세 가지가 있습니다. 임금과 신하, 아비와 자식, 지아비와 지어미, 형과 아우, 친구들의 사귐이라는 다섯 가지는 천하에 두루 통하는 도입니다. 지혜와 어진 품성과 용기 세 가지는 천하에 두루 통하는 덕스러움이지요. 그것을 행하게 하는 방법은 한 가지뿐입니다(天下之達道五 所以行之者三 曰君臣也 父子也 夫婦也 昆弟也 朋友之交也 五者 天下之達道也 知仁勇三者 天下之達德也 所以行之者 一也).

7. 어떤 이는 태어나면서부터 그것을 알고 있고, 어떤 이는 배우면서 그것을 알게 되며, 어떤 이는 모진 애를 쓰면서 그것을 알게 됩니다. 그것에 미쳐서 알게 되는 것은 한 가지뿐이지요(或生而知之 或學而知之 或困而知之 及其知之 一也 或安而行之 或利而行之 或勉强 而行之 及其成功 一也).

8. 공자께서 말씀하시기를, "배움을 좋아함은 지혜에 가깝고, 힘써 행함은 어짊에 가까우며, 부끄러움을 아는 것은 용기에 가깝지요"라고

하였습니다(子曰 好學 近乎知 力行 近乎仁 知恥 近乎勇).

9. 이 세 가지를 알게 되면 자기 몸을 닦아야 하는 까닭을 알게 되고, 몸을 닦아야 하는 까닭을 알게 되면 다른 사람을 다스리는 법을 알게 됩니다. 다른 사람을 다스리는 방법을 알게 되면 천하와 나라와 집안을 어떻게 다스려야 하는지를 알게 되지요(知斯三者 則知所以修身 知所以修身 則知所以治人 知所以治人 則知所以治天下國家矣).

10. 대체로 천하와 나라와 집안을 다스림에는 아홉 가지 정도가 있습니다. 말하자면 자기 몸을 닦는 것, 어진 이를 존숭하는 것, 어버이를 어버이로 대하는 것, 대신을 공경하는 것, 뭇 신하들의 마음을 몸소 살피는 것, 일반 백성들을 자식처럼 여기는 것, 온갖 기술공들을 가까이 오게 하는 것, 멀리 사는 사람들을 부드럽게 대하는 것, 제후들을 품어 안는 것 등입니다(凡爲天下國家 有九經曰 修身也 尊賢也 親親也 敬大臣也 體群臣也 子庶民也 來百工也 柔遠人也 懷諸候也).

11. 자기의 몸을 닦으면 도가 서게 되고, 어진 이를 존숭하면 미혹되지 않고, 어버이를 어버이로 대하면 제부와 아우들이 원망하지 않게 되며, 대신을 공경하면 현혹되지 않고, 여러 신하들의 마음을 몸소 살피면 선비들이 보답하는 예(보례)가 무거워지고, 서민을 자식처럼 여기게 되면 백성들이 권하게 될 겁니다. 온갖 공인들을 찾아오게 하면 재물의 쓰임이 족하게 되며, 멀리 사는 사람들을 부드럽게 대하면

사방이 자신에게로 돌아오게 되며, 제후들을 품어 안아주면 천하가 그를 경외하게 됩니다(修身則道立 尊賢則不惑 親親則諸父昆弟不怨 敬大臣則不眩 體群臣則士之報禮重 子庶民則百姓勸 來百工則財用足 柔遠人則四方歸之 懷諸侯則天下畏之).

12. 재계하고 밝게 하며 성대한 복장을 하여 예가 아니면 움직이지 않은 것이 몸을 닦는 길입니다. 헐뜯는 사람들을 없애고 여색을 멀리 하며, 재화를 천박하게 여기고 덕스러움을 귀히 여기는 것이 어진 이를 권면하는 길이고요. 그 자리를 높게 생각하고 그 봉록을 소중히 생각하며, 그 좋아하고 싫어함을 함께하는 것이 어버이를 어버이로 대하는 길입니다. 관속을 풍족하게 두고 부릴 사람들을 마음대로 하는 것이 대신을 권면하는 길이고요. 충직과 믿음으로 녹봉을 중히 여기게 하는 것이 선비를 권면하는 방법이며, 때에 맞추어 부리고 세금을 가볍게 해 주는 것이 백성들을 권면하는 길입니다. 날마다 살피고 달마다 살펴 구호 미름(쌀)이 일에 걸맞도록 해 주는 것은 모든 기술공들을 권면하는 방법이지요. 가는 이를 전송하고 오는 이를 환영하며, 제대로 하는 이를 칭찬해 주고 잘 못하는 이를 불쌍하게 여기는 것은 멀리 변방에 있는 사람들을 부드럽게 대해 주는 길입니다. 끊어져 버린 세대를 이어주고 닫혀버린 나라를 일으켜주며 어지러움을 다스려주고 위태로움을 붙잡아주며 때맞추어 알현(조빙)하게 하고 가는 이를 후하게 대접하면서 오는 이에게 가볍도록 해 주는 것이 제후들 품어 안아주는 방법입니다(齊明盛服 非禮不動 所以修身也 去讒遠色 賤貨而貴

德 所以勸賢也 尊其位 重其祿 同其好惡 所以勸親親也 官盛任使 所以勸大臣也 忠信重祿 所以勸士也 時使薄斂 所以勸百姓也 日省月試 旣廩稱事 所以勸百工也 送往迎來 嘉善而矜不能 所以柔遠人也 繼絕世 擧廢國 治亂持危 朝聘以時 厚往而薄來 所以懷諸侯也).

13. 무릇 천하와 나라와 집안을 다스리는 데는 아홉 가지 도 있지만, 그것을 행하는 방도는 한 가지뿐입니다(凡爲天下國家 有九經 所以行之者 一也).

14. 모든 일은 미리 준비하게 되면 서있게 되고, 미리 준비하지 않으면 닫혀지게 마련이지요. 말은 먼저 정해지면 걸려 넘어지지 않고 일이 먼저 정해지면 곤궁에 처해지지 않습니다. 행동이 먼저 정해져 있으면 상처받지 않으며, 가는 길을 미리 정해놓으면 궁핍하지 않아도 되지요(凡事 豫則立 不豫則廢 言前定則不跆 事前定則不困 行前定則不疚 道前定則不窮).

15. 아랫자리에 있으면서 윗사람에게 (신임을) 얻지 못하면, 백성들이 얻어져서 다스려질 수 없게 됩니다. 윗사람에게 신임을 얻는 데는 길이 있습니다. 친구들에게 믿음을 받지 못하면 윗사람에게 신임을 받지 못하지요. 친구들에게 믿음을 받는 데에도 길이 있습니다. 어버이께 순종하지 않으면 친구들에게도 믿음을 얻지 못합니다. 어버이께 순종하는 데에도 길이 있지요. 자신의 몸을 돌이켜보아 정성스럽지

못하면 어버이께 순종하지 않은 것이 됩니다. 몸을 정성스럽게 하는 데에도 길이 있습니다. 선에 밝지 못하면 몸을 정성스럽게 하지 못하게 되지요(在下位 不獲乎上 民不可得而治矣 獲乎上 有道 不信乎朋友 不獲乎上矣 信乎朋友 有道 不順乎親 不信乎朋友矣 順乎親 有道 反諸身不誠 不順乎親矣 誠身 有道 不明乎善 不誠乎身矣).

16. 정성스러운 것은 하늘의 길이고 그것을 정성스럽게 해야 하는 것은 사람의 길입니다. 정성스러운 자는 힘쓰지 않으면서도 딱 들어맞게 되고, 생각하지 않아도 얻어지게 되며, 여유롭게 길에 딱 들어맞으니 성인이지요. 그것을 정성스럽게 하려는 자는 선을 가려서 그것을 굳게 붙잡는 자입니다(誠者 天之道也 誠之者 人之道也 誠者 不勉而中 不思而得 從容中道 聖人也 誠之者 擇善而固執之者也).

17. 배우기를 넓게 하고, 따져묻기를 자세하게 하며, 생각하기를 신중하게 하고, 가려내기를 분명하게 하며, 행하기를 독실하게 해야 합니다(博學之 審問之 愼思之 明辨之 篤行之).

18. 배우지 않아도 되는 것이 있는데도 그것을 배웠다면 능숙하지 못할 때에는 놓아버리지 말아야 합니다. 물어보지 않아도 되는 것이 있는데도 그것을 물어보았다면, 알아내지 못했을 때에는 놓아버리지 말아야 합니다. 다른 사람이 한 번 그것을 할 수 있다면 자신은 그것을 백 번을 하여야 하고, 다른 사람이 열 번 그것을 할 수 있다면 자신은

천 번을 해야 합니다(有弗學 學之 弗能 弗措也 有弗問 問之 弗知 弗措也 有弗思 思之 弗得 弗措也 有 弗辨 辨之 弗明 弗措也 有弗行 行之 弗篤 弗措也 人一能之 己百之 人十能之 己千之).

19. 과연 능히 이 길을 갈 수 있다면, 비록 어리석더라도 반드시 밝아지게 되고, 비록 유약하더라도 반드시 강해지게 되지요(果能此道矣 雖愚必明 雖柔必强).

仁兄, 공자님의 말씀대로 정치는 '인간의 길' 이외에 다른 것이 아니라고 생각합니다. 그런데 오늘날 사람들은 정치에 환멸을 느끼고 야유를 퍼붓거나 막연히 정치인이 되어 보고자 동경하고 있습니다. 정치인이 되면 부와 권력과 명예가 한꺼번에 쏟아져 들어올 것으로 생각하는 모양입니다. 그러니 정치를 한다고 이야기하면서 돌아다니는 요즘의 정치인들은 자신들을 천거해 준 백성들(국민들)을 안중에도 두지 않고 오로지 자신의 명예와 영달에만 신경을 쓰고 있지요. 그러면서도 입으로 말할 때마다 항상 입버릇처럼 '섬기겠습니다', '종이 되겠습니다', '주인으로 받들겠습니다' 등등의 마음에 없는 말을 내뱉습니다. 예수께서는 당신의 고향 나자렛의 한 회당에서 말씀하십니다.

"주님께서 나에게 기름을 부어 주시니 주님의 영이 내 위에 내리셨다. 주님께서 나를 보내시어 가난한 이들에게 기쁜 소식을 전하고 잡혀간 이들에게 해방을 선포하며 눈먼 이들을 다시 보게 하고 억압받는 이들을 해방시켜 내보내며 주님의 은혜로운 해를 선포하게 하셨다"(루카 4,18-19).

그리고 보면 『성경』 또한 한 권의 정치서적으로 볼 수도 있습니다. 예수께서 상대하신 수많은 군중들과 헤로데 당원들, 율법 학자들과 대사제들 등등은 모두 정치와 관련이 있기 때문입니다. 노자의 『도덕경』, 장자의 『장자』, 사마천의 『사기』, 공자의 『논어』 등등이 모두 정치 서적이 아닌 것이 없지요. 말하자면 그만큼 정치는 인간의 삶과 밀접하게 관련되어 있다는 반증입니다. 아니 인간의 삶이 곧 정치적이고, 정치의 핵심적 내용이 곧 인간의 삶이라고 보아야 할 것 같습니다.

때는 아직 2월이고 음력으로는 정월인데 벌써 나무들의 꽃눈이 제법 탱탱해져 있고, 또 물이 올라서 푸른빛이 감돌고 있습니다. 곧 2월 하순, 그러니까 사순절(四旬節)이 시작되면 덩달아 텃밭을 어떻게 일굴까? 올해는 무엇을 어떻게 심을까? 농사계획을 짜 볼 생각입니다. 날씨가 지난겨울보다는 훨씬 포근해져서 다행입니다. 그러나 아직 산골에는 골바람이 거세게 불어대고 또 찹니다. 뜰 앞에 산수유꽃 노랗게 망울 트면 仁兄의 목소리 듣고 싶어 전화라도 걸게요. 함께하지 못해 늘 송구한 마음을 가져 볼 따름입니다. 하시는 일에 언제나 하느님의 축복이 있으시길 기도합니다. 또 소식 올리겠습니다.(2009년 2월 22일에)

스물하나
정성스러우면 밝아지겠지요(誠明)

정성스러움으로 말미암아 밝아지는 것을 본성이라 하고, 밝아져서 정성스럽게 되는 것을 가르침이라 합니다. 정성스러우면 곧 밝아지게 되고, 밝아지면 곧 정성스러워지지요(自誠明 謂之性 自明誠 謂之敎 誠則明矣 明則誠矣).

사순절이 시작되었다. 재의 수요일이 엊그저께 지나갔다. '사람아, 흙에서 왔으니 흙으로 돌아갈 것을 생각하여라.' 생각해 보면, 인간이란 바람에 흔들리는 갈대나 흙으로 빚어낸 옹기그릇, 그 이상도 이하도 아닌 존재에 불과할 뿐이다. 그런데도 몇 천 년을 살 것처럼 욕심을 내고 탐욕을 부리니 참으로 서글프다.

이월 하순을 보내는 지금 각 학교에서는 졸업식이 거행되고 있다. 또다른 시작을 의미하는 끝맺음의 의식, 하지만 지금의 교육현실을 생각하면 그 의식이 마냥 새로운 기대나 희망으로 다가오지만은 않는다.

교육이란 무엇일까? 내가 아는 상식에서 보면, 교육은 인간이 태어나서 자라고 사회에 나아가서 다른 사람들과 함께 살아갈 수 있도록 최소한의 인격을 갖춘 인간으로 양성 혹은 훈육(訓育)하는 것이다. 그러한 기준에 비추어 보면, 현재의 학교교육이나 가정교육은 어느덧 교육이 아니라 전쟁에서 승리할 수 있는 방법, 곧 전술전략을 가르쳐 주고 있는 듯하다. 전인적(全人的) 교육이란 그저 교과서에서나 찾아볼 수 있을 법한 이야기이다. '어떻게 하면 다른 사람들과의 경쟁에서 살아남을 것인가? 다른 사람을 밟고 일어서서 제왕처럼 군림할 수 있을 것인가?'에 밑줄을 긋고, 방점을 찍고 있을 뿐이다. 그러다보니까 공부를 잘못하거나 공부에 소질이 없다거나 하는 아이들은 사회의 낙오자, 낙제생이라는 말을 들을 각오까지 해야 한다. 특히 영어(English)를 못하면 '절름발이'로 보고 병신이나 장애인 취급을 하고 있으니, 이 얼마나 서글픈 현실인가! 예수님을 믿고 따르는 교회마저도 사람을 대할 때 성적순이나 경영능력 등으로 대하는 것처럼 보이고 있어서 씁쓸하다.

『중용』에서의 맨 처음의 주제는 "하늘이 명하는 것을 본성이라 하고, 본성을 따르는 것을 길이라 하며, 길을 닦는 것을 가르침이라 한다"(天命之謂性 率性之謂道 脩道之謂教)라는 거였다. 거기에서 천명이 곧 본성이라 하였는데, 여기에서는 '정성스러움으로 말미암아 밝아지는 것'(自誠明)을 본성이라 말하고 있다. 사람이 정성스러우면 곧 천성과 하나 되어 있다는 뜻이 아닐까? 그렇다면 하늘의 뜻 곧 천명은 인간에게 주어져 있고, 인간은 그것이 밝아지도록 온 정성을 다 기울여야 되지 않을까? 또 지난 〈스물〉의 글에서 이미 보았듯이, "정성스러운 것은 하늘의 길이고 그것을 정성스럽게 해야 하는 것은 사람의 길입니다. 정성스러운 자는 힘쓰지 않으면서도 딱 들어맞게 되고, 생각하지 않아도 얻어지게 되며, 여유롭게 길에 딱 들어맞으니 성인이지요. 그것을 정성스럽게 하려는 자는 선을 가려서 그것을 굳게 붙잡는 자입니다"(誠者 天之道也 誠之者 人之道也 誠者 不勉而中 不思而得 從容中道 聖人也 誠之者 擇善而固執之者也)라 하여 '정성스러움'과 '정성스럽게 하는 것'에 대해 어느 정도 알아보기도 하였다. 정성스러운 것은 인간의 길이 아니라 하늘의 길이며, 인간의 길은 다만 오직 그 하늘의 길을 정성스럽게 대해야 한다는 것이다. 천명이 인간 안에 들어와서 본성이 되고, 그 본성을 제대로 발휘하는 것이 곧 인간이 걸어가야 할 길이라는 이야기이다. 인간의 길은 오직 자신 속에 들어와 자리 잡은 본성을 따르는 것(率性)이어야 할 뿐, 그 밖에 다른 길은 없다는 것이리라.

  본성을 따르는 것만이 인간이 가져야 할 근본적인 태도이고 길이라면, 인간은 그 길을 통하여 정성스럽기 그지없는 하늘을 만날 수 있고, 만나면 드러낼 수가 있게 된다. 그 정성스러움을 환하게 세상 사람들에게 밝혀주는 것을 가르침(敎) 혹은 교화(敎化)라고 한다. 하늘이 정해 준 것이 곧 인간이 가야 할 길이고, 그 길을 끊임없이 닦아나가는 것(修道)이 곧 가르침, 교화라는 것이다. 그렇다면 가르침과 밝게 되는 것은 동일한 것이라고 볼 수도 있지 않을까? 가르치는 것은 하늘의 뜻이고, 밝아지는 것은 하늘의 뜻이 온 누리에 두루 퍼져서 세상이 하늘의 뜻에 맞갖게 변화되는 것이 아닐까?

유가에서의 학문하는 목적과 태도는 일반적으로 『대학(大學)』의 첫머리를 꼽고 있다. 학문을 한다는 것은 먼저 자신이 배우고 익히며, 익힌 것을 후배들에게 가르치는 것까지를 모두 포함한다. 이는 학문의 목적이자 가르치고 배우는 자의 태도이기도 하다.

『대학』 첫머리에는, "학문을 위대하게 하는 길은 명덕을 밝히는 데 있고, 백성을 아끼는 데 있으며, 지극한 선에 머무르는 데 있습니다. 머무를 줄 안 다음에는 안정을 가지게 되고, 안정이 되면 고요할 수 있게 되지요. 고요하게 되면 편안할 수 있고, 편안해지면 생각할 수 있게 되며, 생각하게 되면 얻어낼 수가 있습니다. 세상의 모든 것들은 뿌리와 가지가 있고, 일에는 처음과 끝이 있으며, 먼저 하는 것과 뒤에 하는 것을 알게 되면 나아갈 길에 가까운 것이랍니다. 예로부터 천하에 명덕을 밝히려고 하는 자는 먼저 그 나라를 다스리고, 그 나라를 다스리려는 자는 먼저 자기 집안을 가지런히 하며, 자기 집안을 가지런히 하려는 자는 먼저 자기 몸을 닦아야 하지요. 자기 몸을 닦으려는 자는 먼저 그 마음을 올바로 잡아야 하고, 자기 마음을 바로잡으려는 자는 먼저 자기 품은 뜻을 정성스럽게 해야 하며, 자기가 품을 뜻을 정성스럽게 하려는 자는 먼저 지혜로 나아가야 합니다. 지혜를 넓혀 나가는 데는 이웃에로 가까이 다가가야 하는 데 있지요. 이웃에 가까이 나아간 다음에는 지극함을 알게 됩니다. 지극함을 알게 되면 품은 뜻이 정성스러워지고, 품은 뜻이 정성스러워진 연후에는 마음이 바로 잡히게 되고요. 마음이 올바르게 되면 몸이 닦여지게 되며, 몸이 닦여진 다음에는 집안이 가지런해지고, 집안이 가지런해지게 되면 나라가 다스려집니다. 나라가 다스려진 뒤에는 온 세상이 평온해지지요"(大學之道 在明明德 在親民 在止於至善 知止而后有定 定而后能靜 靜而后能安 安而后能慮 慮而后能得 物有本末 事有終始 知所先後 則近道矣 古之欲明明德於天下者 先治其國 欲治其國者 先齊其家 欲齊其家者 先脩其身 欲脩其身者 先正其心 欲正其心者 先誠其意 欲誠其意者 先致其知 致知在格物 物格而后知至 知至而后意誠 意誠而后心正 心正而后身脩 身脩而后家齊 家齊而后國治 國治而后天下平)라고 기술되어 있다. 이 때문에 아마도 사람들은 예로부터 인생에 대한 공부를 제대로 하려면 『대학』부터 시작하고, 『중용』에서 마쳐야 한다고 말하였는지도 모르겠다.

  어찌되었든 배우려는 사람들과 가르치려는 사람들의 목적과 태도가 고금(古今)이 달라진 것은 분명해 보인다. 오랜 옛날에 우리 선조들의 여러 가지 글을 통하여 볼 때, 당시 어른들은 공부를 할 때에도 하늘의 뜻을 실천하려고 노력하였고, 후학들을 가르칠 때에도 하늘의 뜻에 맞갖게 행동할 것을 학생들에게 주문했던 것 같다. 그러나 지금은 배우는 사람이나 가르치는 사람이나 모두 어떻게 하면 다른 사람을 이겨낼 수 있고, 다른 사람을 밟거나 죽이고 자신이 일어서거나 살아날 수 있는가를 가르치려 하고 있다. 마음을 비우고 자신을 낮추며 모든 이들이 다 함께 살아갈 수 있는 길을 외면해버리거나 피해서 가버리려고 한다. 그러다보니 나라에서 가르치는 공교육은 점점 황폐해져가고 있고, 돈 있는 사람들은 자식들을 사교육의 장(場)으로 내몰고 있다. 물론 돈 있는 사람들은 별로 걱정을 하지 않겠지만 가난한 서민들 또한 자식의 장래를 걱정하여 교육에 엄청난 투자를 할 수밖에 없는 실정이다. 욕심이 또 다른 욕심을 부르고 따라서 인심은 점점 흉흉해지고 인정은 메마르고 차가워져만 가고 있다. 생명, 평화, 정의, 참 행복 따위의 언어들은 이제 사람살이와 별 관계없는 추상적인 개념에 불과할 따름이다. 참으로 걱정이다.

  이 글을 적어 내려가는 동안 노 선배께서는 벌써 마산을 벗어나 통영이나 완도 남해안 어디쯤에서 국토의 아름다움을 만끽하면서 묵묵히 걷고 계시겠구나. 걸으시면서 보시고 보신 것을 담아두셨다가 후에 함께하지 못한 이놈에게도 좀 나누어 주시면 좋겠다. 대신에 언제나 굳건한 몸과 마음으로 순례하시길 하느님께 기도해 드려야겠다. 꽃샘바람이 이는가? 나뭇잎들이 창문 밖으로 흩날리고 있다.(2009년 2월 28일 사순 제 1주일에)

스물둘

본성을 모조리 다 발휘하라(盡性)

오직 천하의 지성(성인)만이 그 본성을 다할 수 있을 뿐입니다. 그 본성을 모조리 다 발휘할 수 있다면 사람의 본성을 다할 수 있게 되고, 사람의 본성을 모조리 다 발휘할 수 있다면 천지만물의 본성을 다 발휘할 수 있게 되지요. 천지만물의 본성을 다할 수 있다면 천지가 만물을 생성하고 양육하는 데 도울할 수 있고, 천지가 화육하는 데에 도와줄 수 있다면 하늘과 땅과 함께 거기에 참여할 수 있게 되지요(惟天下至誠 爲能盡其性 能盡其性則能盡人之性 能盡人之性則能盡物之性 能盡物之性則可以贊天地之化育 可以贊天地之化育則可以與天地參矣).

드디어 내가 사는 산골 집 마당 끝에 크낙하게 자리 잡은 산수유나무에도 봄이 오나 보다. 노란 산수유 꽃망울이 부퍼 올라 터질 듯 맺혀 있다. 이렇듯이 계절은 언제나 돌고 돌아 태고 때부터 간직한 창조의 신비를 말없이 수행하고, 자연의 천지만물도 조물주 하느님의 의향에 따라 오롯이 순응하고 있다. 그런데 오직 우리네 사람만이 자기 욕심에 따라 변덕이 죽 끓듯 하여 참으로 씁쓸하기 그지없다. '하늘 아래 지성'은 곧 '지극히 성실한 이' 혹은 '지극히 정성스러운 이'를 이르는 말인데, 과연 천하 '지성'의 주인공이 오직 인간만일 수 있을까? 오히려 하늘의 뜻에 순응하는 저 보잘 것 없는 미물들이 바로 '지성'의 존재들이 아닐까?

며칠 전에 한 통의 전화가 왔다. 잘 아는 지인들이 전에 농민회장을 하셨던 이(李) 회장 댁에서 함께 모여 하룻밤 머무르고 있으니 놀러 오라는 내용이다. 모처럼 모여서 따뜻한 술 한 잔 걸치며 그동안 못 다한 이야기들을 나누는 그 하룻밤이 눈앞에 그려진다. 그 그림이 마냥 부럽다. 특별히 이 회장께서는 동백꽃이 벌써부터 피어서 그 자태를 뽐내고 있다고 자랑하셨는데, 오늘 아침부터 눈비가 흩뿌리더니 아, 글쎄 산수유에 그처럼 꽃망울이 부풀어 올랐지 뭔가?

오늘이 3월하고도 5일이다. 봄이 온 것을 모르고 신나게 겨울잠을 자던 개구리가 놀라서 벌떡 일어난다는 경칩(驚蟄)이다. 지난가을에 배추모종을 낼 때 갈등을 좀 했었다. 밭고랑에 비닐을 까느냐 마느냐? 그렇지만 여러 가지 이유로 비닐을 깔고 말았다. 덕분에 잡초 걱정은 덜었지만, 이제 새로 봄을 맞아서 오늘 그 비닐을 걷어내는 작업이 만만치 않았다. 결국 다 걷어내지 못하고 내일로 미루었다. 돋아나는 풀들을 손으로 일일이 뽑아야겠지만, 사정이 여의치 않아 비닐을 깔았더니, 그 힘든 일이 다시 이 새봄에 고스란히 나에게 되돌아오고야 말았다. 사실 인간의 본성은 본래부터 착하고 부지런한 것인데 어쩌다 보니, 잔꾀만 늘어 이 지경까지 왔구나 싶어 나 자신이 몹시도 불쌍하고 처량해 보이기까지 하는 오늘이다.

그래도 어제 모처럼 눈비가 내려 타는 대지의 목마름을 어느 정도 해소시켜 주어서 얼마나 다행인가? 그러나 아직도 대지는 목말라 하고 있다. 내일 전국적으로 눈이나 비가 내린다는 소식이 있긴 하지만 이 경칩 날에 바짝 마른 대지 위로 천지도 모르고 껑충 뛰어 올랐을 개구리들을 생각하면 괜스레 내가 다 미안해진다. 이사야 예언자의 입을 빌어서 하신 하느님의 말씀이 생각난다. "비와 눈은 하늘에서 내려와 그리로 돌아가지 않고 오히려 땅을 적시어 기름지게 하고 싹이 돋아나게 하여 씨 뿌리는 사람에게 씨앗을 주고 먹는 이에게 양식을 준다. 이처럼 내 입에서 나가는 나의 말도 나에게 헛되이 돌아오지 않고 반드시 내가 뜻하는 바를 이루며 내가 내린 사명을 완수하고야 만다"(이사 55,10-11). 우리네 인간은 온갖 정성을 다 기울이지 못하고 그저 적당하게 살아가고 있으니 참 한심스럽기 짝이 없다.

'진성'(盡性)이란 '본성을 모조리 다 발휘해야' 한다는 뜻이다. 본성이란 본래 그러한 성격 또는 성질(本然之性)이나 본래 그러한 마음(本心)이다. 이 마음은 하늘의 마음(天心), 하늘의 본성(天性)이다. 하늘이 본래부터 가지고 있던 마음인데, 이를 인간의 심장 속에 심어 주었다. 우리는 그것을 '어짊'이나 '너그러움'(仁)으로 표현하고, 이것을 성취하는 것이 바로 정성스러움(誠)을 드러내는 행위가 된다.

그래서 사람들은 지극한 정성이면 하늘도 감동한다(至誠感天)라고 말했는지도 모른다. 사실 '지성'은 '지극히 정성스러운 이' 혹은 '정성스러움에 이른 자'라고 하여 인격적인 실체를 가진 존재라고 보아도 좋을 듯하다. '지성'을 '성인'으로 보는 사람도 있다. 『장자』에서 말하는 '진인'(眞人), '지인'(至人), '신인'(神人), '성인'(聖人) 등도 모두 같은 의미일 것이다. 그렇다면 『신약성경』에서 "한처음에 말씀이 계셨다. 말씀은 하느님과 함께 계셨는데 말씀은 하느님이셨다. 그분께서는 한처음에 하느님과 함께 계셨다. 모든 것이 그분을 통하여 생겨났고 그분 없이 생겨난 것은 하나도 없다. 〔…〕 말씀이 사람이 되시어 우리 가운데 사셨다. 우리는 그분의 영광을 보았다. 은총과 진리가 충만하신 아버지의 외아드님으로서 지니신 영광을 보았다"(요한 1,1-3.14)고 고백하고 있는 대상인 예수 그리스도와 닮아 있는 자라고 보아야 할 것이다. 예수님이 바로 '지성'이시다. 그 지성만이 하늘이 인간에게 심어 준 본성을 모조리 다 발휘하실 수 있고, 천지만물이 성장하는 배경 전체를 아우를 수 있으며, 천지를 내신 하느님의 창조사업에 적극적으로 참여하실 수 있으시다. 그분을 닮고자, 그분과 함께하고자 그분을 따르는 모든 사람들을 우리는 '그리스도인'(基督人)이라 부르고 있다.

신앙인들이 그분을 따르고 그분과 하나 되고자 한다면 자연히 '정성스러움'이 있어야 하지 않을까? 정성스러움이 없으면 따른다는 것, 닮는다는 것, 함께한다는 것은 공허한 빈말에 불과할 뿐이겠지? 지극히 정성스러운 것은 하늘뿐이고, 그 하늘이 인간을 내면서 자신의 정성스러움을 심어주었기에, 인간은 그 정성스러움이 밝게 드러나도록 해야 한다. 하느님께서는 당신의 본성적 사랑으로 사람을 창조하시고, 그 사람 안에 당신의 본성인 사랑을 심어주셨으며, 그 사랑의 정신으로 인간들은 서로를 아끼고 사랑하면서 살기를 바라고 계신다. 인간이 결국 자기에게 주어진 본성을 다한다는 것은 '하늘 길'(天道)을 주저 없이 따라 나선다는 뜻이 된다.

어떤 사람들은 정성스러움(誠)이라는 한자어를 가지고 말씀(言)과 이루어지다(成)의 합성어로 생각하기도 한다. 이것을 합쳐보면, '말하는 대로 이루어지는 것' 곧 말과 행동이 합치되는 것(言行一致)을 의미한다.[73] 나도 그러한 분석에 전적으로 동의한다. 말하는 것과 행동하는 것이 하나가 되어야 거기에 정성스러움, 참됨, 믿음 등이 적용될 수 있을 것이기 때문이다. 만일 일치되지 않는다면 거짓, 사기, 불신 등이 팽배해지기 마련이겠지. 지금의 세상은 이러한 정성스러움이 잘 보이질 않는다. 정성스럽지 못하기 때문에 하늘이 주신 자기본성을 제대로 다 발휘하지 못하고, 그것을 발휘하지 못하기 때문에 다른 사람의 본성을 잘 인정해 주지 않는 것이 아닐까? 그러니까 나아가서 천지만물, 곧 나 아닌 타자(他者)에게 도움을 베풀려고 하지 않으며, 결국 천지만물을 내신 하느님의 창조사업에 참여하지 못하고 이미 창조된 것들조차 파괴하려고 애를 쓰고 있지도 모르겠다. '타자(他者)에게 열려 있다'라고 하는 것은 나를 다른 사람들에 보여 주는 행위인 동시에

---

[73] 이성배, 『유교와 그리스도교』, 분도출판사, 1979년, 246쪽 이하 참조.

다른 사람들을 철저하게 인정해 주고 존중해 주는 태도일 것이다. '사랑'이라는 말도 구체적으로 자신이 타자를 향하여 모든 것을 내어 놓을 때만이 가능해진다. 진정한 사랑의 실천은 우선 나와 그가 별개가 아니라 '한 공동체'의 구성원임을 깨닫고 타자에게 정성스럽게 다가가야 할 것이다.

텃밭에 고랑을 내고 비닐을 씌울 때도 그러했는데, 이제 그 비닐을 벗겨낼 때에도 기분이 그리 썩 좋지만은 않다. 올해는 비닐을 씌우지 않고 채소를 가꾸어 보자고 마음먹어 본다. 그러나 언제 또다시 그 마음이 일그러지게 될지 생각하면 두렵다. 지금 하늘엔 잔뜩 먹구름이 드리워져 있다. 눈비소식이 있기는 하지만, 아직 눈발이나 빗방울이 떨어지지는 않고 있다. 생각 같아서는 조금씩 내리지 말고 온 대지가 푹 젖도록 한꺼번에 왕창 내려주었으면 한다. 라디오에서는 올해 벚꽃이 지난해보다 열흘정도 빨리 필 거라고 한다. 벌써부터 봄을 기다리는 사람들의 가슴이 수액을 빨아들이는 나무들을 닮아 한껏 부풀어 있다.

우리가 아침에 일어나서 걷는 수많은 그 길이 결국 '하늘로 향하는 길'이 아닐까 생각해 본다. 우리는 그 길을 통하여 '하늘 길'을 몸소 닦고, 하늘이 내려주신 그 본성을 모조리 다 발휘해야 할 것이다. 그리고 걷는 걸음마다 창조의 모습대로 놓여 있을 온갖 천지만물들을 구경하고 훗날 하느님께 "참, 아름답니다"라고 한 말씀 드릴 수 있다면 얼마나 좋겠는가? 이런저런 생각에 또 하루가 저물어 간다.(2009년 3월 5일 경칩 날에)

스물셋

못난 곳까지도 나아가라(致曲)

그 다음으로는 구불구불하여 못난 곳까지 나아가야 합니다. 못난 곳일수록 정성스러움이 담겨 있을 수 있지요. 정성스러워지면 형태가 나타나고, 형태가 나타나면 드러나게 됩니다. 드러나면 밝게 되고, 밝아지면 움직이게 되고요. 움직이게 되면 변하게 되고, 변하게 되면 융화가 됩니다. 오직 천하의 지성만이 융화할 수 있지요(其次 致曲 曲能有誠 誠則形 形則著 著則明 明則動 動則變 變則化 唯天下至誠 爲能化).

오랜만에 부산에서 공부방을 하는 친구 도미니카가 소식을 전해왔다. 도미니카는 모든 것을 주님께 걸고 달동네로 들어가 어려운 가정의 아이들을 위하여 벌써 20년이 넘게 봉사하며 살고 있다.

전화내용은 별 것이 없다. 그저 자기가 잘 아는 어떤 분이 광양만에서 순천만 여수 근처를 지나다가 발바닥에 물집이 생겨 며칠을 고생하셨다는 이야기이며, 부산에도 봄이 시작되었다는 이야기, 공부방의 아이들과 선생님들에 관한 이야기 등등 시시콜콜한 이야기를 안부삼아 전했다. 그리고는 자신의 처지를 조금 내비친 뒤 그렇게 전화통화는 끝났다. 수화기를 내려놓는데, 문득 '물집'이라는 말이 귀에 와 닿는다. 누구나 길을 오래 걷다가 보면 물집이 생기기 마련이지만, 자기 상처인 양 걱정하는 도미니카의 마음이 오랫동안 가슴에 남았다. 걷기 운동을 하다가 물집을 만난 그분의 연세가 높으시다니 도미니카의 걱정도 더 깊어갔을 것이다. 힘들고 어려운 상황 속에서도 누구를 염려한다는 것은 참으로 소중한 삶의 모습이라 여겨진다.

이제 이곳에도 본격적으로 봄이 시작된 모양이다. 둘러다보는 산자락마다 이제는 제법 푸르고 샛노란 기운이 감돌고 있다. 지난해 다섯 마지기나 되는 수도원의 묵정밭에 돌을 골라내고 옥답(?)을 만들었다. 이제 거기에다 봄 농사로 무엇을 심을까 고민 중이다. 우선은 감자를 몇 고랑 심을까 하여 인근 화동공소(公所)로 귀농한 친구에게 강원도 감자 씨를 튼실한 놈으로 하여 부탁했다. 그리고 나머지는 가을에 무와 배추를 심을 자리를 남겨두고 매실을 몇 그루 심을 작정이다. 그래도 자리가 남으면 소나무(금강송)나 주목의 묘목을 빼곡히 하여 몇 고랑을 심으려고 한다. 어린 묘목들은 될 수 있는 대로 빼곡히 심어야 한단다. 그렇지 않으면 잡초에 묻혀서 쉽게 죽어버린다나. 사실 말이 좋아서 다섯 마지기이지 벌써부터 힘에 부칠 거라는 생각이 든다.

지난해 돌을 골라내느라 무진 애를 다 쓴 후유증일 수도 있다. 농사꾼들이야 그까짓 것 농사를 짓는 축에도 들지 않지만 반거치인 나에게는 아무래도 무리로 보인다. 그렇지만 있는 밭을 놀릴 수가 없지 않은가? 지난해에는 그래도 거기에 김장배추를 심어 맛있게 잘 나누어 먹지 않았던가. 어쨌든 올해도 농사를 지어보기로 했다. 이미 계분(닭똥거름)은 지난해 배추를 수확한 다음에 밭에다 내어놓은 상태이니, 이제 때를 기다리면서 부지런히 밭을 갈 채비만 해두면 된다.

문득 요즘 정치인들이 텔레비전에 나와서 걸핏하면 내뱉는 '진인사대천명'(盡人事待天命)이란 말이 생각난다. 그 말이 어디에서 나왔을까 하고 찾아봤다. 『삼국지(三國志)』의 '수인사대천명'(修人事待天命)이라는 말에서 유래하였다고 한다. 그 유명한 적벽대전(赤壁大戰)에서 조조(曹操)가 화용도(華容道)에서 포위당했을 때 관우(關羽)가 그를 죽이지 않고 개과천선하기를 바라는 마음에서 놓아주자, 이에 제갈공명(諸葛孔明)이 화가 나서 관우를 죽이려 하였다. 그러나 유비(劉備)가 제갈공명에게 아우 관우를 살려달라고 애원하였다. 거기에서 제갈공명은 "나는 사람으로서 할 수 있는 방법을 다 썼으니, 하늘의 명을 기다려 따를 뿐(修人事待天命)입니다"라고 하였다는 고사에서 비롯되었다.

사람이 태어나서 사람으로서의 할 일을 모조리 다 발휘하고 죽을 수만 있다면 얼마나 좋겠는가? 그러나 대개는 모조리 다 발휘하기는 고사하고 어떤 때에는 사람으로서 하지 말아야 할 일에 애를 쓰는 경우들이 많다. 얼마의 시간이 지난 후 그것이 사람으로서 할 짓이 아니었다는 것을 발견할 때 참으로 후회스럽지 않을까? 그렇지만 많은 사람들은 자신의 잘못을 깨닫지 못하고 생을 마감하기도 한다. 예수께서는 십자가에 매달려 계시면서 사람들이 신 포도주를 듬뿍 적신 해면을 우슬초 가지에 꽂아 당신 입에 갖다 대는 것을 허락하신 다음 "다 이루어졌다"(요한 19,30)라고 하셨다. 예수께서는 참 하느님이시면서 사람으로 오셨고, 사람으로 오셔서는 당신께서 하실 일을 모조리 다 발휘하신 셈이다.

동서고금을 막론하고, 사람이라면 누구나 고결하게 살고 싶고, 부자로 살고 싶고, 명예를 누리고 싶으며, 권력이나 권위를 드러내고 싶어 한다. 원래는 그렇지 않았다 하더라도 살다보면 하늘이 내려주신 본래의 그 마음을 잃어버리고 스스로의 욕심을 채우는 것이 우리 인간들이 아닐까? 그러한 욕심은 자연히 구불구불하고 자질구레하며, 세세하고 사소하며, 소외되고 변두리에 내몰리며 그늘진 곳에 있는 사람들에 대해서는 관심조차 기울이지 않는 법이다. 대신에 오로지 확 트이고 전도가 유망하며, 다른 사람들이 알아주는 것들을 가까이 하고 쳐다보며 생각하고 마침내 마음에도 없는 정성을 기울여 섬기기까지 하게 되지.

머리글에 나오는 '치곡'(致曲)이라는 말은 구불구불하여 못난 곳까지 나아가기, 사소하고 세밀하며 극히 작거나 적은 곳까지 나아가기 혹은 변두리나 주변으로 밀려난 곳까지 나아가는 것이나 소외되고 그늘진 곳까지 나아가는 것을 뜻한다. 이런 의미에서 '곡'(曲)은 '보잘 것 없는'이란 뜻이다. 물론 노래의 가락 등을 뜻하기도 하지만, 노랫가락 또한 하층의 서민들이 삶의 희(喜)·노(怒)·애(哀)·락(樂)을 담아 만들어 불렀다는 것을 감안해 본다면 같은 의미로 통한다고 본다. 예수께서는 "눈먼 이들이 보고 다리저는 이들이 제대로 걸으며, 나병 환자들이 깨끗해지고 귀먹은 이들이 들으며, 죽은 이들이 되살아나고 가난한 이들이 복음을 듣는다"(마태 11,5-6)고 말씀하셨다. 보잘것 없는 이들이 결국 하느님의 사람이 되는 것이 아니겠는가? 또 예수께서 말씀하시기를, "너희는 이 작은 이들 가운데 하나라도 업신여기지 않도록 주의하여라"(마태 18,10), "어린이들을 그냥 놓아두어라. 나에게 오는 것을 막지 마라. 사실 하늘 나라는 이 어린이들과 같은 사람들의 것이다"(마태 19,14; 루카 18,16; 마르 10,14 참조), "하느님의 나라는 겨자씨와 같다"(마르 4,31)라고 하시는 등 수없이 많은 곳에서 '곡'의 의미를 설명해 주시고 계신다. '곡' 속에는 정성스러움이 깃들어 있기 때문에 누구든지 성인이 되고자 하다면, '곡'의 의미를 알아내고 '곡'을 외면하지 말고 '곡'과 더불어 '하나'가 되어야 한다. 이때 '곡'에게로 나아가서 함께하려는 자는 먼저 자기 자신을 스스로 낮추어 '곡'과 키 높이를 같이하지 않으면 안 된다. '곡'이 들어가 있는 낱말 몇 개가 생각난다. '우여곡절'(迂餘曲折)은 갖은 일을 다 겪는다는 뜻이고, '곡진'(曲盡)은 간곡하게 정성을 다한다는 뜻이렷다.

'정성스러운 것은 하늘의 길(誠者 天之道也)이다'라고 하였으니, 하늘의 길은 곧 천명, 하늘의 뜻이고, 그것을 정성스럽게 해야 하는 것은 곧 인간의 길(誠之者 人之道也)이 된다. 인간이 하늘의 뜻을 받들어 정성스러워지려면 결국 쉽고, 편하고, 곧고, 확 트인 길을 걸어가는 것이 아니라 어렵고, 힘들고, 구불구불한 길을 걸으면서 그곳에도 뭇 중생들이 살고 있음을 의식하고, 그들을 사랑해야 한다는 의미가 아닐까? 예수께서도 "건강한 이들에게는 의사가 필요하지 않으나 병든 이들에게는 필요하다. 나는 의인이 아니라 죄인을 불러 회개시키러 왔다"(루카 5,31-32)고 말씀하셨다. 어느 곳에서나 무엇에게서나 정성스러우면 상대방을 살려주고 드러내주며 밝고 환하게 빛나게 해 주는 것이 된다. 그렇게 되면 그의 인격은 되살아나고 그것이 바로 부활의 신비가 아닐까 한다. 밝게 변화된 그 사람은 감동하게 되고, 감동시킨 이와 더불어 하나가 되어 마침내 성인 곧 지성(至聖)이 되겠지.

우리나라의 봄은 제주도를 지나 남해안에서부터 시작되는 듯하다. 우리나라 남해안은 해안선이 복잡해서 비교적 구불구불하다. 봄은 어렵사리 그 길을 택해서 우리에게 오고 있는지도 모를 일이다. 복잡하고 구불구불한 길일수록 경치며 온갖 풍광이 더욱 아름답고, 거기에 깃들어 사는 온갖 미물들이며 사람들도 더욱 정답고 해맑지 않을까도 생각해 본다. 구부러진 길과 길을 따라 걷는 이가 하나가 되어(爲能化) 어울려 나아가는 광경을 그려본다. 공동체(共同體)라고 하는 것이 어디 사람살이에만 있는 것이겠는가? 자연하고도 하나가 되면(物我一體) 곧 공동체가 아니던가?

오늘은 고맙게도 봄을 재촉하는 비가 내린다. 부산 산동네에 보금자리를 튼 "우리누리공부방"에도 남해안을 따라 들어온 싱그러운 봄 냄새가 가득하겠지. 문득 봄이 오는 길목인 남해의 해안선을 따라 가다가 강진에 머물고 싶다는 생각이 든다. 어려운 시대에 다산(茶山) 정약용(丁若鏞) 선생이 영어(囹圄)의 몸으로 혼신의 힘을 다해 수기치인

(修己治人)의 삶을 살았던 어느 봄날에 관한 그의 시편이 기억에 새롭다. 그분의 소망대로 이 새봄에 모두들 수기치인 하여 안인(安人)하는 사람들이 되기를 하느님께서 간곡히 기도 드린다.(2009년 3월 13일 금요일에)

스물넷

미리 깨달아야겠지요 (前知)

지성(성인)의 길은 미리 깨달을 수가 있지요. 나라와 집안이 장차 일어나면 반드시 상서로움(길조)이 있게 되고, 나라와 집안이 장차 망해지려면 반드시 요망스러운 재앙(흉조)이 있게 됩니다. 시초와 거북점에 드러나게 되고, 온 몸에 움직여지는 것이지요. 앙화와 축복이 장차 이르게 되면, 선한 것은 반드시 먼저 알게 되며 선하지 못한 것을 반드시 먼저 알게 됩니다. 그렇기 때문에 지성은 신과 같은 것이지요(至誠之道 可以前知 國家將興 必有禎祥 國家將亡 必有妖孼 見乎蓍龜 動乎四體 禍福將至 善必先知之 不善必先知之 故至誠 如神).

또다시 춘분(春分)이 돌아왔다. 날짜는 지난해와 꼭 같은데 나의 몸이나 일상의 삶은 사뭇 달라져 감을 느낀다. 시간은 자꾸만 봄이 왔다고 알려주고 있는데, 그러나 날씨는 몸과 마음만큼이나 종잡을 수가 없다. 나의 몸과 마음이 서로 천리나 떨어져 있는 듯 각자 따로 놀고 있다. 밖엔 비가 내리는가 싶다가도 어느새 눈으로 바뀌고, 따뜻하고 포근하다가도 찬바람이 윙윙 부는 것이 문득 조석으로 변하는 인심(人心)을 닮았지 않았나 싶다. 며칠 전, 중국대륙에서 불어오는 바람에 황사(黃砂)가 실려 와서 하늘은 온통 먹장구름이 낀 듯이 거멓고 덕분에 비염(鼻炎)의 기미가 엿보이는 별로 신통치 않은 코는 하루 종일 실룩거리면서 기침을 연발로 품어댄다.

때마침 노(老) 선배께서 국토해안선 도보순례를 마치고 서울에 올라가셨다는 지인의 소식이 있었다. 어디에서 그러한 용기와 기개가 샘솟아 나는지 정말 대단하다는 말씀밖에 더 드릴 것이 없다. 그동안 나는 많은 것을 여쭈어 보고 싶었지만 짧은 전화통화에 안부만 전하고 급히 끊어서 죄송스럽기도 하지만, 궁금한 것은 여전히 많다. 이번 순례는 어떠하였는지? 혹시 걸으시다가 발병은 나지 않으셨는지? 봄은 남해안 어디까지 왔는지? 혹 다산초당에도 들르셨는지?

언젠가 광주에 사는 후배 하나가 나에게 안부연락을 주었다. 그리고는 대뜸 농사일에 관해서 묻는다. 내가 수도원에서 작은 텃밭을 일구는 것을 그녀석이 알 리가 없건만, 한다는 소리가 "너무 무리는 하지 말라"고 한다. 후배도 자기가 속해 있는 공소에 작은 밭을 하나 장만하였는데, 여간 힘드는 것이 아니란다. 그러면서 새로 봄이 왔으니 농사준비를 할 것이라고 한다. 나도 수도원의 너른 밭을 바라보면서 고민에 빠져 있기는 마찬가지이다.

농사일이라는 게 때가 있기 때문에 조바심을 낸다거나 느긋하게 게으름을 피운다거나 하는 것은 금물이다. 때를 알고 미리 대비를 하면서 기다려야 하는 것이다. 예를 들면 감자를 심을 때가 있으면 거둘 때가 있기 마련인데, 그 때를 놓치면 그 농사는 다 망치게 된다. 그래서 하늘이 정하여 주신 그 때를 잘 맞추어 제 때에 시작하고 거두는 일을 가장 잘 하는 사람을 예부터 '상농'(上農)이라고 하는지 모르겠다. 생각건대, 나는 하농(下農) 중에서도 분명히 가장 하농일 것이다.

사람이 어떤 일을 하거나 무엇을 계획할 때 또는 먼 길을 나설 때 자신에게 무슨 일이 일어날지 미리 안다면 얼마나 좋겠는가? 사실 계획을 한다는 것이 곧 '미리 알아낸다'와 같은 뜻일 수는 있을 것이다. 가령 어떤 일을 계획할 때, 미리 성공의 여부를 예상하여 그 일을 추진할 때 참고를 한다. 그러나 그것도 미리 알아내는 것이 아니라 어디까지나 예상에 다름이 아니다. 예상(豫想)은 예견(豫見)과는 다르다. 예견은 곧 전지(前知)이며, 전지는 선험적(先驗的) 지식이다. 여기에서 '선험적'이라는 말은 칸트나 다른 철학자들이 말하는 것과는 약간의 차이가 있을 수 있다. 인간의 이성으로 판단하는 의미에서의 '선험적'이 아니라 감성(感性)으로 느끼는 차원의 선험(先驗)을 말하는 것이라 생각된다.

'지성이면 감천'(至誠則感天)이라는 옛말이 있다. 이 때 '성'은 정성스럽다는 뜻을 가지고 있지만, 『중용』에서는 '하늘의 길'(天之道)이라고 했다. 하늘 길은 곧 하늘이고, 하느님이시다. 따라서 정성스러운 이는 바로 하느님 한 분뿐이시라는 말씀이다. 그분만이 '지성'(至誠)이고 오롯이 그분을 받아들이는 사람은 하느님께서도 감동하신다는 뜻이 아닐까? 그리고 하늘의 길을 하늘의 길답게 이어가는 것(誠之者)이 곧 사람의 길(人之道)라고 했는데, 사람의 길은 결국 하늘이 제시한 그 길이어야 자신의 살 길이 열린다는 의미로 받아들일 수 있다. 그런데 말이다. 지성의 길 곧 하늘의 길은 우리 사람이 미리 알아 볼 수 있다고 한다. 언젠가 예수님도 사람의 아들이 오시는 날(마태 24,29-31; 마르 13,24-27; 루카 21,25-28 참조)의 징조를 말씀하는 가운데 무화과나무에 관한 비유말씀을 들려주시면서, "너희는 무화과나무를 보고 그 비유를 깨달아라. 어느덧 가지가 부드러워지고 잎이 돋으면 여름이 가까이 온 줄 알게 된다. 이와 같이 너희도 이 모든 일을 보거든, 사람의 아들이 문 가까이 온 줄 알아라"(마태 24,32-33; 마르 13,28-29; 루카 21,29-31 참조)라고 말씀하셨다. 이와 같은 맥락으로 중용에서도 "나라와 집안이 장차 일어나면 반드시 상서로움(길조)이 있게 되고, 나라와 집안이 장차 망해지려면 반드시 요망스러운 재앙(흉조)이 있게 되지요. 시초와 거북점에 드러나게 되고, 온 몸에 움직여지는 것이지요. 앙화와 축복이 장차 이르게 되면, 선한 것은 반드시 먼저 알게 되며 선하지 못한 것을 반드시 먼저 알게 됩니다"라고 말하고 있다. 지구 반 바퀴를 돌아 이스라엘 땅 거기에서 거론하신 예수님의 말씀이나 동양의 한 사상가가 이야기한 내용이나 서로 일맥상통하고 있다. 이는 하느님의 역사(役事)하심이 구체적으로 어느 한 곳에 고정되어 있지 않음을 보여 주고 있다. 심지어 『중용』의 저자가 '지성'을 '신과 같다'(如神)고까지 고백할 때, 더더욱 하느님의 역사하심을 되새겨 보게 된다.

유가에서의 신은 당시의 민간신앙과 어울려 천신(天神), 천지신명(天地神明), 군신(群神), 상제(上帝) 등 다양하게 존재하지만, 하늘을 섬기는(事天) 것이 유가의 가장 두드러진 특징이기 때문에 결국 유가의 신은 하느님(上帝) 한 분뿐이시라는 결론을 내릴 수 있다. '지성'의 존재는 하느님이고, 하느님께 순명하고 하느님을 닮은 사람이 곧 '지성', '성인'이 되는 셈이 아닐까? 이런 점에서 우리 천주교와 유가는 궁극적으로 같은 곳을 바라보고 있다는 생각이 든다.

이곳에서는 봄을 알리는 봄꽃 중에 가장 빨리 피어나는 것이 산수유 꽃이다. 앞마당 화단에는 두 그루 산수유가 있어서 이제는 제법 노란 봉오리들이 커진 것을 보니 진정 봄이 오긴 왔나 보다. 지금쯤 선배께서도 댁으로 들어오셔서 그간 사용하지 않았던 집안을 살피시면서 또 농사일 준비를 하시고 계시겠지. 나도 다음 월요일에는 밭의 절반에다 감자 씨앗을 심고, 또 다른 절반에다가는 묘목을 심기로 했으니, 그 일을 추진해야겠다. 사람들이 그곳에다 유실수(有實樹)를 심기를 권장하지만 마땅한 것이 없어서 결국 수도원의 장래에 도움이 되는 나무를 심기로 했다. 사실 수도원 주변에는 상록수가 별로 없다. 그래서 상록수 가운데 소나무, 구상나무, 주목(朱木) 등을 열거하여 생각한 끝에 주목과 약간의 금강송 묘목을 심기로 했다. 소나무는 기온 관계로 병충해가 심하고, 구상나무는 자라는 데 더디지만, 그래도 소나무 한두 그루쯤은 있어야 어울리지 않을까? 그리고 나머지는 '살아서 천 년 죽어서 천 년'이라는 주목을 선택하여 심으면 될 것이다. 묘목구입은 귀농(歸農)한 화동공소의 신자 가운데 이 방면에 전문가가 있어서 부탁을 해놓은 상태이다.

  무엇에 대하여, 특히 자신이 걸어가야 할 앞날에 대하여 미리 그려 보는 것은 어쩌면 '미리 알아내는 것'인지도 모른다. '안다는 것'은 '깨닫는 것'이 아니겠는가? 그런데 무엇을 알아내고, 무엇을 깨달아야 할까? 사람들마다 처한 입장과 생각하는 방향이 다르기 때문에 이 역시 다를 수 있다고 본다. 하지만 그 목적은 동일할 것이라 여겨진다. 인간은 '궁극적 행복'이라는 삶의 목적이 있고, 그 목적을 향해서 걸어가기 때문이다. 걸어가는 동안 더러는 '수단'과 '목적'을 착각하여 목적을 수단으로 여기고 수단을 목적으로 여기기도 한다. 하지만 세월이 흐를수록 목적과 수단을 혼동하는 착각의 간극은 엷어질 것이고, 마침내 제자리를 찾을 것이라 믿는다. 다만 사람에 따라서 늦기도 하고 빠르기도 하다는 정도의 차이만 있을 따름이다.

  지금 나는 창을 열고 하늘을 쳐다보고 있다. 그리고 모든 농민들이 예전처럼 농사일을 신명나게 하시는 모습을 그려 본다. 가까운 시일 안에 틈을 만들어서라도 주변의 농사를 짓는 지인들을 한번 찾아봐야겠다. (2009년 3월 20일 춘분에)

스물다섯

주체적으로 이루어 나가야지요(自成)

정성스러운 이는 스스로 이루면서 또한 길도 스스로 찾아내지요. 정성스러운 이는 다른 이(만물)의 시작이요 마침인데, 정성스럽지 못하다면 다른 이도 없어져버립니다. 이 때문에 군자는 정성스러움을 귀하게 여기게 되지요. 정성스러운 이는 스스로 자기를 이룰 뿐 아니라 다른 이를 이루어지게 하는 까닭이 됩니다. 자기를 완성하는 것은 너그러움이요, 다른 이를 이루도록 해 주는 것은 지혜입니다. 그의 본성은 덕스러움이며, 안팎의 길에 합치하기 때문에 때마다 골라 써도 마땅합니다(誠者 自成也 而道自道也 誠者 物之終始 不誠無物 是故君子 誠之爲貴誠者 非自成己而已也 所以成物也 成己 仁也 成物 知也 性之德也 合內外之道也 故時措之宜也).

박 권사님, 사순절이 벌써 종반으로 향하고 있네요. 산에는 꽃도 지천으로 피어나고 있고, 들판에는 농사꾼들이 부지런히 논밭을 갈면서 한 해 농사를 시작하고 있고요. 권사님께서도 지금쯤 교회의 일꾼으로서 다가오는 부활절 준비로 분주하시겠지요? 저는 텃밭을 일구어 낼 것과 씨앗을 뿌릴 계획 등 올 농사계획을 차근차근히 생각하여 짜고 있습니다. 3월 하순인데 춘설(春雪)은 연 이틀에 걸쳐 내렸고, 그 영향인지 꽃샘추위도 비교적 오랫동안 지속되고 있는 듯합니다. 이러다가 지난해처럼 과수원에 한창 꽃이 피어오르는데 다시 눈이나 서리가 내려 한 해 농사를 망치지 않을까 걱정이 됩니다. 저야 뭐 과수나무가 없습니다만 이 지역에서는 많은 농가(農家)들이 포도와 사과, 배 등을 가꾸고 있지요.

어제는 의성 도리원에 사시는 두봉 주교님께서 다녀가셨습니다. 수도원에 볼일을 보러 가끔씩 오시지요. 오셨다가는 언제나 가끔씩 저와 같이 점심을 드시곤 하신답니다. 올해 연세가 여든한 살이나 되셨는데도 손수 자동차를 몰고 여기까지 오실 만큼 건강하시고, 또 정신도 아주 맑아 보여서 덩달아 저도 기분이 좋아지지요.

사순절 막바지를 보내는 지금, "정성스러운 이는 스스로 이루면서 또한 길도 스스로 찾아낸다"는 『중용』의 말씀이 익숙하게 다가옵니다. 저는 중용의 저자가 위대한 가톨릭의 교부(敎父)나 성인품에 오른 어느 신학자처럼 느껴질 정도로 존경스럽습니다. 세대를 초월해 마음에 새길 만한 공자님의 진리를 전하고 있으니까요. 공자님은 복음서에 기록된 예수님의 계명, "'네 마음을 다하고 네 목숨을 다하고 네 정신을 다하여 주 너의 하느님을 사랑해야 한다.' 이것이 가장 크고 첫째 가는 계명이다. 둘째도 이와 같다. '네 이웃을 너 자신처럼 사랑해야 한다'"(마태 22,34-40)라는 말씀을 전해 주는 듯하고, "자기가 하고 싶지 않은 것을 다른 사람에게 시키지 마라"(己所不欲 勿施於人)(『논어·안연』)는 가르침은 "그러므로 남이 너희에게 해 주기를 바라는 그대로 너희도 남에게 해 주어라"(마태 7,12)라는 그 유명한 황금률(黃金律)을 떠올리게 합니다.

하느님은 어느 특정한 종교에 예속되어 있거나 고정되어 계시는 분이 아니라 모든 사람들 가운데 계시는 분(無所不在)이시기에 더더욱 그분의 존재하심에 찬양을 드리지 않을 수가 없습니다. 게다가 '중용'(中庸)하는 방법으로 장차 세상의 모든 인류를 당신의 나라로 불러 모으신다는 것을 믿어 의심치 않습니다.

'성'(誠)은 하늘의 길(天之道)이며 스스로 이룸(自成)이라고 했습니다. 동시에 이 '성'에서부터 만물이 시작되고 마쳐지기(物之終始) 때문에 '성'이 아니라면 세상의 모든 만물도 없게 되고 만다(不誠無物)고 하였지요. 곧 '성'은 하느님께서 존재하시는 존재양식(存在樣式)이면서 움직이시는 활동양식(活動樣式)이라고 보아도 과언은 아닐 듯합니다. '성'이 하느님의 길이라면, 이 길은 사람의 길(人道)이기도 하지요. 하느님의 모상으로 태어난 사람(창세 1,27 참조)이 걸어가야 할 길은 사람을 내신 하느님을 닮아 사람으로 오신 하느님 곧 예수 그리스도께서 걸어가신 그 길을 걸어가야 하지 않겠습니까? 이때 말씀은 항상 참된 것이어야 하고, 참된 언어는 항상 사실에 부합되어야 한다고 하였습니다. 이렇게 '성'의 글자를 풀이한 다음, "말씀이 사람이 되시어 우리 가운데 사셨다"(요한 1,14)라는 말씀에 적용시켜서 말씀이 사람이 되신 그리스도를 지칭한다고까지 하였습니다. 말하자면 강생하신 말씀, 말씀이신 분이 사람으로 오신 분(Verbum factum)이 바로 '성' 혹은 '지성'(至誠)이라는 것입니다. 따라서 공자께서 가르치신 인인(仁人)이나 성인(聖人 = 誠人)은 공자 자신도 받아들일 수 없을 정도로 벅찬 인격이라는 것이지요.[74]

이 편지의 첫머리 『중용』 대목에서 보여 주고 있는 '성'에 대한 구절들만 보아도 유가의 '성' 개념이나 천주교의 "사람이 되신 말씀"이 얼마나 가깝게 닮아 있는지 알 수가 있지요.

권사님께서도 아시다시피, 예수께서 죽으시고 묻히시고 부활하신 이후, 초대교회에서부터 지금에 이르는 2천 년 동안의 그리스도교는 어떻게 보면 절대존재이시며 또 한없이 자유로우신 하느님을 상대적이고 제한적인 인간의 틀 속에 고정시켜 놓고 선교(宣敎)를 이야기해 왔지요. 뿐만 아니라 타종교를 인정하거나 존중하지 않고 오로지 배타적 시선으로 노려보면서 복음화(福音化) 이야기를 얼마나 자주 강력하게 주장하였는지요? 여기에는 천주교든 개신교든 별반 다를 게 없었지요. 물론 세상을 창조하시고 인류를 구원하실 하느님은 단 한 분뿐이시고, 그분이 사람이 되셔서 우리와 함께 사시면서 인간이 걸어가야 할 참된 길을 보여 주셨습니다. 제가 그것을 지금 부정하고 있는

---

74 이성배, 『유교와 그리스도교』, 분도출판사, 1979년, 243-264쪽 참조.

것은 아닙니다. 우리 모두가 그분의 은총에 의탁하고 그분의 뜻에 맞는 삶을 살아야 하는 것은 분명한 사실이라는 것을 고백하기 위함이지요. 그러나 그분의 뜻이, 그분의 은총이 단지 이 지구상에서 그리스도교라는 특정종교 안에서만 작용하겠습니까? 사람이 살고 있는 곳이면 어디든지 하느님께서는 사람을 위하여 끊임없이 활동하고 계심을 믿고 또 믿습니다. 그런 점에서 보자면, 지난날 움켜잡고 있으면서 조금씩 내뱉는 마치 부자가 거지에게 먹을 것을 나누어 주듯이 행세를 했던 세월들이 참으로 부끄럽기 그지없습니다. 하느님께서는 모든 것을 사람들에게 거저 주셨고, 또 하느님이시기를 포기하시고 사람이 되셔서 당신의 모든 것을 심지어는 목숨까지도 희생 제물로 내어 놓으셨는데, 우리는 입만 열면 '복음화'니 '토착화'니 하면서도 마음의 문은 여전히 빗장을 걸듯이 빈틈없이 걸어 잠그고 있으니, 그것이 곧 하늘 나라의 문을 잠그고 있는 욕심쟁이에 다름 아니고 무엇이겠습니까?

오늘은 3월 하순 아니 정확히 말해서 3월 31일입니다. 이제 내일이면 4월 초하루가 되지요. 그리고 올해는 윤달이 끼어 있어서 오늘이 음력으로는 3월 초닷새입니다. 양력보다 음력이 꼭 한 달가량 늦습니다. 그래서 그런지는 몰라도 바람이 차갑게 부는 것이 아직 완전하게 봄으로 들어서 있지는 못하는 모양입니다. 그렇지만 집주변에는 벌써 개나리, 진달래 등이 피어나고 있고 또 텔레비전 뉴스에서는 곳곳마다 봄 축제를 펼친다는 소식을 연일 전해 주고 있지요. 제게 밥을 지어 주시는 아주머니(릿다)는 요즈음 밭둑에 쑥을 뜯으러 다니느라 신명이다 나 있습니다. 참 권사님, 류 선생님의 건강은 좀 어떠신지요? 암으로 고생하신다는 소식을 듣고도 병문안 한 번 가보지 못했습니다. 더 이상 진행되지 않고 이쯤해서 멈추고 아무 탈이 없었으면 좋겠습니다. 오늘 서울에서 금 선생이 전화연락을 해왔습니다. 선생님께서 건강진단을 받으러 서울로 올라 오셨고, 거기에 의정부의 권 신부님도 합세하여 함께 저녁식사를 할 예정이라는군요. 아마도 지금쯤이면 모두들 서로 재미나게 이야기꽃을 피우면서 저녁식사를 하고 있으리라 생각합니다. 거기에 저도 끼어들어서 소주 한 잔 기울였으면 얼마나 좋을까 하는 꿈을 꾸어봅니다.

불현듯이 국토해안선 순례나 삼보일배의 오체투지를 행하는 분들의 얼굴들이 생각납니다. 모두들 수기안인(修己安人)을 위한 행진이겠지요. 그것은 길 위에서 길을 가는 사람들의 위대한 걸음입니다. '길이 보이지 않는 시대에 길 위에서 길을 찾아 걸어간다'는 것은 무척 의미가 있어 보입니다. 지금같이 희망을 잃어버리고 찾지 못하는 사람들에게 새로운 희망을 보여 줄 수도 있기 때문이지요. 삼월의 문턱 너머로 사월이 기다리고 있는 시간입니다. 권사님, 아무쪼록 건강하시기를 기도하면서 다음에 또 소식 전해 드리겠습니다. (2009년 3월 31일)

스물여섯

쉼이 없으신 분은 누구실까 (無息)

그러므로 지성(성인)은 쉼이 없지요. 쉬지 않으면 오래되어도 그치지 않고, 그치지 않으면 조짐이 드러나게 됩니다. 조짐이 드러나면 아득히 멀어지게 되고, 아득히 멀어지게 되면 넓고 두터워지며, 넓고 두터워지면 높고 밝아지지요. 넓고 두터워지는 것은 만물을 싣는 까닭이고, 높고 밝아지는 것은 만물을 덮는 까닭이며, 아득히 멀어지는 것은 만물을 이루어내는 까닭입니다(故至誠 無息 不息則久 久則徵 徵則悠遠 悠遠則博厚 博厚則高明 博厚 所以載物也 高明 所以覆物也 悠久 所以成物也 博厚配地 高明配天 悠久無疆如此者 不見而章 不動而變 無爲而成).

산책 세월이 참 '빠르고도 빠르구나'라고 한탄만 하고 있는 동안, 몸은 벌써 4월 초입에 들어서고 말았다. 이제 전례력으로 사순시기도 마무리 단계인 절정으로 향해 가고 있다. 내일이 예수께서

예루살렘으로 입성하는 날인 '주님수난 성지주일'이고 성주간(聖週間)의 시작이다. 가끔씩 차를 타고 가다 보면 도로에 바랑하나를 걸머메고 길을 가는 사람들을 만날 때가 있다. 그런 사람들을 보면, 오랫동안 함께 걷고 싶다는 생각을 할 때가 많다.

길을 걷고 있다는 것은 우리가 살아 있음을 보여 주는 가장 구체적인 증거의 하나다. 인간은 모두 길 위에서 태어나 길에서 노닐다가 결국 길을 따라 역사의 뒤안길로 가는 것이 아닌가! 그렇다면 길은 '생'(生)이요 '도'(道)이며, '진리'(眞理)이다. 진리를 따라 걷는 길이 곧 삶(生)으로 가는 길이 된다. 많은 사람들이 길을 따라 걷고 있지만, 그 길의 소중함을 얼마나 깨닫고 있을까? 문득 궁금해진다.

부산에서 공부방을 하고 있는 도미니카가 자신이 직접 온몸으로 살았던 삶을 그려놓은 책이 출간되었다. 학교를 졸업하고 공부방에 투신한 이후로 여태까지의 생애를 그려놓은 자서전의 성격이 강한 책이다. 책의 제목은 『산동네 공부방, 그 사소하고 조용한 기적』인데, 출간되자마자, 생각보다 많은 사람들로부터 호평을 받고 있다는 소식이다. 직접 저자가 고맙게도 보내와서 나도 그 책을 며칠 전에 저도 읽었다. 정말로 독자들로 하여금 심금을 울리고도 남을 정도로 현장감이 가득 묻어나 있는 그야말로 아주 생생하게 자신과 함께하는 이들의 삶을 잘도 묘사하였다. 모르긴 해도 그 책을 읽는 독자들 역시 저와 같은 감회를 가졌으리라 생각한다. 특히 사회복지에 헌신하려는 사람들(이왕이면 젊은이)에게는 무엇보다도 삶의 고귀한 길라잡이가 될 것이며, 자라나는 청소년들에게는 한번쯤 꼭 읽어봐야 할 필독서가 되지 않을까 싶다.

『중용』을 놀이터 삼아 놀아온 시간들이 얼마 되지 않은 것 같은데, 글의 분량은 어느덧 막바지로 향하고 있다. 쉬엄쉬엄 호흡을 길게 잡았는데도 예상보다 빠르게 달려 온 것 같다. 빠르게 달리면 달릴수록 그만큼 실수가 잦게 되는 법이다. 그런데 여기에서는 "그러므로 지성은 쉼이 없지요"라고 시작하고 있으니 아무래도 우리네 무지렁이 인생과는 큰 차이가 있어 보이기도 한다.

지난 언제이던가? '지성'(至誠)의 존재성(存在性)과 지성성(至誠性)에 관해 생각을 정리해 본 적이 있었다. 따지고 보면, 지성은 천도요 천명이며, 하느님의 말씀이시고 바로 하느님이시라고 고백해도 맞는 소리라고 생각한다. 요컨대, 정성스러운 이는 스스로 이루면서 또한 길도 스스로 찾아내게 된다. 정성스러운 이는 다른 이(만물)의 시작이요 마침이시다. 그렇다 정성스럽지 못하다면 다른 이도 없어져 버리게 된다. 이 때문에 군자는 정성스러움을 귀하게 생각한다. 그리고 정성스러운 이는 스스로 자기를 이룰 뿐 아니라 다른 이를 이루어지게 하는 까닭이 된다. 자기를 완성하는 것은 너그러움이며, 다른 이를 이루도록 해 주는 것은 지혜이다. 그래서 그의 본성은 덕스럽고, 안팎의 길에 합치하기 때문에 때마다 골라 써도 언제나 모든 것에 잘 들어맞을 수밖에 없다. 이로써 보자면, 사실 우리는 『중용』속에서도 참으로 정성스러운 이 곧 하느님을 만나 뵐 수 있다. 진정으로 이 시대의 군자가 되려면 바로 '정성스러운 이' 곧 '지성', '하느님'을 귀하게 받들어 모실 수 있어야 한다. 왜냐하면 '지성'은 곧 하느님이시고, '하느님'께서는 당신이 내신 천지만물을 위하여 쉼 없이 활동하고 계시기에,

모름지기 군자라면 그러한 하느님을 알아 뵙고, 섬기기를 온몸으로 정성을 다하는 사람이기 때문이다.

『구약성경』에서는 하느님께서 천지만물을 내신 다음 쉬셨다(창세 2,1-3 참조)고 하여 '쉼'을 대단히 소중히 여긴다. 하지만 하느님께서 천지만물을 창조하신 다음 진실로 곧바로 쉬셨다고 보아야 하는가? 게다가 천지창조가 까마득한 그 옛날 단 한 번에 그쳐버린 유일회적인 사건이라고만 생각해야 하는가? 하느님께서는 지금도 여전히 쉬지 않고 창조활동을 하고 계신다. 그분께서는 여전히 우리 인간을 위하여 쉬지 않으시고, 당신의 일을 그치지 않으신다. 세상이 끝나는 날까지 하느님께서는 쉬지 않고 당신의 일을 계속하실 것이다. 복음서에는, 예수께서 자신에게 맡겨진 짐을 단 한 번도 내려놓으시지 않고 당신이 가셔야만 할 길을 쉼 없이 가신다. 하느님으로서가 아니라 사람으로서 그분을 바라볼 때, 차마 그 누구도 흉내 내지 못할 정도로 길 위에서 당당하고 의연하게 가신다. 나도 그분의 걸음걸이를 닮고 싶다.

『주역(周易)·건괘(乾卦)·상전(象傳)』에도 "하늘의 운행은 강건하다. 군자는 이것을 본받아 쉬지 않고 스스로 힘쓴다"(天行健 君子以自强不息)라는 말이 있다. 군자는 강건하고 쉼이 없는 하늘의 작용을 본받아 자강불식(自强不息)한 활동을 한다는 말인데, '자강'(自强)이라는 말은 사람이 태어날 때부터 이미 생(生)의 역량을 가지고 있다는 뜻이다. 이는 사람이 하느님으로부터 부여받은 생명역량을 가지고 있기 때문에, 이러한 생명역량을 끊임없이 넓혀 나가고 그 생명력을 발휘하며 튼튼히 지켜나가는 것이 바로 적선(積善)의 수양활동이라[75]는 것이다.

'지성은 쉼이 없다'는 말은 곧 하느님의 쉼 없고 적극적인 창조활동은 '일하시는 하느님의 모습'(창세 1장 참조)을 연상하게 만들어준다. 예수께서도 "내 아버지께서 여태 일하고 계시니 나도 일하는 것이다"(요한 5,17)라고 말씀하심으로써 사람들로 하여금 일에 대한 소중함을 알게 해 주셨다. 이점에 관해서는 선배께서도 '쉼'과 '일'에 대해서 특히 '일'에 대하여 늘 입버릇처럼 말씀하시곤 하셨다. "하느님은 일하시는 분입니다. 하느님의 창조 일(노동)은 하느님의 생명을 나누는 일입니다. 따라서 하느님 생명을 나누어 누리는 사람과 자연은 참으로 좋은 하느님 생명의 구체적인 모습입니다. 우리는 사람과 자연 속에서 하느님의 숨결을 느낍니다. 특별히 하느님의 모습대로 창조된 사람은 일을 통해 하느님의 창조와 구원역사에 참여합니다. 하느님은 역사와 사회와 자연 속에서 일하는 사람을 통해 일하십니다. 일(노동)은 사람이 사람답게 되는 길, 하느님의 생명을 나누는 길입니다. 나누기 위해 일하고 일해서 나누는 것이 사람다운 일입니다."[76]

사실 일하면서 쉬어주고 쉬고 난 다음 다시 일하는 것은 사람살이에 있어서 얼마나 은혜롭고 또 바람직한 일이 아니겠는가? "하느님께서도 일하시고 난 다음 쉬셨다"(창세 2,2 참조)고 한 기록은 결국 하느님이 쉬셨다고 이해하기보다는 무한하신 하느님께서 유한한 인간들을 위해 '쉼'을 적극적으로 배려하셨다고 보아야 옳을 성 싶다. 그러니 그 쉼은 모든 생명을 살리시기 위한 쉼이 분명하다. '모든 생명을 살리기

---

75 윤임규, 『역경(易經)의 생생사상(生生思想)』, 이숙자 옮김, 분도출판사, 2001년, 262-263쪽.
76 정호경, 『해방하시는 하느님』, 분도출판사, 1987년, 17-18쪽.

위하여' 하느님께서는 쉬시는 일을 하시는 것이다. 그러므로 우리는 하느님을 잠시도 쉬시지 않고 일하시는 분(無息)으로 고백해야 할 것이다. 따라서 인간의 모든 활동과 쉼은 그대로 하느님께서 베푸신 은총이 된다.

또 하느님께서는 자유로우신 분이시다. 『중용』의 작가가 "쉬지 않으면 오래되어도 그치지 않고, 그치지 않으면 조짐이 드러나게 됩니다. 조짐이 드러나면 아득히 멀어지게 되고, 아득히 멀어지게 되면 넓고 두터워지며, 넓고 두터워지면 높고 밝아지지요. 넓고 두터워지는 것은 만물을 싣는 까닭이고, 높고 밝아지는 것은 만물을 덮는 까닭이며, 아득히 멀어지는 것은 만물을 이루어내는 까닭입니다"라고 말한 것도 곧 지성의 자유, 하늘의 자유, 하느님의 자유를 말한 것이라고 보아야 하지 않을까? 결국 자유로우신 분이 쉴 줄도, 일할 줄도 알게 된다. 그러한 자유로우신 하느님 안에서 제대로 쉬는 사람이 곧 성인(聖人)이고 군자(君子)이고, 또 지성(至聖)이다. 그렇다면 '쉰다는 것'에 대하여 말해 보자. "쉼은 하느님께 돌아가는 것, 제자리로 돌아가는 것입니다. 하느님은 쉬시는 분, 하느님과 함께 참으로 쉬는 것"[77]이 아닐까?

내일이 전례력으로 '주님수난 성지주일'이기 때문에 모든 성당은 몹시도 바쁘게 움직일 것이다. 또 뭇 사람들은 '청명'(淸明)이니 '한식'(寒食) 혹은 '식목일'(植木日)이라고 하여 분주하다. 한국인이면 '한식'인 이맘때 겨우내 훼손되었던 조상의 묘를 손질하고, 또 주변에 나무를

---

[77] 같은 책, 40쪽.

심으며, 더불어 성묘도 가족들과 함께 한다. 더욱이 지금은 나무심기에 최적기(最適期)가 아닌가 싶다. 물론 수종(樹種)에 따라서 가을에 심는 것, 봄에 심는 것, 여름철에 심는 것이 있지만 대체로 지금이 나무심기에 제일 적당한 때이다. 나무를 심는 것도 중요하지만 이미 살아가고 있는 나무들을 아끼고 가꾸는 일이 더 소중하지 않을까 싶다.

 바람이 세차게 분다. 길 위에서 길을 찾아 길을 걷는다는 것은 어떻게 보면 참으로 '외로운 걸음'이 아닌가 싶기도 하다가도 인생은 어차피 끝에 가서는 혼자가 아닌가라는 사실을 생각해 볼 때는, 홀로 길을 걷는 것도 참으로 의미가 크다. 길을 걷는 사람은 걷다 보면 다양한 사람들과 사물들을 이제 곧 만날 것이다. 만일 남해안을 따라 걷고 있다면, 거제도, 완도, 진도, 그리고 목포의 유달산을 만날 것이고, 거기에서 서해안으로 접어드는 길목과도 해우를 할 것이다. 그렇게 걷다가 힘이 들면, 쉬엄쉬엄 하면서 '진도아리랑'이나 '목포는 항구다' 같은 노래를 벗 삼아 산천경계를 품에 안아보는 여유를 가져보는 것도 길을 걷는 자만의 권리이다. 내가 길을 걷고 있기는 하지만, 무슨 길을 어떻게 걷고 있는지 도무지 감이 오질 않는다. 그만큼 현재의 나의 삶은 돌아 볼 여유도 숨을 쉴 틈도 없이 꽉 틀어 막혀 있는 인생길을 걷고 있다는 뜻이리라. 언제나 자유롭게 길을 걷고 있다고 말할 수 있을 것인지?(2009년 4월 4일 토요일에)

하늘과 땅의 길은 한마디 말로 다 할 수 있습니다. 그것이 만물을 위함이 둘이 아니라면 그것은 천지만물을 생겨나게 하지요. 하늘과 땅의 길을 헤아리지 못하니 넓고 두터우며 높고 밝으며 그윽하고 영원합니다. 이제 무릇 하늘은 여기에 밝음이 많아진 것이지만, 그 무궁함에 미치어서는 해와 달과 별들이 거기에 매달려 있고, 만물은 거기에 뒤덮여 있지요. 지금 무릇 땅은 한줌 흙이 많아진 것인데, 그 넓고 두터움에 미치어서는 화산(華山)을 실어도 무겁게 여기지 않고 강과 바다를 거두어들이면서도 새지 않으며, 거기에 만물이 실려 있지요. 지금 무릇 산은 한 옴큼의 돌이 많아진 것이지만, 그 넓고 큼에 미치어서는 풀과 나무가 생겨나고, 날짐승과 길짐승이 살아가고 있으며, 보물이 묻혔다가 거기에서 나옵니다. 지금 무릇 물은 한 잔이 많아진 것인데, 그 헤아리지 못함에 미치어서는 큰 자라와 악어와 교룡과 고기와 작은 자라들이 거기에서 생겨나고, 돈과 재물이 거기에서 불려납니다. 『시경·주송(周頌)·유천지명편(維天之命篇)』에서 이르기를, "아! 하늘의 명은 아! 아름답기가 그지없구나"라고 하였는데, 대체로 말해서 '하늘이 하늘이게 하는 까닭'입니다. "아! 아! 뚜렷이 드러나지 않는가? 문왕의 덕의 순수함이여!"라고 한 것은 대체로 말해서 '문왕이 문왕이게 하는 까닭이며 순순함 또한 그치지 않았음'입니다(天地之道 可一言而盡也 其爲物 不貳 則其生物 不測天地之道 博也厚也高也明也悠也久也 今夫天 斯昭昭之多 及其無窮也 日月星辰 繫焉 萬物 覆焉 今夫地一撮土之多 及其 廣厚 載華嶽而不重 振河海而不洩 萬物載焉 今夫山一券石之多 及其廣大 草木生之 禽獸居之 寶藏興焉 今夫水一勺之多 及其不測 黿鼉蛟龍魚鼈生焉 貨財殖焉 詩云 維天之命 於穆不已 蓋曰天之所以爲天也 於乎不顯 文王之德之純 蓋曰 文王之所以爲文也 純亦不已).

서신 　정 신부님, 오늘 저녁은 전북 고창군의 흥농이라는 곳에서 묵으신다고요? 지도를 펼쳐놓고 흥농이라는 곳을 찾아보고 있습니다. 목포에 도착하셨다는 소식을 들은 지 얼마 되지 않았는데, 아니 꼭 일주일 만에 굉장히 많이 올라오셨네요. 너무 빨리 걸으시는 것은 아닌지요? 그러다가 '발병'이라도 나시면 큰일이지요. 다행히 건강은 아주 좋다고 하시니 제 마음이 다 기쁩니다. 서해안은 남해안보다는 굴곡이 덜 심해서 걷기에는 좀 편하지 않을까요? 주변의 풍광도 남해안 못지않게 좋고, 역사적인 명승지도 많으니 하늘과 땅과 바다와 산을 둘러보시면서 천천히 가실 길을 걸으시면 좋겠습니다.

　오늘은 성(聖) 토요일입니다. 여기 수도원에서는 밤 9시에 예수님의 부활성야(復活聖夜) 미사를 봉헌하기로 하였습니다. 신부님께서는 걸으시면서 예수님의 부활대축일을 길 위에서 맞이하고 또 보내시게 되겠네요. 하기야 예수님께서 부활하시는 데는 장소와 시간이 문제겠습니까?

　『중용』의 말씀대로 부활하신 그분은 원래 "하늘과 땅의 길은 한마디 말로 다 할 수 있습니다. 그것이 만물을 위함이 둘이 아니라면 그것은 천지만물을 생겨나게 하지요. 하늘과 땅의 길을 헤아리지 못하니 넓고 두터우며 높고 밝으며 그윽하고 영원합니다. 이제 무릇 하늘은 여기에 밝음이 많아진 것이지만, 그 무궁함에 미치어서는 해와 달과 별들이 거기에 매달려 있고, 만물은 거기에 뒤덮여 있지요. 지금 무릇 땅은 한줌 흙이 많아진 것인데, 그 넓고 두터움에 미치어서는 화산(華山)을 실어도 무겁게 여기지 않고 강과 바다를 거두어들이면서도 새지 않으며, 거기에 만물이 실려 있지요. 지금 무릇 산은 한 옴큼의 돌이 많아진 것이지만, 그 넓고 큼에 미치어서는 풀과 나무가 생겨나고, 날짐승과 길짐승이 살아가고 있으며, 보물이 묻혔다가 거기에서 나옵니다. 지금 무릇 물은 한 잔이 많아진 것인데, 그 헤아리지 못함에 미치어서는 큰 자라와 악어와 교룡과 고기와 작은 자라들이 거기에서 생겨나고, 돈과 재물이 거기에서 불려납니다"라고 한 바로 그 주연(主演)이 되시는 분이 아니시겠습니까? 천지만물을 내신 것도 모자라 당신의 온 몸을 죄로 범벅이 된 우리 인간들을 위해 내어놓으신 분이십니다. 그렇지만 그분은 '진리'(眞理)이시고 '사랑'이시니, 끝에 가서는 죽음을 죽음으로 물리치시고, 생명을 생명으로 살리시려고 부활하셨으니, 하늘 아래 땅을 밟고 사는 우리로서는 이것보다 더 큰 은총은 다시 더 없다 싶습니다.

성토요일 밤, 그야말로 오늘 밤은 인류에게 있어서 가장 재수 좋은 밤입니다. 『시경·주송·유천지명편』에서도 "아! 하늘의 명은 아! 아름답기가 그지없구나"라고 노래한 구절이 그분께서 베푸시는 오늘밤을 두고 한 것은 아닌지 생각해 봅니다. 그 시편은 '하늘이 하늘이게 하는 까닭'을 읊은 것입니다. 덧붙여 시편작가는 그 하늘을 닮은 문왕을 성인으로 삼으면서, "아! 아! 뚜렷이 드러나지 않는가? 문왕의 덕의 순수함이여!"라고 노래합니다. 문왕은 유가의 세계에서 모세 아니 예수님처럼 떠받드는 인물 중의 한 분입니다. 그래서 『중용』의 저자도 시경을 인용하면서 동시에 '문왕이 문왕이게 하는 까닭이며 순순함 또한 그치지 않음'이라고 별도로 해설을 붙여 놓았던 것입니다.

문왕은 오로지 하늘의 명을 받들어 자신의 사명을 다하고, 또 그 사명을 후손들이 이어받도록 모든 것을 완수하신 분이지요. 문왕은 천명을 순수한 마음으로 받들어 그 사명을 그치지 않고 완수한 사람입니다. 순수하게 받들었다는 것은 유일무이(唯一無二)한 것으로 받아들였다는 뜻입니다. 거기에는 잡스러움이 들어갈 리가 없고, 선후(先後)와 내외(內外)와 경중(輕重)과 존비(尊卑)가 따로 존재할 리가 없지요. 가끔씩 저는 신부님의 삶을 보면서 이러한 『중용』의 내용들을 떠올리곤 합니다.

예수님의 부활하심은 참으로 신앙의 신비입니다. 오묘하고 심원(深遠)합니다. 그러나 무작정 그분의 부활하심에 대하여 넋 놓고 찬사만 보낼 일은 아니라고 봅니다. 왜냐하면 그분의 부활하심의 이면에는 그분의 철저하면서도 처절했던 삶이 있었기 때문입니다. 물론 신학적, 철학적인 논거를 가지고 그분의 삶을 알뜰하게 분석하고, 그것을 믿을 교리(敎理)로 채택한 교회의 생생한 증언이 따로 있긴 합니다만, 그러나 지금 그분의 부활대축일 맞이하여 생각해 볼 때, 누구든지 그분의 삶을 닮아가고자 하는 자가 있다면, 지금 바로 그가 또 하나의 부활하신 예수 그리스도가 아닐까요?

선배님께서는 언젠가 말씀하시길, "하느님은 자유롭게 하시려고 우리를 부르셨습니다(갈라 5,13 참조). 예수 그리스도의 복음(마르 1,14-15 참조)은 자유의 소식이며 해방시키는 힘입니다. 예수님은 소유의 유혹, 지배의 유혹, 영웅주의의 유혹을 단호히 물리치심으로써(루카 4,1-13 참조) 이른바 지도자 지배시대의 끝을 고하고(마태 23,8-10; 20,28; 요한 13,14 참조) 민중시대의 개막을 선포하셨습니다(루카 6,20-26; 마르 8,30 참조). […] 예수님은 가난한 이들에게 기쁜 소식을, 묶인

이들에게 해방을, 눈먼 이들에게 시력을, 억눌린 이들에게 자유를 주시는 분(루카 4,18 참조)입니다. 예수님의 해방운동은 '지금 여기서 풀며' 개인과 사회, 마음의 회개와 구조의 개혁을 아울러 이룩해 가는 생명운동입니다. 생명이냐? 죽음이냐? 우리에게 달려 있습니다. 진리가 자유를 낳고 정의가 평화를 낳습니다"[78]라고 하셨지요? 그러고 보면 『중용』이 가리키는 하늘은 곧 하느님의 모습을 어느 정도 그려 내 주고 있고, 『중용』에서의 천명이나 천도 혹은 지성(至聖)도 예수 그리스도의 지상생활의 일면을 보여 주고 있다 생각합니다. 그리고 『중용』에서 천명을 실천하는 군자는 그대로 그리스도교 성인들이 살아간 삶의 모습처럼 느껴집니다.

그렇다면 어느 누가 이러한 유가의 하늘에 대하여 인격적(人格的)이지 못하다고 말할 수 있겠는지요? 어느 누가 유가사상은 단지 유물론적(唯物論的)인 이념에 불과할 뿐이라고 주장할 수 있겠는지요? 생각하건대 유가의 유물론적 이념의 탄생은 아마도 중국 송대(宋代)에 이르러 태동한 '신유학'(新儒學)이라고 불리는 정주학(程朱學)의 영향이 아닐까 싶네요. 조선시대는 이 정주학을 정통유학이라고 하면서 건국 및 정치와 사회적 이념으로 삼았지요. 정주학은 상당부분 불교와 도교의 철학적 영향을 입어 그야말로 태극(太極)이니 무극(無極)이니 혹은 천리(天理)니 기(氣)니 하면서 하늘 혹은 상제의 인격적인 관념을 인격적이지 못한, 물질적인 관념으로 바꾸어 버렸지요. 참으로 안타

---

[78] 정호경, 『해방하시는 하느님』, 같은 책, 90-93쪽.

까운 일이 아닐 수 없습니다. 몇몇 저명한 학자들(양명학자와 실학자들)이 공맹시대로 되돌아가서 새롭게 유학이념을 정립해야 하지 않겠느냐고 제의해 보았지만, 당시 분위기로는 계란으로 단단한 바위를 치는 꼴에 지나지 않았답니다. 만일 그들의 주장이 받아들여졌다면, 우리나라의 형편은 지금과 사뭇 달라졌을 가능성이 클 것입니다.

어찌되었든 저는 『중용』을 핑계 삼아 신부님께 이 편지를 쓰고 있습니다. 편지를 적어내려 가는 동안, 『중용』을 통해서도 하느님께서는 세상 모든 인류에게 참으로 오묘한 방법으로 당신의 뜻을 실천하고 계시는구나 생각하게 됩니다. 오늘은 우리 주님의 부활축일입니다. 진심으로 예수 그리스도께서 오늘 부활하심을 신부님과 함께 축하하고 싶습니다. 지금의 세상은 참이 거짓이 되고 거짓이 참으로 행세하는 요지경 속에 있습니다. 그러나 분명한 것은 겨울이 가고 봄이 돌아오는 것처럼 언젠가는 봄이 가고 또 여름이 오고 가을로 이어진다는 약속 같은 진리입니다.

모처럼 부활절을 맞이하여 산천경계 둘러보시면서 발병 나시지 말고 천천히 걸어가십시오. 길을 걸으시는 신부님께 죄송한 말씀이지만, '그래도 한 줄기 비가 시원하게 내렸으면' 좋겠습니다. 논밭들이 다 타들어 간다고 농사꾼들의 한숨이 여기까지 들립니다. 하느님께서는 그침이 없으신 분이시니, 간청하는 우리 인간들의 애원을 반드시 들어주실 것입니다. 가시는 걸음마다 언제나 부활하신 예수님께서 함께하시기를 기도합니다. 그럼 다음 또 소식 올리겠습니다.(2009년 4월 11일 성(聖)토요일에)

스물일곱

위대한 사람은 누구일까(大哉)

위대하도다 성인의 길이여! 만물을 발육케 함이 도처에 가득하고 빼어남이 하늘에 닿았구려. 넉넉하고 도타움이 크도다! 예의가 삼백 가지요 위의는 삼천 가지나 되는구려. 그러한 사람을 기다린 뒤에야 행해졌지요. 그래서 말하기를, '진실로 덕스러움이 지극하지 못하면 지극한 길은 거기에 모여들지 않는다' 하였지요(大哉 聖人之道 洋洋乎發育萬物峻極于天 優優大哉 禮儀三百 威儀三千 待其人而後行 故曰 苟不至德 至道不凝焉).

산책1 그렇게도 비가 내리지 않아서 농민들을 애태우더니 드디어 며칠 전 곡우(穀雨) 날에 비가 내렸다. 얼마나 기다렸던 비이던가? 옛날 어른들은 곡우 날에 비가 내리면 대지의 배꼽이 처녀애들 젖가슴처럼 봉긋하게 부풀어 오른다고 했다. 배꼽이 봉긋하게 솟아오를 만큼 농사짓기에는 그만이라는 뜻이 아닐까? 비 온 뒤면 농촌은 언제나 바빠진다. 그렇지만 한창 바빠질 농번기를 대비해 미리 숨 고르기 하는 여유도 필요할 것이다.

『중용』에서는 중용의 길을 가장 잘 걷는 사람을 성인(聖人)이라고 한다. 성인은 하늘의 뜻을 잘 실천하다가 마침내 하늘로 돌아갈 줄 아는 사람이다. 장자(莊子)도 『제물론(齊物論)』에서 "도통위일"(道通爲一)과 "복통위일"(復通爲一)이라는 말을 사용하여 '성인'이 누구인가를 밝혀주고 있다. 도통위일은 사람의 정신이 하늘의 길과 하나 되는 것이고, 복통위일은 눈에 보이는 온갖 만물들이 하늘의 길과 만나 하나 되는 것이다. 하늘의 길 곧 하느님과 하나가 되려는 자는 누구나 하느님께로 되돌아가야만 한다. 하느님께로 돌아갈 줄 알면 돌아가서 하느님과 하나가 되고, 하느님과 하나가 되면 하느님을 닮아 하느님께서 행하시는 창조사업과 구원사업에 적극적으로 동참하게 된다. 그렇게 되면 『중용』의 저자가 "위대하도다 성인의 길이여! 만물을 발육케 함이 도처에 가득하고 빼어남이 하늘에 닿았구려. 넉넉하고 도타움이 크도다! 예의가 삼백 가지요 위의는 삼천 가지나 되구려"라고 한 말씀처럼 칭찬을 듣지 않겠는가? 더구나 『주역(周易)·계사상전(繫辭上傳)』에는 "이런 까닭에 하늘이 신비스러운 만물들을 만들어내니, 성인이 그것을 본받았고, 하늘과 땅이 변화하니 성인이 그것을 본받았으며, 하늘이 상을 드리워 길흉을 드러내니 성인이 그것을 본받았다"(是故天生神物 聖人則之 天地變化 聖人效之 天垂象 見吉凶 聖人象之)라고 하였다. 성인이 되는 사람은 그 처지가 어떠하든지 간에 하늘을 본받아 다른 천지만물들이 나고 자라나는 데 힘을 실어주고 보태주게 된다.

따지고 보면, 사람이 세상에 나올 때, 처음부터 소인배(小人輩)로 태어난 자는 없다. 모두들 하늘의 뜻을 받들어 태어났기 때문에 그 자체로 온전한 성인(聖人)이나 대인(大人)이다. 하지만 점차 자라나면서 다른 사람의 말도 듣지 않고 사사로운 욕심에 빠져들며, 게다가 자꾸만 하늘의 뜻과 거리가 먼 쪽으로 내달려간다. 그래서 결국에는 '성인됨'에서 출발하여 '소인배'의 나락으로 떨어져가고 마는 것이다. 예수께서도 "어린이와 같이 되라" 그리고 "누구든지 이 어린이처럼 자신을 낮추는 이가 하늘 나라에서 가장 큰사람이다"(마태 18,1-5; 마르 9,33-37; 루카 9,46-48 참조)라고 말씀하시지 않았나?

비는 어제 밤부터 시작하여 오늘 아침까지 제법 곱게 내렸다. 지금은 비가 그치고 바람이 몹시 불어댄다. 이렇게 바람이 불 때는 꼭 가을이나 초겨울의 날씨를 떠올리곤 한다. 어른들은 윤달이 끼어서 아직은 가끔씩 춥다고들 한다. 얼마 전 어느 스님이 내가 사는 집 옆을 지나가다가 나에게 들러서 시집 한 권을 건넸다. 설악산 어디쯤의 사찰에서 산다는 조오현이라는 스님의 시집이었는데, 책 거죽에 『아득한 성자』라는 제목이 붙어 있었다. 거기 책 속에 몇 편의 시 가운데 한 편이 눈에 들어온다. 「사랑의 거리」라는 시다.

사랑도 사랑 나름이지
정녕 사랑을 한다면

연연한 여울목에
돌다리 하나는 놓아야

그 물론 만나는 거리도
이승 저승쯤 되어야 　　　　　　　　　　(「사랑의 거리」〈전문〉)

참으로 아름답고 애틋한 한편의 노래다. 이제 내일모레면 4월이 가고 5월이 된다. 가끔은 속절없이 앞으로만 치달려가는 시간들이 야속하게 느껴진다. 촌음(寸陰)이라도 아껴 써야 되겠다. 연일 날씨가 고르지 못하지만 그래도 창밖으로 내다보이는 신록은 그야말로 싱그럽다. 꽃도 한창인 걸 보면 계절은 어느새 봄의 한가운데를 넘어 선 모양이다. 맑은 바람 속으로 새소리 들려온다.(2009년 4월 25일 토요일에)

그러므로 군자는 덕성을 높이면서도 배움을 물어가야 하고, 넓고 큼에로 일구어 나가되 세밀한 데까지 모조리 다 발휘해야 하며, 높고 밝음에 지극하면서도 중용으로 길을 가야 하고, 옛것을 익히면서 새로움을 알아내야 하며, 돈독하고 두터움으로써 예를 존숭해야 합니다. 이러하기 때문에 윗자리에 있으면 교만하지 않고, 아랫사람이 되어도 배반하지 않지요. 나라에 길이 있으면 그의 말이 족히 일어날 수 있고, 나라에 길이 없으면 그의 침묵은 족히 용납될 수 있습니다. 『시경·대아(大雅)·증민편(蒸民篇)』에 "총명하고도 지혜로우니

이로써 자기 몸을 보전하는구나"라고 하였는데, 바로 이를 두고 한 말일 겁니다(故君子 尊德性而道問學 致廣大而盡精微 極高明而道中庸 溫故而知新 敦厚以崇禮 是故居上不驕 爲下不倍 國有道 其言足以興 國無道 其默 足以容 詩曰 旣明且哲 以保其身 其此之謂與).

산책 2

드디어 연중 가장 싱그럽고 아름답기 때문에 '계절의 여왕'이라 불리는 5월이 돌아왔다. 지난 4월에는 겨우 곡우 날을 전후해서 얕은 비만 살짝 뿌렸다. 그리고는 여태 비 온다는 소식이 들리지 않는다. 모심기를 하는 등 한창 바빠야 할 농사철에 제대로 비다운 비가 내리지 않아 농사꾼들의 마음은 타들어 갈대로 타들어가고 있다. 봄은 이미 막바지를 넘어섰다. 내일이면 여름의 문턱에 들어선다는 입하(立夏)다. 여전히 날씨는 지금의 시대상황처럼 들쑥날쑥 하고 있다. 어제는 전례력으로 부활 제 4주일이면서 동시에 성소(聖召) 주일이었다. 가톨릭에서는 해마다 부활 제 4주일을 '성소주일'로 삼는다. 이날에는 신자들이 하느님의 부르심, 소명(召命)에 어떻게 응답하면서 일생을 살아갈 지에 대해서 특별히 생각해 보고 다시 한 번 가다듬는다.

『중용』에서, 어쩌면 지겨울 정도로 끊임없이 말하고 있는 것은, 군자의 삶에 관한 내용일 것이다. 군자가 되려면, 무슨 특별한 행동을 수행해야 되는 것은 아니다. 그저 일상생활 안에서 어떻게 하면 하늘의 뜻, 하느님께서 맡기신 사명을 제대로 수행해 나가면서 살아가느냐에 달려 있다. 그러니 군자는 보통사람이고 지극히 상식적인 사람이다. 다만 지도자가 되고 일반 서민이 되고 하는 것은 사회생활 안에서 하나의 역할분담에 불과할 뿐이다. 누가 있어 그 자리에서 자기에게 맡겨진 역할을 통하여 인류공동체의 공동선(共同善)에 보탬이 되는 삶을 사느냐 그렇지 않느냐에 따라서 군자가 될 수도 있고 소인이 될 수도 있다는 이야기이다. 참으로 복음적(福音的)인 가르침이라 여겨진다. 군자의 길은 우선 '덕성을 받들면서 배움을 물어가는 것'(尊德性而道問學)으로 출발해야 한다는 것이 저자의 주장이다. '존덕성'(尊德性)과 '도문학'(道問學)이라는 좌우 양 날개를 가지고 인생을 살아갈 때 비로소 군자로서의 길을 제대로 걷게 된다는 말이다.

'존덕성'이란 무엇인가? 풀어보자면 우선 '덕성'(德性)이 무엇인지부터 알아야 한다. 『중용』 첫머리에는 '하늘의 명령을 일컬어서 성이라 한다'(天命之謂性)고 되어 있다. 그러니 덕성은 본성이고 하늘이 본래 갖추고 있는 하늘의 마음(天心)이라 해야 옳을 것이다. 다시 말해 덕성은 하늘, 하느님, 하늘의 마음(천심), 하느님의 얼(聖靈)이라 보아야 할 것 같다. 맹자는 그 천심이 인간의 마음속에 아로새겨져 있고, 그러한 인간이 본래부터 가지고 있는 그 마음을 본심(本心)이라고 말하기도 하였다. 이러한 유가의 입장을 「창세기」의 표현에 비추어 보면, 덕성을 품고 있는 사람이 곧 '하느님의 모상'(Imago Dei)을 가진 사람인 셈이다. 이러한 하느님의 모상인 인간은 본래부터 자신의 마음속에 아로새겨져 있는 하늘의 마음을 받들고(尊) 또 오래도록 간직(存)하면서 살아야 한다. 물론 이때 '존'(尊)과 '존'(存)은 동일한 의미의 단어로 보아도 무방하리라. 그 마음을 잘 간직한다는 것, 그 마음을 잘 받든다는 것은 곧 '중용'의 길에 들어 있고, 중용의 길을 걸어가고 있다는 말씀이다.

『맹자·진심상(盡心上)』에서는, "그 마음을 모조리 다 발휘하는 자는 그 본성을 알지요. 그 본성을 안다면 하느님을 알게 됩니다. 그 마음을 간직하고 그 본성을 기르는 것이 하느님을 섬기는 것이 되고요. 요절하고 장수하는 것이 둘이 아니니 몸을 닦아서 하늘을 기다리는 것이 천명을 세워내는 길이 됩니다"(盡其心者 知其性也 知其性 則知天矣 存其心 養其性 所以事天也 殀壽不貳 修身以俟之 所以立命也)라고 하여 '존덕성'의 의미를 '하느님을 섬기는 것(事天)에 두고 있다. 이를테면 '존덕성'은 일체 외물(外物)에 의존하지 않고 오로지 하느님과의 관계만을 생각하여 처신하는 행위이기 때문에 그의 인생은 자체로 주체적(主體的)인 삶을 살고 있다고 보아도 될 것 같다. 이러한 삶의 주인공은 그가 일자무식(一字無識)일지라도 거뜬히 행할 수 있기 때문에 능히 군자가 될 수 있다.

'도문학'(道問學)은 글자 그대로 유가경전과 다양한 지식들을 학습하여 윤리도덕의 함양에로 나아간다는 뜻이다. 즉 『대학(大學)』에서의 '격물치지'(格物致知)와 동일한 뜻이라고 여겨진다. '도문학'이 천명을 알고 습득하여 나아가는 과정이라면, '격물치지' 또한 자신 안에 들어 있는 천리가 일반 사물 안에서 들어 있어서 그 사물과 하나임을 알아내기 위하여 스스로 타자에게로 나아가는 행위이다. 물론 나아가는 행위가 정신적일 수도 있고 육체적일 수도 있지만, 대체로는 정신적인 부분이 훨씬 더 크다. 사실 중국 송나라의 주희(朱熹) 같은 사람은 유가경전들을 독서(讀書)하고 궁구(窮究)하여 마침내 천리(天理)와 일치를 이룰 때 감이수통(感而遂通)하고 활연관통(豁然貫通)할 수 있어 성인 될 수 있다고 생각했다. 그렇지만 유학자들이라고 다 그런 생각을 한 것은 아니다. 주희의 친구인 육구연(陸九淵)은 도문학 즉 경전과 지식의 학습은 도덕을 증진시킬 수 없기 때문에 독립적인 가치를 지닐 수 없다고 주희와는 다른 주장을 내놓았다.

원래 '존덕성'과 '도문학'이 하나의 문장으로 되어 있었다. 그러나 시대를 내려오면서 양자 사이의 선후(先後)를 따지는 논리들이 계속해서 불거져 나왔고, 결국 주희와 육구연에 이르러서 서로가 건너지 못할 정도로 이학(理學)과 심학(心學)이라는 커다란 강을 형성하게 되었으며, 이후 이학은 정주학(程朱學)을 심학은 양명학과 더불어 육왕학(陸王學)을 낳게 되었고, 후대 사람들은 이 둘을 합쳐서 성리학(性理學)이라 불렀다. 특별히 이러한 성리학 가운데 우리나라로 건너와서 건국이념을 형성한 것은 정주학이다. 철저하게 이학과 심학이라는 유가의 양 날개를 펼치지 못하고 정주학에만 의존한 조선사회는 어쩌면 불행한 시대였다고 볼 수밖에 없다. 다양한 학문들을 수용하지 못하고 오직 정주학에만 매달리게 되는 그만큼 조선의 학문은 폭이 좁아질 수밖에 없었고, 그만큼 자구(字句)에 의존하게 되어, 서로를 인정하지도 이해하지도 못하는 가련한 신세로 전락하여 끝에 가서는 처절한 당파싸움만을 일삼는 어리석음을 자초하고야 말았다. 이것은 부끄러운 우리역사의 한 단면이기도 하다.

어쩌면 인간들이 주장하고 있는 학문은 결국 하늘의 뜻을 겸허하게 받아들여 서로가 '상생'(相生)하는 데 도움을 주기 위함이 아닐까? '존덕성'과 '도문학' 가운데 무엇보다도 인간이 인간다워지려면 '존덕성'을 해야 하지 않을까 싶다. 이렇게 말하면 한국에 있는 많은 유생(儒生)들이 들고 일어날 수도 있겠다. 그렇지만 '도문학'을 강조하는 사람들의 태도 또한 끝에 가서는 '존덕성'을 발휘하는 것을 최고의 목표로 두고 있지 않은가? 그렇다면 무엇보다도 '존덕성'을 소중히 여겨야 '도문학'을 진정으로 하지 않겠는가? 이 둘은 동전의 양면이고 수레의 두 바퀴이다. 따라서 사람과 사람살이에 있어서 두 가지 중 어느 한 가지만을 고집할 수는 없다. 사람은 태어나면서부터 '나' 아닌 다른 사람들과의 관계를 어떤 식으로든지 의식하면서 살아가야 한다. 그러면서 그 가운데 끊임없이 좋은 것들을 학습하여 '공동 선익'에 이바지해야 한다. 그래서 '존덕성'과 '도문학'을 동전의 양면, 새의 양 날개라고 하는 것이다. 만일 이 중 어느 것 하나라도 소홀히 한다면 인간의 삶은 결국 '실패한 인생'이 되고 말 것이다. 게다가 '도문학'이라고 해서 꼭 경전이나 성인들의 말씀을 배우고 익힌다는 의미로만 받아들일 필요는 없다. 그저 자연스럽게 선후배 사이, 부모와 자식 사이, 스승과 제자 사이 등등에서 보듯이 사람과 사람사이에 주고받는 상호 통교(通交), 소통(疏通) 등으로 이해한다면 보다 알아듣고 이해하기가 쉽지 않을까?

   지금 수도원 담벼락 아래에는 영산홍이 만발해 있다. 누구라도 영산홍을 핑계 삼아 이곳을 들른다면 잘 익은 술 한 병 대접해야지. (2009년 5월 4일)

스물여덟

주체적으로 사용하지요 (自用)

공자께서 말씀하시길, "어리석으면서도 스스로 써버리기를 좋아하고, 천박하면서도 스스로 오롯이 하기를 좋아하며, 지금의 세상에 태어나서 옛 길을 거슬리면, 이와 같은 자는 재앙이 자기 몸에 미치게 되지"라고 하였습니다. 천자가 아니면 예를 의논하지 못하고, 법도를 제정하지 못하며, 문자를 상고하지 못합니다. 지금 세상에는 수레는 바퀴치수를 같게 하고, 서책은 문자를 같게 하며, 행위는 순서를 같게 합니다. 비록 자기 자리를 가지고 있더라도, 진실로 그 덕스러움을 없애버린다면, 감히 거기에 예악을 만들어내지 못하겠지요. 비록 그 덕을 갖추었다 하더라도, 진실로 그 자리를 없애버리면, 또한 감히 거기에 예악을 만들어내지 못합니다. 공자께서 말씀하시기를, "내가 하나라의 예를 말하지만, 기나라는 족히 증거할 수 없고, 내가 은나라의 예를 배우지만, 거기에 송나라가 자리하고 있다. 내가 주나라의 예를 배워 지금 그것을 사용하고 있으니, 나는 주나라의 예를 따라야지"라고 하였습니다(子曰 愚而好自用 賤而好自專 生乎今之世 反古之道 如此者 災及其身者也 非天子 不議禮 不制度 不考文 今天下 車同軌 書同文 行同倫 雖有其位 苟無其德 不敢作禮樂焉 雖有其德 苟無其位 亦不敢作禮樂焉 子曰 吾說夏禮 杞不足徵也 吾學殷禮 有宋存焉 吾學周禮 今用之 吾從周).

　　5월은 가정의 달, 청소년의 달이라는 말이 실감날 정도로 어린이날, 어버이날, 그리고 청소년을 교육하는 스승의 날로 들어차 있다. 이런 행사들이 나와는 무관해 보이지만, 나 역시 스승이신 예수님을 모시고 있지 않은가? 더불어 오늘 같은 날에 이 땅에서 나를 길러주신 인생의 스승들을 추억해 보는 것도 큰 위안으로 다가오지 않을까 생각한다. 정 신부님께서 길을 걷고 계시는 동안 케냐에서 일을 하고 계셨던 류 신부님께서 귀국하신다는 소식이 있었다. 그리고 잇달아 류 신부님의 건강이 그리 좋으신 편은 아니라는 소식도 들려온다. 아마도 오랫동안 외국에 체류하셨기 때문에 오는 피로감이 겹치신 것은 아닐까 생각해 본다. 연세가 일흔을 넘기셨으니, 조금은 걱정스럽기도 하다.

　　요즈음 나는 안동교구 설정 40주년을 맞이하여 이것저것을 심부름하느라 바쁜 척 하면서 산다. 그래도 마음은 기쁘다. 교구의 역사가 한 고비를 넘는 순간 거기에 내가 끼어 함께하기 때문이다. 며칠 전엔 감자밭에 나가서 웃자란 감자 순을 따면서 감자에게 미안하고 또 고마운 감정을 가져 보기도 했다. 심어 놓기만 하고 이렇게 심한 가뭄에 제대로 물 한 번 준 적이 없는데 감자들은 용케도 잘 자라 주었다.

1990년대 초에 사람들로부터 존경을 받던 한 유명시인이 갑자기 그답지 않게 이상한 말을 내뱉어서 사람들에게 욕을 호되게 들어 먹은 일이 있었다. 그 때 어떤 선배께서는 "그 선생이 말씀이 다 틀린 것은 아니지만, 그러나 아마도 그 선생은 똥 눌 자리를 보고 제대로 똥을 누어야 하는데, 똥 눌 자리를 알지 못하고 아무 데나 눈 것 같다"라고 하신 말씀을 나는 기억하고 있다. 그런데 며칠 전 존경받던 원로 문학인이 중앙아시아로 떠나는 대통령 일행을 수행하면서 망언을 일삼아 현재 한국사회가 시끌벅적하다. 어떤 문학평론가는 그 문학인의 헷갈리는 언사에 대하여 불쾌한 심정으로 한 통의 편지를 써 보냈는데, 그 내용은 이러하다.

"안녕하십니까? 저는 문학평론을 하고 있는 이명원입니다. MB가 뚜렷하게 중도라면, "파리도 새다"라는 형용모순에 가깝다는 생각입니다. 저는 지난 대선부터 선생님이 보여 주신 그 혼란스러운 지그재그 행보의 귀결은 '국가주의'가 종착점일 것이라 생각합니다. 신실크로드나 평화열차, 노벨문학상 문제야 이해할 수 있으나 '몽골연합' 운운하는 주장은 참으로 개탄스럽습니다. 그게 파시즘으로 갈 수 있다는 것을 선생님도 알 것이라 생각합니다. 촛불집회 당시 '군대의 출동' 운운한 기우에서 드러나는 묵시록적 담론이야 농담 정도로 치부할 수 있었으나, 이즈음 선생의 행보는 '욕'이 아니라 '제대로 된 비판'이 필요하다는 생각이 드는군요. '국가가 역할을 부여해' 자원외교 측면지원 하시느라 분주하셨을 텐데, 일단 여독을 푸시기 바랍니다.

선생님의 건필을 기원하면서, 평론가 이명원이었습니다."

현실은 가끔씩 사람이 어떻게 살아야 제대로 잘 살았다는 평판을 들을 수 있을까를 미리 생각하게 만드는 묘한 매력들을 제공해 주기도 한다. 지금이 꼭 그런 시대가 아닐까 생각해 본다. 『무소유』 작가로 유명한 법정(法丁) 스님은 최근에 『아름다운 마무리』(문학의 숲, 2008년)라는 책을 출간하였는데, 거기에서는 생각할 거리들을 많이 던져 주고 있어서 참 좋았다. 그리고 새삼스럽게 '삶의 자리(位)란 무엇인가?'라는 화두(話頭)의 해답을 어느 정도 엿볼 수 있었던 책이었다.

공자님은 『중용』에서 "어리석으면서도 스스로 써버리기를 좋아하고, 천박하면서도 스스로 오롯이 하기를 좋아하며, 지금의 세상에 태어나서 옛 길을 거슬리면, 이와 같은 자는 재앙이 자기 몸에 미치게 되는 것이다"라고 하면서 '자리'에 관한 자신의 견해를 밝혀 주고 계신다. 이 말씀을 받아서 『중용』의 저자는 "천자가 아니면 예를 의논하지 못하고, 법도를 제정하지 못하며, 문자를 상고하지 못합니다. 지금 세상에는 수레는 바퀴치수를 같게 하고, 서책은 문자를 같게 하며, 행위는 순서를 같게 합니다. 비록 자기 자리를 가지고 있더라도, 진실로 그 덕스러움을 없애버린다면, 감히 거기에 예악을 만들어내지 못하겠지요. 비록 그 덕을 갖추었다 하더라도, 진실로 그 자리를 없애버리면, 또한 감히 거기에 예악을 만들어내지 못합니다"라고 새롭게 해석하고 있다.

위의 말씀은 사람이 제아무리 잘나고 똑똑해도 자리에 맞게 말을 하지 못하면 아무 소용이 없다는 의미를 담고 있다. '자리가 사람을 만든다'라는 격언도 있다. 사람이 똑똑해도 자리가 맞지 않으면 그 똑똑함을 발휘할 수 없고, 아무리 자리가 좋아도 어리석으면 그 자리가 무색해버리게 되지 않을까? 이 격언은 또 '사람은 앞으로 나아갈 때와 뒤로 물러날 때를 알아야 한다'는 말과 맥을 같이 한다고도 볼 수 있다. 더 나아가서 사람이 살면서 '끼어들 때와 끼어들지 말아야 할 때'를 잘 구별하여 살펴보아야 한다는 충고와도 같은 뜻이다.

『성경』에서 예수께서는 장차 당신의 죽으심과 부활하심에 대하여 말씀하시는 가운데 상황파악이 제대로 안 된 베드로에게 "사탄아, 내게서 물러가라. 너는 나에게 걸림돌이다. 너는 하느님의 일은 생각하지 않고 사람의 일만 생각하는구나"(마태 16,21-23; 마르 8,31-33; 루카 9,22 이하 참조)라고 심하게 나무라신다. 또 예수께서는 제자들이 자리 다툼을 하는 것을 보시고는 "너희도 알다시피 다른 민족들의 통치자들은 백성 위에 군림하고, 고관들은 백성에게 세도를 부린다. 그러나 너희는 그래서는 안 된다. 너희 가운데에 높은 사람이 되려는 이는 너희를 섬기는 사람이 되어야 한다. 또한 너희 가운데 첫째가 되려는 이는 너희의 종이 되어야 한다. 사람의 아들도 섬김을 받으러 온 것이 아니라 섬기러 왔고, 또 많은 이들의 몸값으로 자기 목숨을 바치러 왔다"(마태 20,20-28; 마르 10,35-45; 루카 22,25-27 참조)고 말씀하시면서 당신의 자리뿐 아니라 제자들이 앞으로 살아가야 할 자리, 그리고 백성의 지도자들이 처신해야 할 자리의 성격에 대하여 분명하게 제시해 주신다.

일차적으로, '자리'라고 하는 것은 앉으라고 있는 것이지만, 앉은 만큼 '자리 값', '자기에게 맡겨진 책무에 최선을 다해라'는 뜻이 들어 있다. 어떤 자리에 앉아 있으면서 앉아 있는 까닭이나 맥락도 제대로 파악하지 못한 채 이권(利權)부터 챙기려 든다면 그 자리에 앉은 사람은 어리석거나 천박한 자(者)에 불과할 것이다. 공자님은『논어·안연(顔淵)』에서 말씀하시기를, "임금은 임금다워야 하고, 신하는 신하다워야 하며, 아비는 아비다워야 하고, 자식은 자식다워야 하지요"(郡君臣臣父父子子)라고 하면서 '자리'가 무엇을 의미하는지 매우 분명하게 가르쳐 주고 있지만, 자리 욕심만 냈지 그에 걸맞은 역할을 외면하는 사람들이 숱하다. 지금의 세상을 보면서 자리 값도 제대로 하지 못하는 되먹지 못한 인간들의 추태(醜態)를 새삼 떠올려본다.

하느님을 모시고 살아가는 신앙인은 하느님의 뜻에 따라 다른 사람들과의 관계 안에서 제대로 생활하고 있는지 아니면 제 욕심이나 잇속만 차리면서 살고 있지는 않는지 거듭 돌아보면서 주어진 길을 걸어가야 한다. 그래야 '신앙인답다'라고 말할 수 있을 것이다. 주체적으로 산다는 것은 어느 누구의 눈치도 살피지 않고 오로지 자신이 믿는 바대로 살아가는 것이 아닌가? 그 삶의 과정 안에서 무엇이 옳고 그른 것인지를 분명히 판단하고 옳은 것을 따라가야 하지 않겠는가?

좀 늦은 감은 있지만, 그래도 비가 내려주어서 얼마나 고마운지 모르겠다. 창밖으로 내다보이는 나무며 풀잎들이 오늘따라 더욱 싱그럽다. 저들은 자기가 앉은 자리에서 떠날 줄 모르면서도 거듭거듭 새로운 변화를 시도하여 자기가 아닌 다른 존재들에게 그 싱그러움을 나누어 주고 있다. 우리네 인간들도 자기가 처한 그 자리에서 다른 존재들을 살리는 일에 좀 더 적극적이고 주체적이었으면 좋겠다. 그것이 바로 '사랑'이 아닐까? 그것이 바로 '인'(仁)이 아닐까? 주체적으로 하되 다른 사람을 아낌없이 배려해 줄 줄 알 때, 그의 '앉은 자리'는 비로소 '제자리'라고 불리게 되지 않을까 생각해 본다.

사람들은 정치와 종교, 사회, 문화 따위들은 인간의 삶과 구별되어야 한다고 말한다. 특히 종교와 정치에 관해서는 더더욱 냉정하다. 그러나 인간의 삶이란 그렇게 단정적으로 분리시켜서 말해버릴 수 있는 성질의 것이 아니다. 정치나 종교 또한 인간의 삶을 풍요롭고 윤택하기 위한 수단이요 방편들이 아닌가? 그리고 종교인들은 잘못되어 돌아가는 정치에 대해서 목숨을 걸고 비판하고 책망해야 할 의무와 사명이 있다. 그것이 곧 예언직(豫言職)이다. 그런데 이 스승의 날에 스승이신 예수님처럼 살지 못하고 이 눈치 저 눈치를 다 살펴보며 살아가는 내가 한없이 원망스럽다. 몹시도 슬퍼지는 오늘 하루다.(2009년 5월 15일 스승의 날에)

스물아홉

세 가지 중요한 것(三重)

천하에 왕 노릇 함에는 거기 세 가지 중요한 것이 있습니다. 그것이 허물을 줄여 줍니다. 위로는 비록 잘되었다 해도 증명할 수 없지요. 증명할 수 없으니 믿어지지 않고, 믿어지지 않으면 백성들이 따르지 않습니다. 아래로는 비록 잘되었다 해도 받들어지지 못합니다. 받들어지지 않으면 믿어지지 못하고, 믿어지지 않으면 백성들이 따르지 않지요. 그러므로 군자의 길은 자신에게 바탕을 두면서 서민들에게 증명해 보이고, 세 왕에게 고증해 보아도 그릇되지 않고, 하늘과 땅에 세워도 어그러지지 않고, 귀신에게 따져 물어도 의심받음이 없으며, 백세까지 성인을 기다려도 미혹되지 않습니다(王天下 有三重焉 其寡過矣乎 上焉者 雖善 無徵 無徵 不信 不信 民弗從 下焉者 雖善 不尊 不尊 不信 不信 民弗從 故君子之道 本諸身 徵諸庶民 考諸三王而不謬 建諸天地而不悖 質諸鬼神而無疑 百世以俟聖人而不惑).

산책 1

성모(聖母)의 성월이요 가장 좋은 시절 5월이 간다. 가는 세월을 어떻게 붙들 수야 있겠냐마는 지난 5월 한 달은 참으로 슬픈 일들이 많았다. 지난 23일은 이 땅에 민주주의를 위해, 서민들의 행복한 삶을 위해 애를 썼으며, 그래서 영원히 '서민의 대통령'으로 불리기를 소망했고 또 실제로 많은 사람들로부터 그러한 칭호를 받았던 노무현(盧武鉉, 1946-2009) 전직 제 16대 대통령이 불의의 사고로 이 세상을 떠난 날이다.

참으로 모질게도 그를 더 이상 도망갈 수 없는 구석까지 내몰았던 언론이나 여론몰이를 주도했던 층들이 뒤늦게나마 그의 진정성을 깨닫고 장례를 '국민장'으로 하고 장례기간 내내 추도(追悼)를 하게 된 것은 그나마 다행이다. 정승 댁 개가 죽으면 정승을 위로하러 많은 사람들이 정승 댁에 운집하고, 반대로 정승이 죽으면 문전에 개미새끼 한 마리도 얼씬하지 않는다는 옛말이 있다. 많은 사람들, 특히 일반 서민들이 고인의 죽음을 애통해 하는 것을 보면, 고인은 살아생전에 자기 자리에서 힘없는 서민들을 위하여 제대로 살아보려고 애를 썼던 분인 것 같다. 사람들은 오천 년 한국의 역사 가운데, 아니 1945년 해방 이래 그래도 고(故) 노무현 전(前)대통령을 두고 가장 훌륭한 국가 지도자 중의 한 분이 아닌가? 라고 칭찬을 아끼지 않는다.

『중용』이라는 책은, 서민들을 겨냥하고, 서민들을 가르치기 위한 책이 아니다. 이 책은 서민의 지도자나 지도자가 되기 위해 애쓰는 사람들을 위하여 저술되었다. 특히 어떤 자리에서든지 왕 노릇 하려는 사람들이 적어도 이 정도는 살아야 되지 않겠는가? 라는 일종의 지침서라고 말할 수 있다. 다음 구절을 보아도 우리는 저자의 의도에 대해 금방 눈치를 챌 수 있을 것이다.

"천하에 왕 노릇 함에는 거기 세 가지 중요한 것이 있습니다. 그것이 허물을 줄여 줍니다. 위로는 비록 잘되었다 해도 증명할 수 없지요. 증명할 수 없으니 믿어지지 않고, 믿어지지 않으면 백성들이 따르지 않습니다. 아래로는 비록 잘되었다 해도 받들어지지 못합니다. 받들어지지 않으면 믿어지지 못하고, 믿어지지 않으면 백성들이 따르지 않지요. 그러므로 군자의 길은 자신에게 바탕을 두면서 서민들에게 증명해 보이고, 세 왕에게 고증해 보아도 그릇되지 않고, 하늘과 땅에 세워도 어그러지지 않고, 귀신에게 따져 물어도 의심받음이 없으며, 백세까지 성인을 기다려도 미혹되지 않습니다."

돌이켜 보면, 역사 속에서 얼마나 많은 사람들이 왕 노릇 하다가 돌아갔는지 모른다. 어떤 사람은 제대로 왕 노릇을 하고 떠나기도 하였고, 또 어떤 사람들은 왕 노릇 해 보기도 전에 무너져 버리기도 하고, 더 많은 사람들은 왕 노릇이 무엇을 의미하는지도 모르고 제 잘난 맛으로 살다가 간 사람들도 있다. 이런 점에서 본다면, 고 노무현 대통령은 제대로 왕 노릇 하려고 노력하고 애쓰다 돌아가신 분처럼 느껴진다.

위에서 본대로, 『중용』의 저자는 천하에 왕 노릇 하는 데 세 가지 중요한 것이 있다고 하였다. 그런데 이보다 앞서 노자(老子)는 그의 고백록 『도덕경(道德經)』에서 자신에게는 천하를 통치하는 것보다 훨씬 중요한 세 가지 보물을 가지고 있다고 하여 『중용』의 저자와는 아주 극명한 대조를 이룬다. 『중용』의 저자가 언설한 왕 노릇이 '유위'(有爲)의 일이라면, 노자가 고백한 세 가지 보물은 '무위'(無爲)에 관한 일이다. 다음은 노자가 펼친 '세 가지 보물'에 관한 고백이다.

〈말씀의 세 가지 보물〉[79]

천하는 모두 나의 말씀이 위대하다고 말합니다.
닮은 듯 그렇게 보이지는 않지요.
오로지 크기 때문에 닮아있지 않은 듯 보입니다.
만일 닮아있었다면 가늘어진 지가 오래 되었겠지요.
나에게는 세 가지 보물이 있는데
그것을 지키고 보존합니다.
하나는 사랑이고
둘은 아낌이며
셋은 함부로 천하를 위해 앞장서지 않음이지요.
사랑하기 때문에 용기를 낼 수 있고
아끼기 때문에 넓어질 수 있으며
함부로 천하를 위해 앞장서지 않기 때문에
만물의 으뜸으로 될 수 있었지요.
이제 사랑을 저버리면서까지 용감해지고

---

[79] 『도덕경』 67장.

아낌을 포기하면서까지 넓히려하거나
뒤로 물러남을 버리면서까지 앞으로 나서겠다면
죽음뿐이겠지요.
무릇 사랑!
그것으로 싸우면 이기고
그것으로 지키면 견고해질 겁니다.
하늘이 그를 구하려 한다면
사랑으로 그를 지켜주게 된답니다.

(天下皆謂我道大 似不肖 夫唯大 故似不肖 若肖 久矣其細也夫 我有三寶 持而保之 一日慈 二日儉 三日不敢爲天下先 慈故能勇 儉故能廣 不敢爲天下先 故能成器長 今舍慈且勇 舍儉且廣 舍後且先 死矣 夫慈以戰則勝 以守則固 天將救之 以慈衛之)

『중용』의 저자가 지도자로서 가져야 할 덕목에 대해 이야기하였다면, 『도덕경』에서 지도자는 오로지 '하늘이 내려 준 말씀'(道)에 의탁하고 자신은 '무위(無爲)의 삶'을 살아야 한다고 강조하고 있다. 노자의 세 가지 보물은 사랑(자애)과 아낌(검소)과 뒤에 머무는 것이다. 그러나 두 책에서 말하는 바는 결국 하나로 통한다. 천하에 왕 노릇을 하려면 사랑과 아낌과 뒤에 머무는 것은 필수적인 것이 되어야 하기 때문이다.

지금의 세상은 평화를 이야기하면서도 평화를 일구어 나가지 않고, 정의를 말하면서도 정의를 실천하지 않으려 한다. 또한 사랑을 이야기하면서도 사랑을 살지 않고, 근검절약을 외치면서도 낭비를 일삼고 있다. 많이 배우고 높은 지위에 올라갈수록 이러한 현상은 극심하다. 지도자들의 '도덕적 해이'는 마침내 '독재자'(獨裁者)라는 말까지 나돌게 만든다. 1970년대나 1980년대에서 들을 법한 이야기를 2000년대 초반에 다시 듣게 되니 참으로 슬프다.

예수께서는 빌라도 앞에서 심문을 받으실 때, "내 나라는 이 세상에 속하지 않는다. 내 나라가 이 세상에 속한다면, 내 신하들이 싸워 내가 유다인들에게 넘어가지 않게 하였을 것이다. 그러나 내 나라는 여기에 속하지 않는다"(요한 18,36)라고 하셨으며, 또 이어서 "나는 […] 진리를 증언하려고 세상에 왔다. 진리에 속한 사람은 누구나 내 목소리를 듣는다"(요한 18,37)라고 말씀하셨다. '진리'는 '천명', '성'(誠), '인'(仁), '천리'(天理), '길'(道) 등으로 이름 할 수 있겠다. 이러한 진리는 사람들의 생각과 말과 행위(思言行爲)로 드러나게 되는데, 이를 드러내는 사람들이 바로 성인과 군자들이 아닐까? 다시 말해 어느 것이 진리이고 어느 것이 거짓인지를 잘 식별(識別)하여 행동하는 사람이 하느님의 뜻을 따르고 제대로 이행해 가는 성인군자라는 얘기이다. 어느 것이 하느님의 것이고 어느 것이 카이사르의 것인지(마태 22,15-22; 마르 12,13-17; 루카 20,20-26 참조)를 잘 분별(分別)하는 사람이 바로 '하느님께 속한 사람'이라는 뜻이다. 현대사회에서 여러 가지 지식은 난무하지만, 진리는 어디론가 사라지고 숨어버린 듯하다. 우리들이 하느님에게서 점점 멀어져가고 있다는 증거가 아닐까 염려된다. (2009년 5월 28일)

귀신에게 따져 물어도 의심받음이 없음은 하늘과 땅을 아는 것이요, 백세 동안 성인을 기다려도 미혹되지 않음은 사람을 아는 것입니다. 이러므로 군자는 움직이면 세세대대로 천하의 길이 되고, 행하면 세세대대로 천하의 법도가 되며, 말하면 세세대대로 천하의 준칙이 되지요. 그를 멀리하면 우러러 봄을 가지게 되고, 가까이 하면 싫어하지 않게 됩니다. 『시경·주송(周頌)·진로(振鷺)』에는 "저쪽에 있어도 미워함이 없고, 이쪽에 있어도 싫어함이 없도다. 거의 새벽부터 밤에까지 영예로 길이 마치네"라고 하였지요. 군자는 아직까지 이와 같지 않으면서 일찍이 천하에 영예를 가진 자가 있어 본 적이 없습니다(質諸鬼神而無疑 知天也 百世以俟聖而而不惑 知人也 是故君子 動而世爲天下道 行而世爲天下法 言而世爲天下則 遠之則有望 近之則不厭 詩曰 在彼無惡 在此無射 庶幾夙夜 以永終譽 君子 未有不如此而蚤有譽於天下者).

 6월 하순이다. 6월이 속절없이 또 우리 곁을 떠나려고 채비를 차리고 있다. 군부독재에 맞서 싸우다 마침내 1987년 6월 10일부터 촉발된 민주항쟁은 그해 6월 29일 당시 민주정의당 대표였던 노태우 씨의 이른바 '6·29 선언'으로 막을 내렸다. 그 덕분에 군부독재정치가 종식되고 대통령 직선제개헌이 이루어져 명실공히 국민이 이 나라의 주인임을 다시 한 번 확인한 역사적 대반전이 일어났다. 그로부터 20여 년이 흐른 지금 또다시 이 땅에는 알 수 없는 검은 구름이 몰려드는 느낌이다.

'하늘의 마음이 곧 민심일 수는 있어도 민심이 곧 하늘의 마음이 될 수는 없다'는 평범한 진리를 믿지 않는 것은 아니지만, 그래도 세상에서 민심이 하늘의 마음과 가장 맞닿아 있음을 솔직히 고백한다. 그리고 제발 다신 이 땅에 독재자의 망령이 되살아나지 말고 힘없고 나약한 서민이 행복하게 살 수 있도록 앞장서는 일꾼들이 많이 일어나기를 소망한다.

『중용』의 저자는, '천하에 왕 노릇 하는 데 세 가지 중요한 것'이 있다고 하였다. 그 세 가지 중요한 것이 왕 노릇을 하려는 사람의 허물을 줄여준다고 한다. 위로는 비록 그가 잘 살았다고 하더라도 증명할 수 있는 징표를 보여 줄 수 없다. 증명할 수 없으니 믿어지지 않고, 미덥지가 못하니 백성들이 따를 수가 없게 된다. 아래로는 비록 잘 되었다 해도 받들어지지 못하게 되고, 받들어지지 않으면 역시 미덥지 못한 인사가 되고 만다. 그리고 미덥지 못하면 또한 백성들이 따르지 않기 때문에 저자는 세 가지 방법을 가지고 군자의 길을 제시하고 있는 것이다.

군자의 길은, 곧 자신에게 바탕을 두면서 서민들에게 증명해 보이고, 선대왕들에게 고증해 보아도 그릇되지 않으며, 하늘과 땅에 세워도 어그러지지 않고, 귀신에게 따져 물어도 의심받지 않고, 억만 대에 나올까 말까 하는 성인을 기다려도 미혹되지 않는다는 것이다. 그러나 세월이 갈수록 인간의 참된 행복은 점점 인간에게서 멀어져 가고 있는 듯하다. 그러한 까닭을 찾아보라면, 숱한 원인들 가운데 하나가 바로 제대로 '왕 노릇' 하지 못하는 독재자들의 출현 때문이 아닐까?

나는 이 시대의 독재자란 어떤 자들일까에 대해서 생각해 보고 싶다. 독재자들이란? 비단 정치 지도자들만을 지칭하는 것은 아니다. 각 가정이나 작은 공동체마을, 집단, 모임 등등에서도 두루 통하는 의미에서의 독재자들이다. 나라에는 국민이 있지만, 작은 단체에서는 구성원들이 있다. 그러한 구성원들과 서로 통하지 못하는 단체장이라면 결국 '막가파식' 독재자의 다름이 아니라 여겨진다.

〈독재자들의 특징〉

1. 입만 열면 구성원들을 앞세우면서도 실제로는 자신을 내세우는 사람.
1. 입만 열면 국민을 섬기겠다 말하면서도 실제로는 자신이 대우받기를 바라는 사람.
1. 입만 열면 민주주의를 말하면서도 실제로는 주권을 자기가 거머쥐고 싶은 사람.
1. 입만 열면 종이 되겠다 말하면서도 구성원의 소리는 들은 척도 않는 사람.
1. 안과 밖이 서로 다르게 행동하는 사람.
1. 거짓말을 밥 먹듯이 하면서도 그것이 거짓말인지도 모르는 사람.
1. 거짓말이 탄로 나면 그 원인을 다른 사람으로 돌려버리는 사람.
1. 잘 한 것은 자기가 한 것이고 잘못한 것은 남의 탓으로 돌리는 사람.
1. 친하거나 힘센 사람에게는 좋은 밥상을 내주고, 가난한 이의 밥상마저 빼앗으려는 사람.

1. 구성원들의 행복과 평화보다는 언제나 자신의 안위와 살림살이만을 앞세우는 사람.

1. 입만 열면 환경 살리기를 말하면서 대규모 난개발공사를 서슴지 않는 사람.

1. 세금을 포함한 공공기금을 자기 것처럼 쓰는 사람.

1. 입만 열면 이념논쟁을 부추기면서 자주 편가르기를 시도하는 사람.

1. 자신의 권력은 앞세우고 구성원의 권리에 대해서는 무대응이나 침묵으로 일관하는 사람.

1. 소통하는 것을 최대의 수치로 여기고, 언제나 대의를 내세워 독단적으로 처리하는 사람.

이 밖에도 나열하자면 수를 헤아릴 수 없을 정도로 많겠지만, 결국 이 글을 읽고 반성할 줄 모르고 화를 낸다거나 분노를 터뜨린다거나 혹은 무대응으로 일관하는 자들은 모두 실제로 독재자이거나 독재에 길들여져 있거나 아니면 독재자의 습성을 가지고 있는 자들이라고 보아도 틀리지는 않을 것이다. 천하에 왕 노릇 하는 데 필요한 것은 왕 노릇 하려는 자가 실제로 천명을 따르고 있는지 아닌지에 달려 있다. 그러므로 『중용』의 저자는 또 말한다.

"귀신에게 따져 물어도 의심받음이 없음은 하늘과 땅을 아는 것이요, 백세 동안 성인을 기다려도 미혹되지 않음은 사람을 아는 것입니다. 이러므로 군자는 움직이면 세세대대로 천하의 길이 되고, 행하면 세세대대로 천하의 법도가 되며, 말하면 세세대대로 천하의 준칙이 되지요. 그를 멀리하면 우러러 봄을 가지게 되고, 가까이 하면 싫어하지 않게 됩니다. 『시경·주송(周頌)·진로(振鷺)』에는 "저쪽에 있어도 미워함이 없고, 이쪽에 있어도 싫어함이 없도다. 거의 새벽부터 밤에까지 영예로 길이 마치네"라고 하였지요. 군자는 아직까지 이와 같지 않으면서 일찍이 천하에 영예를 가진 자가 있어 본 적이 없었습니다"라고 설명하였다.

  6월을 보내면서 요즈음 내 나이에 걸맞지 않게 별의별 생각이 다 떠오른다. 장마철에다 폭염 때문에 더더욱 그러한지 모르겠다. 그래도 요즘은 언젠가는 '살맛나는 세상' '사람 사는 세상'이 올 것이라는 그 믿음 하나로 버티어 나간다. 6월을 보내면서 어설픈 시(詩) 한 수를 읊어보았다.

  풀잎 위로
  유월이 지나간다.
  속절없이 떠나가는 것이
  참 야속도 하여라.
  속상하기도 하여라.
  곪은 살결
  덧나라 덧나라고
  불덩어리만 안겨주고 떠나간다.
  한때 맹세를 위해 어깨에
  어깨를 걸었던 친구들

아, 어느 세월 속에 숨어버려

나처럼 속 끓이고 있을까.

유월 지나간 길엔

풀잎들 또 다시 눕고

누운 풀잎들 남겨두고

시간을 밟으며

기약도 없이

세월로 흘러간다.

(「풀잎 위로」의 전문)

지난 6월 28일 목성동 성당 사제 서품식에 참석했다가 먼발치에서 케냐에서 돌아오신 류 신부님을 뵈었다. 몇 년 만에 뵙는 모습이었는데, 한 눈에도 몸이 무척 야위고 수척해 보이셨다. 몹시 안쓰럽기까지 하였다. 서품식이 끝나자 서품식에 참석한 사람들이 일시에 성당 밖으로 밀려나와 북새통을 이루는 바람에 만나 뵙지 못하고 그냥 돌아오게 되어 못내 아쉬웠고 또 인사조차 드리지 못하고 돌아온 것에 대해 무척 송구스럽다. 이번 주 안으로 감자를 캐보려고 한다. 어떤 사람은 감자를 캐기에 늦었다고 이야기하는 사람이 있는가 하면, 또 어떤 이들은 아직 좀 더 놔두어도 괜찮다고도 한다. 아무튼 감자 잎이 누릇누릇해지고 있기에 비 오지 않는 날을 택하여 가능하면 빨리 캐려고 한다. 혹시나 늦어서 달려 있는 감자들이 밭에서 감자 싹을 내밀면 큰일 아니겠는가?(2009년 6월 30일(화)에)

서른

조상으로 고백하다(祖述)

중니(공자)께서는 요임금과 순임금을 조종으로 서술하고, 문왕과 무왕의 법통을 이어받았음을 밝혔으며, 위로는 천시를 법으로 따르고, 아래로는 물과 흙(풍토)을 이치로 따랐지요. 비유컨대 하늘과 땅은 잡아주고 실어주지 않음이 없고, 덮어주고 감싸주지 않음이 없는 것과 같습니다. 비유컨대 봄여름가을겨울이 엇갈려 운행되는 것과 같으며, 마치 해와 달이 교대로 밝아오는 것과 같지요. 만물은 함께 길러져도 서로 해를 입히지 않고, 길은 함께 걸어가도 서로 거슬러지지 않습니다. 덕스러움을 작게 하면 개울이 되어 흐르고, 덕스러움을 크게 하면 교화를 두터워지게 합니다. 이것이 하늘과 땅이 크다고 여겨지는 까닭이지요(仲尼 祖述堯舜 憲章文武 上律天時 下襲水土 辟如天地之無不持載 無不覆幬 辟如四時之錯行 如日月之代明萬物竝育而不相害 道竝行而不相悖 小德川流 大德敦化 此天地之所以爲大也).

7월에 들어서니 장맛비가 연일 내린다. 그것도 남북으로 오르내리며 말이다. 방송에서는 '국지성 호우'니 '게릴라성 호우'니 하면서 이렇게 된 배경을 심각한 환경문제, 이상기온 현상으로 지목한다. 거기 어디에도 인간이 잘못하여 환경을 파괴시켜버렸다는 진실한 고백은 보이지 않았다.

오늘 오전 9시 34분, 달이 해를 삼키는 부분일식이 시작되었다. 방송에서는 며칠 전부터, 연일 61년 만에 볼 수 있는 최장시간의 '우주쇼'라고 하면서 사람들을 부추겨댔다. 그런데 공교롭게도 대부분의 국민들이 일식현상에 한눈을 파는 동안 집권여당은, 미디어 관련법을 민주당과 협상하다가 돌연 파기하고, 국회의사당을 점령한 뒤 직권상정을 시도하였다. 이 사건을 두고 어떤 사람들은 '집권당이 달이 해를 삼키자 밤인 줄 알고 불법적인 행동을 개시하였다' 혹은 'MB식 일식'이라고 비아냥거리기도 하였다. 어찌되었든 예부터 일식(日蝕)이 일어나면 나라에 좋지 않은 일이 생길 것이라는 얘기가 있어 왔는데, 오늘 실제로 이런 일이 일어나고 보니 정말 황당하기가 그지없다. 뿐만 아니라 오후 4시 30분이 조금 넘은 시간에 정권을 잡은 자들은, 그들만의 쇼를 벌이듯 눈 깜짝할 사이에 미디어관련 법안들을 날치기로 통과시켜버리는 희대의 엽기적 폭거를 연출해버렸다. 참으로 어이없는 오늘 2009년 7월 22일이다.

『시경·주송(周頌)·진로(振鷺)』에서, "저쪽에 있어도 미워함이 없고, 이쪽에 있어도 싫어함이 없도다. 거의 새벽부터 밤에까지 영예로 길이 마치네"라고 노래한 것처럼 철저하게 '중용의 덕'을 실천하는 사람, 곧 군자가 반드시 필요한 이 시대이건만, 애통하고 절통하다. 복음서에서 예수께서도 '진리에 속한 사람들'(요한 18,37 참조)이 하느님의 뜻을 실천한다고 하셨는데, 바로 그 '진리에 속한 사람들'이 군자를 지칭하는 것이 아닐까?

공자께서는 요 임금과 순 임금을 자신의 조종(祖宗), 선조(先祖)로 생각하였고, 또 후세 사람들에게 그들의 덕행을 전했다. 그들의 덕행이란 곧 천명을 실천하는 군자의 행위를 일컫는 것이다. 뿐만 아니라 공자께서는 자신을 두고 문왕과 무왕의 법통을 이어받은 사람이라고 고백한다. 따라서 그는 위로는 천시(天時)를 법으로 따르고, 아래로는 물과 흙(풍토)을 이치로 따랐다. 그에게 있어서 하늘과 땅은 세상만물을 잡아주고 실어주지 않음이 없고, 덮어주고 감싸주지 않음이 없는 것으로 보았던 것이다. 천지신명을 하느님으로 본 것이다. 동시에 봄여름가을겨울이 엇갈려 운행되는 것과 같으며, 마치 해와 달이 교대로 밝아오는 것과 같다고 봄으로써 『주역』의 내용들이 모두 하늘과 땅의 뜻을 해석한 것으로 믿었던 것이다. 그렇기 때문에 하늘의 가르침에 따라 존재하는 모든 만물은 함께 길러져도 서로 해를 입히지 않고, 길은 함께 걸어가도 서로 거슬러지지 않는 것이다. 이렇게 하늘과 땅이 하느님의 뜻을 한 치의 어긋남도 없이 이행함으로써 인간이 어떻게 살아야 할 것인지를, 특히 백성들에게 봉사하려고 애를 쓰는 이른바 지도자들이 어떻게 처신해야 할 것인지를 잘 말해 주고 있다. 그래서 『중용』의 저자는, 덕스러움을 작게 하면 개울이 되어 흐르고, 덕스러움을 크게 하면 교화를 두터워지게 하면, 이것이 하늘과 땅이 크다고(위대하다고) 여겨지는 까닭이라고 선포하고 있는 것이 아니던가?

공자나 『중용』의 저자는, 자신들의 조상은 직접 피를 나눈 혈연적 관계에 놓인 사람들이 아니라 하늘의 덕스러움을 이어받아 이를 몸소 실천했던 요임금과 순임금, 문왕과 무왕이라고 고백하였다. 예수께서도 군중들에게 가르치실 때, "누가 내 어머니고 누가 내 형제들이냐? […] 이들이 내 어머니고 내 형제들이다. 하늘에 계신 내 아버지의 뜻을 실행하는 사람이 내 형제요 누이요 어머니다"(마태 12,48-50; 마르 3,31-35; 루카 8,19-21 참조)라고 힘주어 말씀하셨다. 이는 제아무리 피를 나눈 사이라 할지라도 하느님 나라를 방해하거나 하느님의 말씀을 듣지 않거나 들어도 실천하지 않는다면 결국 '아무' 사이라도 아니라는 것이다. 아무런 관계가 없으니 형제자매들이 될 수 없고, 형제자매들이 될 수 없으니 '남'일 수밖에 없다.

지금의 세상은 인간뿐 아니라 세상에 존재하는 모든 것들을 점점 더 '참 행복'에서 멀어지게 하고 있는 것 같다. 세상이 그렇게 인간들과 천지만물을 멍들게 하고 불행에 빠뜨렸다기보다는 인간이 참 행복을 주시는 하느님과 인간 사이, 인간과 인간 사이, 인간과 자연 사이를 자꾸 갈라놓고 이간질 시키고 훼방 놓고 있다. 그런 의미에서 '마귀'는 별도로 존재하는 어떤 특정한 존재물이 아니라 곧 이렇게 저렇게 훼방을 놓고 이간질 시키는 못된 인간들이 아닌가 싶다.

예년 같으면 벌써 장마철이 지났을 텐데, 날씨는 여전히 무덥고 후텁지근하다. 세상 돌아가는 꼴은 날씨만큼이나 짜증스러운 모습이다. 세상의 모든 사람들이 서로 믿고, 서로 사랑하고, 서로 나누며, 하느님께서 주시는 참 평화를 실현하면서 '대동'(大同)의 세상을 이루면서 살아가면 얼마나 좋을까? 장마를 핑계로 밭은 돌보지 않았더니, 텃밭이 온통 잡풀들로 숲을 이루고 있다. 이 잡풀들을 뽑아내고 밭을 갈고 골을 일구어야겠다. 그리고 김장 무와 배추를 심을 준비를 해야겠다. 이달 초 감자를 캘 때 몇몇 친구들이 감자밭을 다녀갔다. 그 때 상황을 놓치기 싫어서 시를 한 수 지어 보았다.

감자캐던 칠월 초
만초와 청산
하마 낮술 취해 붉은 얼굴로
양손엔 막걸리 한 병씩
꼬나들고 오던 날
얼마나 오랜 세월
묵었을까 건너 산밭
메밀꽃 닮은 망초
꽃 한 가득
뜨겁도록
흐드러져 있더이다.   (「산밭」 전문)

후텁지근한 맹하(孟夏)다. 마음도 무겁고 몸도 무거운 이 계절에 어디 기분 좋은 소식 없을까 기대해 본다. (2009년 7월 22일 수요일에)

서른하나

성인이 되어야겠지요 (至聖)

오직 천하에 지극한 성인만이 귀 밝고 눈 밝으며 사리에 밝고 통달하여, 슬기는 족히 아래로 다다를 수 있고, 관유함과 온유함은 족히 용납될 수 있으며, 강하고 굳셈은 족히 잡혀질 수 있고, 엄숙하고 올바름은 족히 공경을 가질 수 있으며, 문장의 이치와 자세히 살펴보는 데는 족히 분별이 있을 수 있습니다. 두루 넓고 깊은 연못은 근원이 있어서 때맞추어 내보냅니다. 두루 넓음은 하늘과 같고 깊은 연못의 샘은 근원과 같지요. 나타나면 백성들이 공경하지 않을 수 없고, 말을 하면 백성들이 믿지 않을 수 없으며, 행하면 백성들이 기뻐하지 않을 수 없답니다. 이렇기 때문에 명성은 중국에 철철 넘쳐흘러서 오랑캐에 이르기까지 뻗어나가 배와 수레가 이르는 곳, 사람의 힘이 통하는 곳, 하늘이 덮어 주는 곳, 땅이 실어 주는 곳, 해와 달이 비춰지는 곳, 서리와 이슬이 내리는 곳마다 모든 혈기 있는 자들이 존경하여 가까이하지 않을 수가 없지요. 그래서 말하기를, 하늘과 짝한다고 합니다(唯天下至聖 爲能聰明睿知 足以有臨也 寬裕溫柔足以有容也 發强剛毅 足以有執也 齊莊中正 足以有敬也 文理密察 足以有別也 溥博淵泉 而時出也 溥博如天 淵泉如淵 見而民莫不敬 言而民莫不信 行而民莫不說 是以 聲名洋溢乎中國 施及蠻貊 舟車所至 人力所通 天之所覆 地之所載 日月所照 霜露所隊 凡有血氣者 莫不尊親 故曰配天).

仁兄, 억수같이 비가 내리네요. 오늘은 성녀 모니카 축일입니다. 성녀께서는 불후의 명작 『고백록』을 쓴 성 아우구스티누스의 어머니시지요. 331년 아프리카 타가스테의 어느 그리스도인 가정에서 태어나서 어린 나이에 결혼을 하여 아들 아우구스티누스를 낳았다지요. 그러나 그녀는 이교도에 빠진 아들의 회개를 위해 많은 눈물을 흘려야 했습니다. 하느님께서는 간절한 그녀의 기도를 들어 주셨고, 그 아들은 마침내 회개를 하고 세례를 받았으며, 사제가 되고 주교가 되었지요. 그의 학문과 설교는 지금도 교회 안에서 빛나고 있습니다. 마치 오늘 『중용』의 저자가 설파하고 있는 성인에 관한 대목처럼 말입니다.

『중용』의 저자는, 오직 천하에서는 성인에 이르러야만, 귀 밝고 눈 밝으며 사리에 밝아 모든 것에 통달하고, 그 슬기는 족히 아래에까지 다다를 수 있다고 합니다. 그리고 그의 관유함과 온유함은 세상에 충분히 허락될 수 있고, 강하고 굳셈 또한 넉넉하게 파악되어질 수 있으며, 그의 엄숙하고 올바름은 사람들에게 충분히 공경을 받을 수 있다고 합니다. 그래서 성인이 된 사람은, 두루 넓고 깊은 연못과 같은 근원을 가지고 있어서 때에 딱 맞추어 모든 것을 내보낼 수 있다는 것입니다. 두루 넓음은 하늘과 같고 깊은 연못의 샘은 근원과 같지요. 나타나면 백성들이 공경하지 않을 수 없고, 말을 하면 백성들이 믿지 않을 수 없으며, 행하면 백성들이 기뻐하지 않을 수 없답니다. 이렇기 때문에 명성은 중국에 철철 넘쳐흘러서 오랑캐에 이르기까지 뻗어나가 배와 수레가 이르는 곳, 사람의 힘이 통하는 곳, 하늘이 덮어 주는 곳, 땅이 실어 주는 곳, 해와 달이 비춰지는 곳, 서리와 이슬이 내리는 곳마다 모든 혈기 있는 자들이 존경하여 가까이하지 않을 수가 없지요. 그래서 말하기를, 하늘과 짝한다고 합니다. 이와 같이 성인(聖人)의 됨됨이는 바로 천명(天命)을 잘 받드느냐 아니냐에 달려있다고 보여집니다.

유가에서 성인이란 귀 밝고, 눈 밝고, 사리에 밝아 통달하는 슬기가 있어서 위로는 하늘에 닿고 아래로는 일반 서민들에게까지 사통팔달(四通八達)하는 사람을 두고 가리키지요. 귀가 밝으니 다른 사람들의 기쁨과 슬픔, 싫어함과 좋아함 등을 두루 들을 수 있지요. 특히 어렵고 힘들게 살아가는 사람들의 형편을 귀담아 들을 수 있으니 참으로 사람답다 생각합니다. 세상에는 배웠다는 사람들과 가졌다는 사람들은 대체로 배우지 못하고 가진 것 없는 사람들 위에 군림하려 들지요. 그래서 언제나 약자들의 눈물은 마를 날이 없습니다. 또 눈이 밝다는 것은 옳고 그름, 참됨과 거짓 등을 제대로 살피고 따져서 판단하고 가려내는 분별력이 있다는 것이지요. 사람이면 누구나 그러한 눈을 가지고 있지만 대개는 자신의 이기적인 욕망이나 욕심에 가리어져서 눈앞에 놓인 것도 제대로 알아보지 못한답니다. 그래서 '한 치 앞도 내다보지 못한다'라는 격언이 나온 것이 아닌가 싶습니다.

예수께서는 "너희는 무화과나무를 보고 그 비유를 깨달아라. 어느덧 가지가 부드러워지고 잎이 돋으면 여름이 가까이 온 줄 알게 된다"라고 하시면서 당신께서 하시는 말씀과 행위를 제대로 보고 깨닫도록 사람들에게 종용하십니다. 그리고 사리에 밝아 통달하는 슬기가 있어서 성인은 하늘의 뜻을 사람들에게 알리고 사람의 뜻을 하늘에 알리는 역할을 합니다. 그런데도 사람들은 자신들의 이기적인 욕심만 채우려들고 하늘의 뜻은 쉽게 외면하려 드는 못된 습관이 있지요. 이것은 종교에 귀하여 신앙생활을 하는 사람들이나 그렇지 못한 사람들이나 별반 차이가 없을 듯합니다. 그러니 세상에서 성인되기란 얼마나 어려운 일이겠습니까? 그렇지만 따지고 보면 그렇게 어려울 것도 없습니다. 중용의 도(中庸之道)를 실천한다면 충분히 가능한 일일 테니까요.

중용의 도란 이미 仁兄께서도 잘 알고 계시겠지만, 일상생활 그 자체입니다. 각자에게 주어진 일상을 어떻게 살아나가느냐에 따라서 중용의 도를 성취할 수 있는가 아닌가가 판가름 나지요. 사람들은 '도'를 일상과 떼어놓거나 별도로 설정하여 차원 높은 경지로 이해하기 때문에 어려워하고 또 오르지 못할 나무라 여겨 아예 처음부터 포기하고 맙니다. 그러니 결국 성인의 길을 마음에 품지 못하고 맙니다. 물론 마음에 품는다고 다 성인의 길에 들어서는 것은 아닙니다. 사람이라면 누구나 다 이미 그 자체로 성인의 길에 들어섰고 또 그 길을 가고 있습니다. 다만 본인 스스로 자기가 걸어가는 길이 어떠한 길인지 모르고 있고, 하찮게 여기고 있기 때문에 '성인되기'가 더욱 어렵다고 여겨집니다.

중용의 도는 이 시대 정치 지도자들의 삶의 태도에 정곡을 찌르는 듯이 보입니다. 그들은 자신들의 명성이 철철 넘쳐흘러서 오랑캐에 이르기까지 뻗어나가기를 바라기만 합니다. 이러한 사실은 비단 정치지도자들뿐만 아니라 종교지도자들 또한 예외가 아닐 듯 싶습니다. 정치지도자들은 어차피 세속적이기 때문에 그렇다 치더라도 종교지도자들만이라도 귀 밝고, 눈 밝고, 사리에 통달하면 얼마나 좋겠습니까? 그렇게만 되면 배와 수레가 이르는 곳, 사람의 힘이 통하는 곳, 하늘이 덮어 주는 곳, 땅이 실어 주는 곳, 해와 달이 비춰지는 곳, 서리와 이슬이 내리는 곳마다 모든 혈기 있는 자들이 존경하여 가까이하지 않을 수가 없겠지요. 그렇게 된다면, 세상은 하늘께서 원하시는 정의와 평화가 강물처럼 흐르게 되지 않을까 생각합니다. 그때에 사람들은 그에 대해서 말하기를 '하늘과 짝한다'고 할 것입니다.

어느덧 2009년은 한복판을 넘어 종반으로 나아가고 있네요. 올해는 다른 어느 해보다도 유난히 많은 것을 생각하게 합니다. 특별히 신앙인으로서 이 시대를 어떻게 살아야 할 것인지 생각하게 합니다. 지난 5월에는 노무현(유스토) 전 대통령이 서거하였고, 또 이번 8월에는 김대중(토마스 모어) 전 대통령이 서거를 하였지요. 그래도 그 두 사람은 나름대로 신앙인으로서 그리고 정치지도자로서 제대로 살려고 노력했던 분들인데 말입니다. 어떤 사람들은 그 두 분을 두고 과거에도 그리고 미래에도 두 번 다시 만나기 어려울 만큼 훌륭한 사람들이었다고 이야기합니다. 그러나 떠난 사람들은 떠난 사람들이고, 남아 있는 사람들이 지금부터라도 어떻게 살아갈 것이냐? 그것이 더 중요한 문제가 아닌가 싶습니다.

8월의 끝자락에 와 있어서 아침저녁으로 제법 가을 기운이 도는 것이 선선합니다. 8월 중순에는 미리 장만해 놓은 밭에다 무씨를 파종하였고, 며칠 전에는 배추 모를 모종하였습니다. 오늘 아침에 보니까 무씨도 싹을 틔워 제법 그럴 듯하게 자리를 잡았고 또 배추모종도 살아서 파릇파릇하게 그 위용을 뽐내고 있더이다. 仁兄께서는 워낙 바쁘시니 이놈이 사는 집에 틈을 내어 놀러 한 번 오시지 못하시겠지요?

『중용』의 저자는 성인에 대하여 여러 가지로 말씀을 늘어놓고 있지만, 사실 중요한 것은 한 가지밖에 없다고 생각합니다. 하늘의 뜻을 일상생활 속에 특별히 타인들과의 관계 안에서 사는 것입니다. 이것이 바로 '중용의 길'이 아니겠는지요? 이것이 곧 성인이 되는 길이 아니겠는지요? 바쁘시더라도 쉬엄쉬엄 여유를 가지시고 몸도 마음도 모두 강건하시길 기원합니다. 오늘따라 유난히도 다정다감하신 仁兄의 모습이 더욱 그립습니다.(2009년 8월 27일(목) 억수같이 비 내리는 날에)

서른둘

경륜(經綸)

오직 하늘아래 지극한 성인이어야만 천하의 대경(大經)을 경륜하고, 천하의 대본(大本)을 확립하며, 하늘과 땅의 화육(化育)을 알아낼 수가 있지요. 어찌 거기에 의지할 바를 (별도로) 가지겠습니까? 간곡하고 지극히 정성스러운 그의 너그러움, 고요하고 깊디깊은 그의 연못, 넓고도 넓은 그의 하늘입니다. 참으로 귀 밝고 눈 밝으며 거룩하고 지혜로우며' 하늘의 덕스러움에 이른 자가 아니고서야 그 누가 그것을 알 수가 있겠습니까?(唯天下至誠 爲能經綸天下之大經 立天下之大本 知天地之化育 夫焉有所倚 肫肫其仁 淵淵其淵 浩浩其天 苟不固聰明聖知達天德者 其孰能知之)

두(杜) 주교님, 하늘은 맑고 말은 살찐다는 가을의 초입입니다. 요즘엔 게으름을 피우면서도 심은 배추밭에 때를 거르지 않고 물을 주는 일로 소일을 삼고 있습니다. 하루가 다르게 자라는 푸른 배춧잎을 보고 있노라면 하느님께서 마련해 주신 자연섭리라는 것이 참으로 오묘하구나! 하고 감탄사가 절로 우러나옵니다. 사실 배추를 심기는 심었는데 어떻게 저 많은 배추들에 기생하는 배추벌레들을 잡아낼 수 있을까 미리부터 걱정이 앞섭니다. 그런데 그러한 걱정은 기우였다는 것을 금방 알게 되었지요. 이른 새벽에 수도원으로 미사를 드리러 가는 길에 배추밭을 내려다보니, 아! 글쎄 밭에는 까치들이 떼로 몰려들어 밭 전체를 덮어 버렸지 뭡니까? 순간 저는 '아하, 이제 큰일났구나. 까치들이 먹을 게 없으니 배추마저 갉아 먹는구나' 라고 생각했습니다. 미사를 마친 뒤, 밭으로 나가보니, 글쎄 그 많은 까치들은 자취도 없고 배춧잎도 상한 데 없이 잘 있는 것을 보았지요. 그 놈들이 이놈 대신에 밭에서 배추벌레를 잡아먹고 있었던 것이 아니겠습니까? 그로부터 까치들은 매일같이 그렇게 한 밭 가득 내려앉고 앉을 때마다 쫓아버려야 한다는 강박관념에 시달리지 않게 되었습니다. 그 까치들이 사람대신 벌레를 잡아주는 고마운 존재라는 사실을 알았기 때문입니다. 그래서 요즈음은 배추벌레를 걱정하지 않으니 한층 더 게으름을 피우면서 그저 때가 되면 물이나 흠뻑 주고 점점 커가는 배추만 바라보고 있습니다.

주교님, 참으로 하느님께서 경영하시는 자연의 섭리는 오묘합니다. 유가(儒家)의 경전 중의 하나인 『역경(易經)』도 자연의 위대함을 노래한 인간의 깊은 체험이 가득 담겨 있는 보물 책이랍니다. 그 경전을 통하여 노래한 아름 모를 성인(聖人)은 결국 자연을 노래하고, 하느님을 찬미한 하나의 보통 사람일 것입니다. 보통 사람이 그러한 지혜를 얻어 노래할 수 있었던 것은 또한 하늘이 내려 준 은총에 힘입은 결과가 아닐까 생각합니다. 사실 그 성인이 하늘과 땅의 온갖 사사물물(事事物物)들을 세밀하게 관찰한 것은 그것을 이용하거나, 그 이용을 통하여 자연을 파괴하고 지배하려 하기 위함이 아니었습니다. 성인은 자신의 노력을 통하여 천지신명(天地神明)의 덕스러움을 본받아 따르고 통달하며, 그럼으로써 하늘이 내신 천지만물의 실정(實情)을 하나둘씩 헤아려 보고자 했습니다. 뿐만 아니라 그는, 천지만물 가운데 오직 인간만이 천지신명의 뜻(천명)을 거스르며 살아가려 하기 때문에 인간의 그러한 삶의 태도가 끝에 가서는 부질없는 것임을 일깨우는 데 일조(一助)를 하고자 했을 겁니다.

하늘과 땅과 천지만물을 바라다보는 인간의 관점에 대해서는, 오늘날 우리나라에서 벌어지는 일만 가지고 이야기해도 될 것 같습니다. 최근에 우리나라는 4대강 살리기[80], 나로호 우주선 발사(비록 실패에 그쳤지만)로 떠들썩했습니다. 땅에는 대규모 토목공사와 하늘에는 우주선을 쏘아 우주를 정복한다는 야심찬 계획들을 쏟아내고 있지요. 그것이 국민을 행복하게 만들어 줄 것이라고 '장밋빛 청사진'을 그려대고 있고, 또 그것이 국민들에게 잘 먹혀들어가지 않자, 최근에는 '서민(庶民) 중심의 경제를 살리겠다'는 정책구호를 연일 대중매체를

---

80 4대강 살리기: 이명박 정부가 '경제 살리기'의 한 축으로 한강·낙동강·금강·영산강 등 4대강을 잇는 '운하' 건설을 핵심정책으로 내세웠다가 국민들의 저항이 일자 '4대강 살리기'라는 애매모호한 정책을 말한다.

통하여 선전해대고 있습니다. 그야말로 언술로 시작해서 언변으로 끝을 보려는 '말뿐인 허울 좋은 공약(空約)'들을 쏟아내고 있습니다. 참으로 한심스럽고, 또 어찌하여 과거 매국(賣國)이나 독재의 유사(類似) 정권이 또다시 이 땅에 탄생하였나 하는 의구심이 들 정도입니다.

현대 인류가 민주주의나 환경보존의 중요성을 이미 인식하고 위태로워진 지구의 인권이나 생태환경을 구제하고자 노력하고 있지만, 그 근본 태도나 정신은 결코 하늘과 땅과 사람이 화해하고(天地人合一) 순응하는 가운데서 나온 합리적이고 성숙한 반성은 아닐 것[81]이라 봅니다. 현대 과학기술이 극도로 발달해감에 따라 인류의 사상은, 그 사고방식은 점점 인본주의(人本主義)로 집중되어 가고 있지요. 여기에서 '인본주의'라는 말은, 인간의 권리와 의무, 자유와 그에 따르는 책임 등을 생각함으로써 하느님께서 주신 본래의 행복을 되찾는 것이 아니라 오로지 인간의 욕심을 채우기 위하여 다른 피조물들을 도외시(파괴되어도 좋다) 해버린다는 의미이지요.

우리 인간은 비록 만물의 영장이라고들 말하지만, 사실상 천지만물의 한 부분에 불과할 뿐이지, 결코 우주만물을 마음대로 지배할 수 있는 존재도, 그렇게 해서도 안 되는 존재[82]이겠지요? 더구나 천지만물의 주재자(主宰者)나 전능한 존재는 더욱 아니겠지요? 그런데도 오늘날의 인간은 우주 안에서 마치 무소불위(無所不爲)의 권한을 가진 존재처럼 행세하고 있으니, 이 얼마나 가증스럽고 또 가련한 일입

---

81 윤임규, 『역경의 생생 사상』, 이숙자 옮김, 분도출판사, 2001년, 15쪽.
82 같은 책, 275쪽.

니까? 예수께서는 십자가에 못 박히시기 전, 빌라도 총독이 '나는 당신을 풀어 줄 권한도 있고 당신을 십자가에 못 박을 권한도 있다는 것을 모르시오?'라는 말에 대하여 "네가 위로부터 받지 않았으면 나에 대해 아무런 권한도 없었을 것이다"(요한 19,11)라고 잘라 말씀하십니다.

『중용』 저자가 말한 '성인'은 자신의 모든 것이 '위로부터 온 것'임을 잘 알고 있기 때문에 언제나 위로는 겸손하고 아래로는 '더불어 살 줄 아는' 사람입니다. 그래서 오직 하늘아래 지극한 성인이어야만 천하의 대경(大經)을 경륜하고, 천하의 대본(大本)을 확립하며, 하늘과 땅의 화육(化育)을 알아낼 수가 있다고 말한 것이 아닐까요? 더 나아가 저자는 말하기를, "어찌 거기에 의지할 바를 (별도로) 가지겠습니까? 간곡하고 지극히 정성스러운 그의 너그러움, 고요하고 깊디깊은 그의 연못, 넓고도 넓은 그의 하늘입니다. 참으로 귀 밝고 눈 밝으며 거룩하고 지혜로우며 하늘의 덕스러움에 이른 자가 아니고서야 그 누가 그것을 알 수가 있겠습니까?"라고 함으로써 하늘에 대한 자신의 신앙을 아주 적절하고 간곡한 어조로 고백하고 있습니다.

언젠가 주교님께 말씀드린 적이 있었지요? 천주교를 제외한, 지구상에 수많은 종교들, 특히 그 가운데서도 유교는 사람들을 하느님께로 인도하기 위한 예비적 단계의 종교라고요. 아니 실제로 천주교를 대신하여 '예비자 교리'를 사람들에게 가르치고 있는 선교사들이라고 보고 싶습니다. 사실 고대 이스라엘 사람들이 역사의 흐름 속에서 하느님의 섭리를 읽었듯이, 유자(儒者)들도 정치사의 굴곡 속에서 천명(天命)의 불변한 소리를 들었지요. 유교에 있어서도 지도자란 자신을 위해서 존재하는 것이 아니라 백성의 죄와 과실을 자기의 것으로 받아들이고 문제를 타개해 나가는 사람입니다. 그래서 탕(蕩) 임금은 자신의 죄는 백성에게 돌리지 마시고, 백성에게 과실이 있다면 그것은 자신의 탓이라고 하늘에 말씀 드린 것입니다. 오직 이런 지도자만이 백성의 마음을 살 수 있지요[83].

성인과 지도자는 별개의 존재입니다. 성인 된다는 의미는 꼭 지도자만이 가능한 것도 아니고, 지도자가 꼭 성인이 된다는 것을 뜻하지는 않습니다. 그러나 저는 사회적으로 두각을 나타낸 지도자들이 성인되기를 희망합니다. 그래야 백성들이 편안해지지요. 이는 교회 안에서도 마찬가지가 아닐까요? 성직자들이 먼저 '섬기는 자세'로 살아야 되겠지요? 이런 뜻에서 보자면, 확실히 유가의 경전들은 예수께서 말씀하시고 보여 주신 복음서(福音書)와 비슷하고 여러 부분에서 서로 공감대를 형성하고 있습니다.

9월 중순입니다. 지금 이곳 가르멜 수도원 사제관 주변에는 코스모스들이 정겹게 피어 있습니다. 이제 가을이 문턱까지 왔습니다. 그렇지만 한낮에는 섭씨 30도를 넘나들고 있는 것을 보아 아직 완전히 여름이 자기 자리를 내 준 것은 아닌 모양입니다. 이런 때에 연세 높으신 주교님의 건강이 매우 걱정이 됩니다. 그러한 걱정이 기우(杞憂)였으면 좋겠습니다. 수도원에 두 달에 걸쳐 한 번씩 들르시는 주교님의

---

83 김승혜, 『논어의 그리스도교적 이해』, 같은 책, 336쪽.

방문을 언제부터인가 기다리게 되었습니다. 잠시이지만 주교님과 함께 점심식사를 나누면서 환담을 나눌 수 있어서 얼마나 기쁜지 모르겠습니다.

　민족의 대명절인 한가위 대축제일이 곧 다가옵니다. 주교님께서는 고향이 프랑스이시지요? 거기에서도 오늘처럼 가을달이 동산에 밝아 오겠지요? 그럼 뵈올 날을 기다리며 틈이 나면 또 소식 올리겠습니다.(2009년 9월 10일 목요일에)

서른셋

홑옷을 걸쳐 입지요 (尙絅)

가을이 익어간다. 『중용』이라는 진리의 놀이터에서 앉아서 익어가는 가을을 본다. 사람들은 가을빛깔을 보고 '아름답다'라고 말하지만, 가을은 흐르는 시간 속에서 보면, 풍성했던 여름을 뒤로하고 이제 모든 것을 내려놓고 깊은 잠을 자야 하는 겨울로 향하는 길목이다. 어린이가 자라서 어른이 되고, 세월은 쉼 없이 흘러 그 어른은 어느덧 노인(老人)이 되어 황혼의 노을을 바라다보고 있다. 그러한 광경을 보고 지나가는 사람들은 또 '아름답다'라고 말한다. 조금 있으면 춥고 쓸쓸한 겨울이 될 텐데, 조금 있으면 해는 지고 날은 어두워질 텐데, 조금 있으면 그 노인은 황혼과 더불어 어둠 속으로 서서히 사라져 갈 텐데, 어찌하여 사람들은 그 사라져가는 모습을 보고서 '아름답다'고 말하고 있을까?

『중용』은 인간 삶의 마지막 모습과 그 마지막이 결코 허망하게 끝나서는 안 되는 까닭을 이야기하고 있다. 그래서 『중용』은 『묵시록(默示錄)』과 같아 보인다. 『역경(易經)』에서의 64괘 가운데 63번 째 괘가 '기제'(旣濟)이고 마지막 64번째 괘가 '미제'(未濟)인 것처럼 말이다.

"홑옷을 걸쳐 입지요"

『시경·국풍(國風)·위풍(衛風)·석인(碩人)』[84]에서 "비단옷을 입고 홑옷을 걸쳐 입었구나"라고 한 것은, 그 화려한 무늬가 밖으로 드러남을 싫어한 때문입니다. 그렇기 때문에 군자의 길은 어둑어둑하면서도 날로 빛이 나고, 소인의 길은 또렷하면서도 날로 사그라져가지요. 군자의 길은 담박하면서도 싫증나지 않고, 간결하면서도 품격이 드러나며, 따스하면서도 이치가 있습니다. 멀리는 가까이로부터 가야함을 알고, 바람이 어디로부터 불어오는지를 알며, 희미함은 뚜렷함으로부터 시작함을 안다면, 덕스러움으로 함께 들어갈 수가 있겠지요(詩曰 衣錦尙絅惡其文之著也 故君子之道 闇然而日章 小人之道 的然而日亡 君子之道 淡而不厭 簡而文 溫而理 知遠之近 知風之自 知微之顯 可與入德矣).

---

84 『시경·국풍·정풍(鄭風)·풍(豐)』에는 "의금경의"(衣錦褧衣)라는 말이 나오는데, 여기에 "경"(褧)과 "경"(絅)은 동일하게 "홑옷"이라는 뜻이다.

산책 1 : 한-걸음

10월 초순이다. 민족의 대명절인 한가위 축제도 속절없이 지나갔다. 지금까지 기회 있을 때마다 찾아갔던 『중용』이라는 놀이터를 오늘 나는 다시 찾았다. 놀이터에 가서 거기에 놓여 있는 손때 묻은 것들을 만지작 거려본다. 그리고 지금까지 이 놀이터에서 내가 무엇을 배웠고, 얻었으며, 또 잃어버린 것들은 무엇인지 생각해 본다. 그 기억 속으로 다시 들어가 본다. 그렇지만 도무지 기억해낼 수가 없다. 이젠 이 놀이터가 나의 일상 중의 하나가 되어버렸기 때문이다. 누가 그 숱한 자기의 일상을 기억하겠는가? 그저 하루하루를 충실하게 살려고 노력하였으면 된 것 아니겠는가?

놀이터의 마지막 구석진 자리에 몇 편의 시들이 있고, 그 밑에 시를 이해하여 적어 놓은 글귀들이 보석처럼 반짝거린다. 거기에 그렇게 시편이 있을 줄을 몰랐다. 나는 그것이 놓여 있는 곳으로 발걸음을 옮긴다.

시편의 주인공인 석인(碩人)은 제나라 제후의 여식이고, 위나라 제후의 아내이며, 동궁의 누이로 키가 훤칠하다. 한 눈으로 보아도 미인임에 틀림없다. 그러나 그녀는 자신이 가지고 있는 여러 가지 장점들을 모두 감추려고 홑옷을 입었다. 홑옷을 걸쳐 입었으니, 속에 입은 화려한 비단옷이 밖으로 드러날 수 있겠는가? 눈에 들지 않으니, 그의 출신이 굉장하다는 사실 또한 감춰질 것이다. 그래서 세상 사람들은 그를 보고 모두들 '형편없는 사람'이라고 손가락질 할지도 모른다. 그러나 시편의 작가는 그를 '훌륭한 사람'(碩人)이라고 주저 없이 평가한다.

장자(莊子)는 『천하(天下)』 편에서, 옛날 덕이 온전했던 사람들을 살펴보면 하늘과 땅의 아름다움을 갖추고 신령스럽고 영명한(神明) 용모를 지녔다고 칭할 수 있는 자는 적었다고 하였다. 그러면서 그는 "이렇기 때문에 안으로는 거룩하면서도 밖으로는 왕 노릇 하는 길은 어둑해서 또렷하지 않으며, 꽉 막혀서 피어나지 못한다"(內聖外王之道 闇而不明 鬱而不發)라고 말하였다. 참으로 시편의 내용과 서로 닮아 있지 않은가? 시편의 작가가 등장시킨 석인은, 『중용』 저자에 따르면, 군자의 모습이다.

군자는 비록 밖으로는 어수룩해 보이더라도 안으로는 온전히 '천명'을 실행하는 '하늘의 사람'이다. 저자는 시편을 해석하면서 군자의 모습을 사람들에게 이야기하고 싶었을 것이다. "그렇기 때문에 군자의 길은 어둑어둑하면서도 날로 빛이 나고, 소인의 길은 또렷하면서도 날로 사그라져가지요. 군자의 길은 담박하면서도 싫증나지 않고, 간결하면서도 품격이 드러나며, 따스하면서도 이치가 있습니다. 멀리는 가까이로부터 가야함을 알고, 바람이 어디로부터 불어오는지를 알며, 희미함은 뚜렷함으로부터 시작함을 안다면, 덕스러움으로 함께 들어갈 수가 있겠지요."

예수께서는 일흔두 명의 제자들을 파견하시면서 말씀하셨다. "가거라. 나는 이제 양들을 이리 떼 가운데로 보내는 것처럼 너희를 보낸다. 돈주머니도 여행보따리도 신발도 지니지 말고, 길에서 아무에게도 인사하지 마라. 어떤 집에 들어가거든 먼저 '이 집에 평화를 빕니다.' 하고 말하여라"(루카 10,3-6).

예수께서는 군중과 제자들에게 율법 학자와 바리사이들의 행태에 대하여 말씀하셨다. "율법 학자들과 바리사이들은 모세의 자리에 앉아 있다. 그러니 그들이 너희에게 말하는 것은 다 실행하고 지켜라. 그러나 그들의 행실은 따라하지 마라. 그들은 말만 하고 실행하지는 않는다. 또 그들은 무겁고 힘겨운 짐을 묶어 다른 사람들 어깨에 올려 놓고, 자기들은 그것을 나르는 일에 손가락 하나 까딱하려 하지 않는다. 그들이 하는 일이란 모두 다른 사람들에게 보이기 위한 것이다" (마태 23,1-36 참조).

　이렇게 동아시아의 경전들을 들여다 보노라면, 내용들이나 그 의미들이 대체로 예수님의 말씀과 참으로 유사한 점을 발견하곤 한다. 이 때문에 아마도 사람들이 그러한 서책들을 보고 "경전"(經典)이라 이름하고 있는지도 모르겠다. 세상이란 놀이터에서 산책을 하다 보면, 처음만난 사람들 안에서 오래 묵은 듯한 친근감을 엿볼 수 있듯이 하느님의 뜻이 동아시아의 옛 성현들의 말씀 안에도 스미어져 녹아있음을 알겠다. (2009년 10월 5일에)

　『시경 · 소아(小雅) · 정월(正月)』에 이르기를, "물에 잠겨서 비록 엎드려 있지만, 역시 그를 매우 밝게 하네"라고 하였습니다. 그러므로 군자는 안으로 살펴보아 병들지 않아 품은 뜻에 부끄러움을 없이 하지요. 군자에게 미치게 할 수 없는 것은 그가 오직 사람들에게 드러내지 않는 것이 있기 때문이 아니겠는가? 『시경 · 대아(大雅) · 억(抑)』에 이르기를, "당신이 방에서 보자면, 또한 방 귀퉁이에서도 부끄러워하지 말아야 하지요". 그러므로 군자는 움직이지 않아도 공경하며, 말하지 않아도 믿게 합니다(詩云 潛雖伏矣 亦孔之昭 故君子內省不疚 無惡於志 君子之所不可及者 其唯人之所不見乎詩云 相在爾室 尙不愧于屋漏 故君子 不動而敬 不言而信).

산책 1: 두 걸음. 『중용』의 놀이터에 오래 머물면 머물수록 시편은 뜻밖에도 신선한 충격으로 다가온다. 새로운 것이기 때문에 신선한 것이 아니라, 이미 내가 이 놀이터에 들어섰을 때부터 줄곧 만났던 것들인데, 한동안 그것들을 잊어 버렸다가 다시 발견했기 때문에 그런 것이다. 산책을 할 때에는 가능한 걸음걸이를 천천히, 느릿느릿 하면서 걷는 것이 좋다. 그래야 발아래 기어 다니는 개미, 길섶 놓인 돌을 밀치고 올라와 겨우 손톱만한 꽃을 피우는 무명초, 가끔씩 고개를 들면 하늘 저 멀리 아스라이 떠다니는 솔개 따위들을 만날 수 있지. 어찌 보면 그들은 그저 하나의 미물일 뿐이고 사람에 비해 아무것도 아닐 수 있지만, 그래도 그들은 하느님께서 거룩하게 창조하신 피조물이고, 그들 안에 하느님께서 나누어주신 생명이 꿈틀거리고 있다.

'지성'(至誠)은 쉼이 없다고 하였다. 쉬지 않기 때문에 부지런한 것이 아니라, 부지런하기 때문에 쉴 틈이 없다. 문제는 지성께서는 무엇 때문에 부지런히 움직이시는가 하는 것이다. 그것은 곧 그분의 '일거수일투족'이 모두 '타자'를 위한 배려이기 때문일 것이다. 사람들은 그러한 사실에 대하여 처음에는 알지 못했을 것이다. 아니 어쩌면

'바보'라고 욕을 했을지도 모른다. 그러나 세월이 오래 지난 뒤에는 마침내 그가 한 일이 모두 '우리'를 위하여 한 것이라는 진실을 알게 되었다. 그제서야 사람들은 이제 그의 행동거지 하나하나에 대하여 '보여 주지 않아도 드러나고(不見而章), 움직이지 않아도 하늘에 뜻에 의합하며(不動二變), 특별히 하는 일이 없어도 이루고야 만다(無爲而成)'라고 하면서 찬사를 보낼 것이다. 왜냐하면 군자의 길은 넓고도 은은하며(君子之道 費而隱), 중용에 의거하여 세상에 숨어 있어 인정을 받지 못하여도 후회하지 않기 때문이 아닐까? 그래서 『중용』의 작가는 시편에 대하여 "군자는 움직이지 않아도 공경하며, 말하지 않아도 믿게 합니다"라고 하였는지도 모르겠다.

예수께서도 말씀하셨다. "너희는 세상의 소금이다. 그러나 소금이 제 맛을 잃으면 무엇으로 다시 짜게 할 수 있겠느냐? 아무 쓸모가 없으니 밖에 버려져 사람들에게 짓밟힐 것이다. 너희는 세상의 빛이다. 산 위에 자리 잡은 고을은 감추어질 수 없다. 등불은 켜서 함지 속이 아니라 등경 위에 놓는다. 그렇게 하여 집 안에 있는 모든 사람을 비춘다. 이와 같이 너희의 빛이 사람들 앞을 비추어, 그들이 너희의 착한 행실을 보고 하늘에 계신 너희 아버지를 찬양하게 하여라"(마태 5,13-16; 마르 9,4-50; 루카 14,34-35 참조).

예수님의 다음 말씀은 위의 복음을 더욱 심화시키고 있다. "너희는 사람들에게 보이려고 그들 앞에서 의로운 일을 하지 않도록 조심하여라. 그러지 않으면 하늘에 계신 너희 아버지에게서 상을 받지 못한다. 그러므로 네가 자선을 베풀 때에는, 위선자들이 사람들에게 칭찬을 받으려고 회당과 거리에서 하듯이, 스스로 나팔을 불지 마라. 내가 진실로 너희에게 말한다. 그들은 자기들이 받을 상을 이미 다 받았다. 네가 자선을 베풀 때에는 오른 손이 하는 일을 왼손이 모르게 하여라. 그렇게 하여 네 자선을 숨겨라. 그러면 숨은 일도 보시는 네 아버지께서 너에게 갚아 주실 것이다"(마태 6,1-4).

오늘날의 사람들은 참을성이 없다. 선한 일이든 악한 일이든 모두 참지 못한다. 특히 약간이라도 선한 일을 행했다 싶으면 참지 못하고 스스로 나팔을 불어대기 일쑤이다. 여기에는 선행으로 잘 포장된 위선적 행위도 포함된다. 연말연시가 다가오면 정치계와 기업계에서는 너나 할 것 없이 양로원과 고아원 등의 사회복지 시설을 방문한다. 그리고는 거기에 일정 정도 기부를 하고 멋지게 사진을 찍고는 아무 일 없다는 듯이 훌쩍 떠나버리는 것을 볼 수 있다. 그리고는 1년 내내 그들의 모습을 보기란 하늘의 별을 따는 것처럼 어렵다.

나는 다시 걷는다. 놀이터의 이곳저곳을 밟아본다. 아까보다 더욱 더 느린 걸음으로 발길을 옮겨 보는 것이다. 새로운 무언가를 발견할 거라는 기대 때문이 아니다. 이미 만났지만 잃어버린 무언가를 다시 찾을지도 모른다는 희망 때문이다. 벌써 놀이터 주변의 키 작은 나무들 마다엔 낙엽이 지고 있다. 노랗게 붉게 져가는 낙엽들이 석양의 햇살을 받아 더욱 영롱하게 빛난다. 우리네 인생도 마지막으로 향하는 저 잎새처럼 영롱해질 수 있을까? 사람은 원래 끝이 아름다워야 그의 모든 인생도 아름다워 보이는 법이다. (2009년 10월 10일)

『시경·상송(商頌)·열조(烈祖)』에 이르기를, "(상제께) 나아가 이르러 아무런 말이 없으니, 이때는 아무런 다툼도 있을 수 없네"라고 하였습니다. 이렇기 때문에 군자는 상을 주지 않아도 백성들이 권하게 되고, 성을 내지 않아도 백성들이 작두와 도끼보다 더 두려워하지요(詩曰 奏假無言 時靡有爭 是故君子 不賞而民勸 不怒而民威於鈇鉞).

벌써 놀이터를 몇 바퀴째 휘돌아보았는지 모른다. 이리저리 걷다가 머리를 들어보니 눈앞에는 들어 올 때 열어 젖혔던 문이 저만치서 반짝거린다. 들어올 때나 나갈 때나 문은 언제나 하나일 뿐이다. 인생의 문도 이와 같지 않을까? 이 세상에 올 때 나온 바로 그 문으로 이 세상을 떠난다. 그래서 사람이 죽으면 '돌아가셨다'라는 말을 하지 않던가? '귀천'(歸天)이니 '승천'(昇天)이니 하는 표현도 똑같은 뜻을 가진다. 그 문으로 들어가거나 나올 때는 그 누구도 다투지 않는다. 아예 다툼(爭)이란 말 자체가 없었다. 그러나 나옴(出)과 들어감(入) 사이에 있는 동안 사람들은 끝없이 다툰다. 왜 그럴까? 어찌하여 다툴 수밖에 없었을까?

시편의 작가는, 군자가 상제 앞에 나아가는 동안 아무런 말도 하지 않았다고 노래한다. '무언'(無言) 즉 말이 필요 없거나 소용이 없다는 뜻이겠다. 공자께서 "하늘이 무슨 말을 하더냐? 사시가 거기에서 운행되고, 만물이 거기에서 생겨나지만, 하늘이 무슨 말을 하더냐?"

(天何言哉 四時行焉 百物生焉 天何言哉)(『논어·양화(陽貨)』)라고 한 대목이 생각난다. 하늘께서 아무런 말씀도 하시지 않으시니 "나도 아무런 말을 하지 않으련다"(子欲無言)(『논어·양화』)고 하신 공자의 그 말씀 말이다. 이는 자신의 사언행위(思言行爲) 곧 생각과 말과 행동거지가 모두 천명(하느님)으로부터 비롯된 것임을 뜻한다. 공자의 삶에 '여유로움'이 듬뿍 묻어나는 대목이다. 그렇다. 하느님께서 아무런 말씀도 하시지 않는데 오직 인간들만이 서로 아귀다툼을 하는 현실이 사뭇 우습다. '다툼'은 무엇을 위한 다툼이고, 누구를 위한 변명이겠는가?

'경물중생'(輕物重生)이란 성어(成語)가 있었지. 본래 도가(道家)에서 많이 사용하는 말인데, 생명 없는 사물들을 가볍게 여기고 생명 있는 것들을 소중하게 여긴다는 뜻이다. 이 말은 자기 목숨이 소중하면 남의 목숨도 소중하다는 이야기가 아니겠는가? 그런데 '다툼'을 벌인다는 것은 자기 것만 소중하고 남의 것은 하찮게 보는 것이기 때문에 '경물중생'과는 상반되는 말이다. 하느님께서는 당신이 직접 모든 것을 오늘, 지금 그리고 당장 내셨지만, 어느 것이 귀하고 어느 것이 하찮은 것인지에 대해 아무런 말씀도 하시지 않으신다. 모두가 다 당신이 보시기에 소중한 존재들이기 때문이지. 군자는 바로 그 하늘을 닮은 사람이다. 군자가 아무런 말씀도 없으신 것은 바로 그 때문이지. 이로써 백성들은 그를 존경하게 되고, 그의 말씀을 하늘이 내려주신 삶의 법도로 삼게 된다. 군자는 누군가에게 상을 받으려고 애쓰지도 않았고, 힘없는 백성들을 향하여 성내지도 않는다.

예수께서는 '간음하다 잡힌 여자를 어떻게 해야 할 것인가?'라고 질문하는 사람들 앞에서 아무 말씀도 하지 않으시고 묵묵히 몸을 굽히시어 손가락으로 땅에 무엇인가 쓰시기 시작하셨다. 그들이 줄곧 귀찮게 요구해대자 예수께서는 몸을 일으키시어 그들에게 이르셨다. "'너희 가운데 죄 없는 자가 먼저 저 여자에게 돌을 던져라.' 그리고 다시 몸을 굽히시어 땅에 무엇인가 쓰셨다. 그들은 이 말씀을 듣고 나이 많은 자들부터 시작하여 하나씩 떠나갔다"(요한 8,1-11 참조). 예수께서는 아무 말씀도 없으시다가 '죄 없는 자가 누구냐?'라고 한마디 하시자 모두들 겁을 먹고 두려워하여 도망치듯이 그 자리를 빠져 나갔다. 이렇듯이 인간의 말이란 '무조건 해댄다'고 해서 다 말은 아닐 것이다. 말하지 말아야 할 때는 침묵하고, 침묵하지 말아야 할 때는 거침없이 내뱉어야 진짜 '말을 한다'고 할 수 있지 않을까?

『중용』의 저자는 이미 예수 그리스도의 일거수일투족을 모조리 다 체험한 사람처럼 보인다. 그렇기 때문에 저토록 예수님과 닮은 '무언의 군자'를 그려낼 수 있었던 것이 아니겠는가? '진리에 속한 사람'(요한 18,37), 진리 편에 서 있는 사람이면 동서고금을 막론하고 모두 이미 그 자체로 '하느님께 속한 사람'이기 때문일지도 모른다.

'진리에 속한 사람과 무언의 군자'는 어떤 사람들일까? 예수께서 "하느님의 말씀을 듣고 지키는 이들이 오히려 행복하다"(루카 11,28)라고 하셨을 때 바로 그 "하느님의 말씀을 지키는 자들"일지도 모르겠다. 아니 바로 그 사람들일 게다. 그들은 군자로 살아가라고 특별히 하늘로부터 점지되어 태어난 사람들이 아니다. 그저 여느 사람들처럼 평범하게 이 세상에 왔고, 또 평범하게 일상을 살았던 자들이다. 다만 그들은 '천명'에 따라 살았고, 일반사람들은 '천명'을 버리고 '사심'(私心)에 따라 살았을 따름이다. 그들을 그들답게 만든 것은 그들이 얼마나 '중용적인 삶'을 살았느냐 아니면 '인욕'(人欲)에 치우쳐 살았느냐의 차이밖에는 없을 것이다.

어느 철학자가 종교에 대하여 재미있는 이야기를 들려준다. 그에 따르면 우선 종교에는 기복적인 것, 구도적인 것, 개벽적인 특성이 있단다. 그런데 또 다른 도가(道家) 철학자가 거기에 도교와 불교와 유교를 서로 비교하여 들려주는 이야기가 있다. 도교는 유교와 불교에 비하여 상대적으로 구세이념 즉 개벽의 요소가 약한 것이 약점이란다. 그리고 유교는 불교나 도교에 비해 너무나 기복적인 요소를 무시했기 때문에 민중에 토착화를 할 수 없었고, 선불교는 너무나 구도경향이 강했기 때문에 대중화를 시도하기가 어려웠다는 것이다. 그렇지만 불교에는 다행스럽게도 기복적 신앙과 미륵신앙이 동일하게 이상사회를 추구하는 이념으로 있어 나름대로 균형을 잡았기 때문에 이 땅에 오랫동안 뿌리박아 온 것으로 보고 있다. 그런데 이 학자는 그리스도교에 대해서는 이렇다 할 언급을 하지 않았다. 다만 종래의 그리스도교 교리가 가지고 있는 한계성을 넘어서서 유불도 삼교를 다 포함하면 좋겠다고 하면서 가톨릭교회가 비교적 개방적이기 때문에 일말의 기대를 걸고 있다고[85]도 하였다.

드디어 이 놀이터에도 바람이 인다. 이는 바람은 놀이터에 새로운

---

85 김승혜 외 2명, 『도교와 그리스도교』, 바오로 딸 출판사, 2003년, 307-308쪽.

기운을 불어 넣고 있다. 들어올 때만 해도, 그리고 들어와서도 느끼지 못했는데 한바탕 신나게 뛰어 놀다 보니까 놀이터가 무척 달라져 있다는 생각이 든다. 낯설게 느껴졌다는 것이 아니라 새로워져 보인다는 사실이다. 새로워졌다고 하니까 놀이터에 무슨 상전벽해(桑田碧海) 같은 큰 변화가 일어나고 있다는 것은 아니다. 나 자신이 어느 사이엔가 이 놀이터의 모든 것들과 무척 친숙해져 있다는 느낌 때문이다. 친숙해지니까 그동안 보지 못했던 구석구석의 진실들이 하나 둘씩 눈에 들어오기 시작한다. 놀이터 한 구석에 돋아난 이름 모를 꽃도 보이고 여기저기 흩어져 있는 쓰레기이며 오물들도 보인다. 사람들이 놀다간 흔적들이 여기저기 흩어져 있다. 방금 왔다가 돌아간 사람들의 흔적이나 아주 오래 전에 뛰어놀다가 어디론가 가버리고 지금은 그들이 빠트리고 간 머리띠며 몽당연필도 보이고, 여기저기 알 듯 말 듯 한 글자를 빼곡히 낙서한 곳도 있고, 어떤 곳에는 커다랗게 아주 커다랗게 자기 이름을 새겨 넣었는데, 그것이 마냥 흉물스러운 것만은 아니라는 생각이 든다. 그 또한 살아 꿈틀거리는 사람들의 역동적인 생명력이 이곳에서도 발산되었다는 구체적인 증거가 아니겠는가!(2009년 10월 17일, 성 이냐시오 축일에)

"덕스러움은 가볍기가 터럭 같지요"

『시경·주송(周頌)·열문(烈文)』에 이르기를, "오직 덕을 드러내지 않아도 온 제후들이 그대로 본을 받는구나"라고 하였습니다. 이러므로 군자가 독실하고 공손하면 천하가 고르게 됩니다. 『시경·대아·황의(皇矣)』에 이르기를, "나는 밝은 덕을 품고 말소리와 얼굴의 빛을 크게 여기지 않는다"라고 하였습니다. 공자께서 말하기를, "말소리와 얼굴빛은 백성을 교화시킴에 있어서 말단에 속한다"라고 하였습니다. 『시경·대아·탕지습(蕩之什)·증민(蒸民)』에 이르기를, "덕스러움은 가볍기가 터럭과 같지"라고 하였습니다. 터럭은 오히려 차등을 가지고 있습니다. "하늘의 일은 소리도 없고 냄새도 없다(『시경·문왕지습(文王之什)·문왕(文王)』)"라고 하였는데, 지당합니다(詩曰 不顯惟德 百辟其刑之 是故 君子篤恭而天下平 詩云 予懷明德 不大聲以色 子曰 聲色之於以化民 末也 詩云 德輶如毛 毛猶有倫 上天之載 無聲無臭 至矣).

산책2 우리나라 어디에 간들 사계절이 다 그렇겠지만, 내가 머물고 있는 이 수도원의 가을날은, 그 정취가 그 풍광이 반할 정도로 매혹적이고 아름답다. 나만, 우리만 보기가 죄스러울 정도다. 봉쇄수도원이긴 하지만, 담장 밖까지 모두 봉쇄한 것은 아니니 이 근처를 지나가는 사람이면 누구나 이 가을날에 한 번쯤 잠시 머물다 가도 좋을 것이다.

나는 지금까지 이리저리 신명나게 노닐던 놀이터, 그 출입문에 걸터앉아서 잠시 상념에 잠겨 있다. 이곳을 빠져나와야 할 것인가 아니면 좀 더 머물러 있어야 할 것인가? 오늘은 그만하고 내일 다시 찾아올까? 아니면 새로운 놀이터를 찾아 그리로 가 볼까? 이럴 때 성인이라면, 군자라면 어떤 결정을 내릴까? 해답은 이미 내가 다 알고 있는 바가 아니던가? 하늘께서도 아무런 말씀도 하시지 않으시니(無言), 성인군자인들 특별히 무슨 말씀을 하시겠는가? 그저 하늘의 뜻을 본받아 그대로 움직일 따름인 것을!

『중용』의 저자는 끝에 와서 흥미롭게도 시편(시경)과 공자의 말씀을 숨 가쁘게 끌어다댄다. 이 시편들은 모두 군자들의 '덕스러움'(德)에 대한 해석으로 가득 차 있다. '덕'은 '도'의 움직임이고 실행이다. 따라서 '덕'은 '도'의 또 다른 이름이 된다. 군자는 하늘의 뜻을 실행하기 때문에 '도'를 드러내는 것이고, '도'의 실행은 일상의 범주를 벗어나는 그 어떠한 특별한 행위가 아니라, 하늘의 뜻이 인생살이에 그대로 녹아 있는 것처럼 군자들의 삶 또한 평범한 일상생활의 다름 아니다. 문제는 사람들이 '도'(혹은 덕)을 특별한 무엇으로 보고 있기 때문에 실행에 옮기는 데 힘겨워하거나 혹은 아예 포기해버리는 데 있다. 그러므로 군자가 사는 삶이 곧 평범한 사람들의 모범, 기준, 거울이 된다. 그렇다고 해서 군자가 '도'를 드러내는 일체의 행위를 일부러 드러내는 것은 아니다. 그렇기 때문에 저자가 오히려 시편을 인용하면서 군자의 군자다운 모습을 보여 주고 있는 것이다.

군자는 '오직 덕스러움을 드러내지 않아도 온 제후들이 그대로 본을 받지요'(『시경·주송(周頌)·열문(烈文)』)라고 함으로써 군자의 행실이 독실하고 공손하면 천하가 고르게 될 것이라 하였다. 또 군자는 스스로 '나는 밝은 덕을 품고 말소리와 얼굴의 빛을 크게 여기지 않지요'(『시경·대아·황의(皇矣)』)라고 하며, 공자께서 말하기를, "말소리와 얼굴빛은 백성을 교화시킴에 있어서 말단에 속합니다"라고 하였다는 것이다. 게다가 군자는 '덕스러움은 가볍기가 터럭과 같지요'(『시경·대아·탕지습(蕩之什)·증민(蒸民)』)라고 하면서, 바람에 날리는 한 올의 터럭이 오히려 무겁고 가벼운 차등을 가지고 있다고 했다. 그리고 공자는 마지막에 "하늘의 일은 소리도 없고 냄새도 없지요"(『시경·문왕지습(文王之什)·문왕(文王)』)라고 말한 시편작가의 노래가 일백 번 지당하다고 하면서 군자가 하는 일은 모두 그 자체로 하늘께서 하신 일이라고 고백한다.

　우리는 모두 21세기를 살고 있다. 이 시대에 『중용』에서 소개하는 성인군자가 또 있을까? 있다면 얼마나 될까? 며칠 전 미국의 대통령인 오바마(Barack Hussein Obama)가 '노벨평화상'을 받았다고 세상이 온통 시끌벅적하다. 이를 두고 사람들은 찬반양론이 치열하게 엇갈리고 있단다. 그러나 정작 오바마 자신은 "역사적으로 많은 변화를 이끌어낸 역대 노벨평화상 수상자들의 대열에 내 자신이 낄 자격이 있다고는 솔직히 느끼지 않는다. 이번 노벨평화상 수상은 내 자신의 업적이 아니라 전 세계 많은 사람들의 용기 있는 노력에 대한 평가라고 생각한다. 21세기의 도전과제에 대응하기 위한 실천에 나서라는 뜻으로 받아들이겠다. 우리가 직면한 21세기의 도전과제는 한 명의 지도자나 한 국가만으로는 해결할 수 없으며, 이런 의미에서 미국은 책임 있는 자세로 새로운 참여의 시대를 구축하도록 노력할 것이다" (2009년 10월 9일, 수상 수락연설 중에서)라고 사뭇 겸손한 태도를 보였다.

정황이야 어찌되었든 간에 그는 노벨평화상 수상자 대열에 합류하였으며, 그가 앞으로 세계의 평화를 위하여 일할 것인지 아닌지는 오직 '그의 행보'에게 달려 있을 것이다. 우리가 그를 성인군자라고 칭해야 하는가 아닌가에 대한 결정 또한 역사 속에서 내려야 할 것으로 보인다.

예수께서는 "나에게 주님! 주님! 한다고 모두 하늘 나라에 들어가는 것이 아니다. 하늘에 계신 내 아버지의 뜻을 실행하는 이라야 들어간다"(마태 7,21)고 말씀하신다. 예수님의 이름으로 예언을 하고, 마귀를 쫓아내고, 기적을 많이 일으킨다고 해서 '하느님'을 잘 아는 것이 아니라는 것이다. 예수께서는 오히려 그런 사람들을 보고 말씀하시길, "나는 너희를 도무지 알지 못한다. 내게서 물러들 가라, 불법을 일삼는 자들아!"(마태 7,23)라고 호통을 치신다. 『중용』에서의 성인군자와 예수께서 말씀하시는 '진리에 속한 사람들'은 참으로 많이 닮아 있다. 군자는 사람들에게 덕을 밝히는 것도 얼굴빛을 드러내는 것도 모두 바람에 날리는 터럭보다 더 하찮게 여긴다. 군자는 오히려 자신이 하는 일에 있어서 소리도 내지 않으며 냄새도 풍기지 않는다(無聲無臭). 천지만물을 내신 하느님(上天 혹은 上帝)께서 그러하신 분이시기 때문이 아니겠는가?

지금 세상에는 '내가 옳다', '내가 진리다'라고 저마다 내세우는 종교들이 얼마나 많을까? 종교들의 숫자에 대해서는 어쩌면 하느님께서도 잘 모르실 것이다. 얼마 전까지만 해도 가톨릭교회에서는 그 숱한 종교들에 대하여 고압적이거나 냉담한 태도를 보였다. 그러나 고맙고 반갑게도 가톨릭교회는 스스로 닫은 빗장을 풀고 세상 사람들을 향하여 대담하고도 용기 있는 선언을 하였다.

"가톨릭교회는 이들 종교에서 발견되는 옳고 거룩한 것은 아무것도 배척하지 않는다. 그들의 생활양식과 행동방식뿐 아니라 그 계율과 교리도 진심으로 존중한다. 그것이 비록 가톨릭교회에서 주장하고 가르치는 것과는 여러 가지로 다르더라도, 모든 사람을 비추는 참 진리의 빛을 반영하는 일도 드물지는 않다. 그러나 교회는 그리스도를 선포하며 또 끊임없이 선포하여야 한다. 그리스도께서는 '길이요 진리요 생명이시며'(요한 14,6) 그분 안에서 모든 사람은 풍요로운 종교생활을 한다. 하느님께서는 그리스도 안에서 모든 사람을 화해시키셨다. 그러므로 교회는 지혜와 사랑으로 다른 종교의 신봉자들과 대화하고 협력하면서 그리스도교 신앙과 생활을 증언하는 한편, 다른 종교인들의 정신적 도덕적 자산과 사회 문화적 가치를 인정하고 보호하며 증진하도록 모든 자녀에게 권고한다."[86]

가을 햇살이 따사롭다. 나는 나의 방에 이름을 붙이기로 하였다. 이름을 붙인다는 것이 그리 대단한 일은 아닐 테지만, 옛 사람들이 자신

---

[86] 제 2차 바티칸 공의회문헌, 《비그리스도교와 교회의 관계에 대한 선언》 2항, 한국천주교중앙협의회, 2002년.

의 집이며 방에다가 이름을 붙인 것에는 다 그만한 이유가 있을 것 같기 때문이다. 내 방 이름을 '유무산방'(有無山房)이라 하였다. 『장자(莊子)』의 「외물(外物)」 편에서 장자와 혜시(惠子)의 대화 가운데, '유용'(有用)과 '무용'(無用)이라는 말에서 따왔다. 이 말을 나는 '유용이무용'(有用而無用)하면서도 '무용이유용'(無用而有用)이라고 다시 썼다. 나는 자신을 두고, '쓸모 있으면서도 아무 짝에도 쓸모가 없고, 쓸모가 없으면서도 어느 구석 쓸모가 있는' 인간으로 정리하였다. 그리고는 '쓸모'(用)라는 말 대신 '있는 듯 없는 듯'이라는 의미를 갖다 붙였다. '산방'(山房)은 내가 지금 살고 있는 곳이 산이고, 그 산에 내가 거처하는 방이 있기 때문에 생긴 이름이다.

따지고 보면 우리네 인간은 결국 '있다면 있고 없다면 없는' 존재가 아니던가? 그런데도 사람들은 기껏 백 년도 살지 못하면서 마치 천 년을 살 것처럼 떠들어 댄다. 그러니 예수께서 "그날과 그 시간은 아무도 모른다. 하늘의 천사들도 모르고 아들도 모르고 오로지 아버지만이 아신다"(마태 24,36)라고 말씀하신 것처럼, 그리고 또 "사람들이 너희에게 '보라, 저기에 계시다.', 또는 '보라, 여기에 계시다.' 할 것이다. 그러나 너희는 나서지도 말고 따라가지도 마라"(루카 17,23)라고 말씀하신 것처럼 그저 깨어서 두 눈 똑바로 뜨고 "'예' 할 것은 '예' 하고, '아니오' 할 것은 '아니오'"라고 하는 수밖에.(2009년 10월 31일 토요일에)

후기

『중용』에 대한 단상(斷想)

1. 지금 나는 『중용(中庸)』이라 이름 하는 놀이터, 그 흔들거리는 그네 줄을 꼭 부여잡고 엉덩이를 걸친 채 앉아 있다. 이렇게 앉아서, 그 옛날 『중용(中庸)』의 저자는 인간의 삶에 대해서 생각하고 또 생각했을 때, 그것이 무엇인지 잘 잡히지는 않았지만, 인생의 처음과 끝을 잇는 줄을 붙잡고 깊은 상념에 잠기지 않았을까 상상해 본다.

한 때 한국천주교회에서는 '토착화'(土着化)라는 말을 참 많이도 사용하였다. '복음화'(福音化)라는 개념도 쌍벽을 이루듯 하나의 '화두'(話頭)처럼 부가되었다. 생각해 보면, 토착화라는 말은 땅에다 뿌리를 내리는 것이고, 복음화라는 말은 예수 그리스도의 기쁜 소식을 온 세상 사람들이 삶으로 살아야 한다는 뜻이 아니던가? 결국 이 두 가지는 뜻을 한 가지로 하는 다른 말일 뿐이다. 하느님께서 몸소 사람이 되신 신비(인간화신비 혹은 강생신비)를, 그분을 믿고 따르는 모든 사람들이 직접 삶으로 실천하는 것이 가장 좋은 토착화요 복음화가 아닐까?

2. 『중용(中庸)』의 저자는 자신의 고백으로 미루어 볼 때, 한평생 천명(天命), 천도(天道)에 의탁하여 성인이 되고 군자가 되어 살아보고자 했을 것이다. 그에 따르면, 성인이나 군자는 처음부터 특별한 인물로 설정되어 세상에 태어난 것이 아니다. 성인과 군자는 세상에 태어나서 그저 천명을 잘 받들고, 천명에 어긋나지 않는 삶을 세상 사람들에게 보여 주고자 노력하고 애를 쓴 사람들일 따름이다. 그리스도교의 성인들도 이와 닮아 있다. 세상에 있을 때, 하느님의 말씀을 몸으로 살았던 사람들이 곧 성인들이시다. 그리고 그 모범을 직접 보여 주신 분이 사람으로 오신 예수 그리스도이시다. 그렇다면 유교의 성인과 그리스도교의 성인의 차이는 어디에 있을까? 생각하기에 따라서 다를 수도 있고 같을 수도 있지만, 가장 큰 차이는 세상을 창조하시고 구원에로 이끄시는 하느님의 존재를 유일신(唯一神)으로 인정하느냐 아니냐에 달려 있지 않을까 싶다. 유교에서도 '상제'(上帝)라는 최고신을 설정하고 있지만, 그러나 그리스도교처럼 유일신으로 받들어 섬기지는 않는 듯하다. 그렇다고 해서 유교와 그리스도교가 모든 점에 있어서 다르다고 말하기도 어렵다. 이점에서 우리는 서로 간에 대화를 끊임없이 나누어야 할 필요성을 느낀다. 대화를 통하여 서로를 인정하고 이해하여 마침내 두 종교의 근원(根源)이 결국 하나라는 것을 확인해가는 과정으로 삼을 수도 있고, 세상이 하늘의 뜻에 좀 더 가까이 나아가는 데 서로가 협력할 수도 있을 것이기 때문이다.

3. 나는 몇 년 전에 처음으로 야심차게 세상에다 책을 한 권 내어놓은 적이 있다. 학문적인 내공도 쌓지 못했으면서 그저 얄팍한 지식과 열정에만 의지한 채 형편없는 수준의 책을 썼다. 그러나 시간이 지날수록 그렇게 무모하게 저지른 나의 행위가 자꾸만 그리워진다. 그 책의 제목은 『정하상의 〈상재상서(上宰上書)〉연구』[87]이다. 그 책을 꾸며 나가기 시작할 때만 해도 '나도 한국천주교회가 나아가는 데 무언인가를 좀 기여할 수 있지 않을까?'라는 기대감을 가졌지만, 결과적으로 야심만 가득하였을 뿐이다. 그렇지만 지금도 그 책에 대하여 자신 있게 이야기할 수 있는 것이 두 가지가 있다. 하나는 정하상 성인의 〈상재상서〉라는 글을 번역하고 해석해 보려고 노력했다는 것이고, 다른 하나는 정하상 성인이 세상에다 자신의 신앙을 적극적으로 옹호하려 했던 방법론을 발견했다는 점이다. 그 방법론이라는 것이 결국 그의 토착화시도였다고 말하고 싶다. 그 방법론을 한마디로 표현하면 '이천보유(以天補儒) 이유호천(以儒護天)'이다. 천주교를 가지고서 유교를 보충하고 유교를 가지고서 천주교를 보호하려 했던 흔적이 곧 〈상재상서〉라는 정하상의 상소문이었다. 당시의 생각치고는 참으로 시대를 뛰어넘은 기발한 발상이 아니었던가!

정하상 성인은 어쩌면 유림(儒林)들을 예비신자(豫備信者)로 생각하였을지도 모르겠다. 만일 그가 유림들을 예비신자로 생각하였다면, 그는 모진 박해의 칼바람 속에서도 자신을 박해하는 저 유림들을

---

[87] 2004년 3월에 가톨릭출판사에서 펴냈다.

하느님 안에서 한 형제요 자매로 삼고 있었다는 이야기가 된다. 참으로 성인다운 생각이 아닌가! 특히 무엇보다도 『중용』은 유림들이 유가의 가치관에 있어서 최고의 덕목으로 삼을 만한 것들의 보고(寶庫)요 정수(精髓)라 여겨진다. 유가의 요체가 쌓여 있는 책을 통하여 가톨릭과 대화를 시도해 본다는 것이 어떤 의미에서는 유가의 성현들과 만나는 것이 되고, 동시에 복음정신을 한 단계 승화시켜나가는 계기가 되리라 본다.

4. 지금은 21세기다. 세상이 경제논리에 틀어박혀 각박해질 대로 각박해지고 있다. 그러나 그리스도교 입장에서 보면, 이러한 21세기는 새로운 희망의 시기로 바꾸어야 할 절호의 기회일 수 있다. 사람들은 인간의 정신을 풍요롭게 만들어주는 인문학을 버리고 인간의 가슴을 메마르게 하는 기계주의와 물질주의에만 목을 매고 있다. 이럴 때 각 종교들이 종파를 버리고 한 자리에 모여 인류의 어제와 오늘과 내일을 이야기해 보는 장(場)을 펼쳐본다면 얼마나 좋을까? 거기에 가톨릭이 앞장을 선다면 세상은 하느님께서 마련해 주신 그 풍요로움을 다시 회복하게 될 것이 아니겠는가. 이러한 화두는 결코 이루어질 수 없는 꿈만은 아닐 것이다. 문제는 자기를 내려놓고 남을 사랑하느냐 아니냐에 달려 있을 것이라 본다.

사실 『중용』은 가톨릭 입장에서 보기에, 하느님의 충만하고도 역동적인 은총을 소극적으로 이야기하면서 오히려 인간의 역동성을 강조하고 있다. 그러나 그것이 무엇이든 중요한 것은 하느님의 뜻에 충실하게 살아가려고 하는 의지가 있느냐 없느냐를 가지고 대화를 시도

해야 할 것이다. 왜냐하면 『중용』이 〈중용〉되게 하는 관건은 '천명의 실행' 여부에 있기 때문이다. 만일 가톨릭이 유교와 이야기할 수 있다면, 불교와 도교 그리고 이슬람, 심지어 무속신앙과도 허심탄회한 대화를 시도해 볼 수 있으리라. 이런 점에서 21세기는 '종교 간의 대화'의 시기라고 말하고 싶다.

5. 『중용』은 본래 『대학(大學)』과 함께 『예기(禮記)』 사십구 편 중 제 삼십일 편에 들어 있었다고 한다. 그런데 중국 한나라 시대(漢代)에 들어서면서부터 별도로 다루어지기 시작했다. 출전(出典)과 연대가 문제가 되는 것은 아니다. 문제는 『중용』을 통해서 사람들에게 말하려고 했던 내용일 것이다. '중용'은 글자 그대로 사람의 일상을 '중'에 딱 들어맞게 살아야 한다는 뜻이다. 물론 '중'은 곧 '시중'(時中)이다. 시중은 무엇이든지 때에 딱 들어맞도록 하는 것을 말하는데, 이때 '시'는 '천시'(天時), 곧 하늘의 때를 뜻한다. 사람이 제아무리 잘났어도 하늘의 때를 제대로 알지 못하고 맞추어나가지 못한다면 그는 결코 잘 산다고 할 수 없다. 천명을 알지 못하면, 하느님의 말씀을 알지 못하면, 나아가서 알아도 실행하지 않는다면 결국 형편없는 사람이 되고 만다는 얘기다. 예수께서는 "나에게 '주님!, 주님!' 한다고 모두 하늘 나라에 들어가는 것이 아니다. 하늘에 계신 내 아버지의 뜻을 실행하는 이라야 들어간다"(마태 7,21)고 하셨지 않나? 오늘따라 주님의 그 말씀이 유난히도 크게 들려온다.

6. 어디선가 훈풍이 인다. 귓가로 지나는 바람결에 놀라 하늘을 쳐다본다. 『중용』이라는 진리의 놀이터에 앉아 이런저런 회상에 잠긴

지도 벌써 꽤 오랜 시간이 지난 것 같다. 오늘은 하느님의 말씀이신 분이 사람이 되어 세상에 오신 날, 성탄절(聖誕節) 전야(前夜)이다. 이제 조금 있으면 거룩하신 말씀(天道)이 우리 곁에 오신다. 우리 안으로 들어오신다. 비록 내 꼴은 죄로 찌들려 누추하지만, 그분을 맞이하기 위해선 물로 얼굴이라도 깨끗이 씻어야겠다.

여기까지 오게 된 것은 전적으로 나의 힘과 열정만은 아닐 것이다. 하느님께서 나를 일으켜 세워서 걸어갈 수 있는 용기를 주셨기 때문이리라. 얼마나 고마우신 분이신가! 그리고 북경대학에서 박사논문의 막바지를 손질하고 있는 사랑하는 후배 이임찬이가 몇 마디를 거들어 주었다. 그는 도가철학을 연구하고 있는데, 고맙게도 시원찮은 나의 필력을 꼼꼼하게 읽고 이야기해 주었다. 나는 그가 학업을 마치고 귀국하기를 손꼽아 기다린다. 북경 왕장로(王莊路)에서 그와 함께 한 잔의 술을 나누던 지난 시절이 몹시도 그리워졌기 때문이다. 또 김희정(레지나)에게도 감사를 드린다. 이탈리아 문학을 전공한 그녀는 여러 가지 인문서적들, 특히 문화와 관련된 이탈리아 서적을 번역하여 문화교류의 전령사 역할에 전념하고 있다. 사실 여러 사람들에게 감사를 드려야겠지만, 나중에 찾아가서 직접 인사드리기로 하고, 무엇보다도 "이 글도 돌려 볼 가치가 있다"고 말씀하시면서 선뜻 책으로 묶자고 제안해 주신 〈미래사목연구소〉 차동엽 신부님께 감사를 드린다. 차 신부님은 내 사제생활 중에 만난 소중한 분들 가운데 한 분이다. 더불어 〈미래사목연구소〉 편집위원들에게 깊은 감사를 드린다. 그리고 이 책을 오래 전에 귀천하신 아버님의 영전에 바치고 싶다.

성탄 전날이다. 라디오 방송에서는 비나 눈이 올 것이라고 하지만, 날씨가 무척 좋다. 봄날인 것 같다. 서로의 이기적인 마음들 때문에 꽁꽁 얼어붙은 세상의 인심들도 아기 예수님 오신 이 성탄절을 맞이하여 눈 녹듯이 풀렸으면 좋겠다. 어디선가 귀에 익은 성탄-노래 소리가 들려온다. "지극히 높은 곳에서는 하느님께 영광 땅에서는 그분 마음에 드는 사람들에게 평화!"(루카 2,14)

2009년 12월 24일(목) 성탄 전날, 상주 가르멜 여자수도원 사제관에 있는 유무산방(有無山房)에서 신대원 신부가 적다.